横扫中原的女真

速兴骤亡的东北霸主

孙昊 杨军 著

中国国际广播出版社

图书在版编目（CIP）数据

横扫中原的女真——速兴骤亡的东北霸主 / 孙昊，杨军著. —北京：
中国国际广播出版社，2021.8
（消失的帝国）
ISBN 978-7-5078-4957-8

I.①横… II.①孙…②杨… III.①女真－民族历史－通俗读物
IV.①K289-49

中国版本图书馆CIP数据核字（2021）第164024号

横扫中原的女真——速兴骤亡的东北霸主

著　　者	孙　昊　杨　军	
责任编辑	张博文　张娟平	
校　　对	张　娜	
设　　计	GF Design Studio	

出版发行	中国国际广播出版社有限公司 ［010-89508207（传真）］
社　　址	北京市丰台区榴乡路88号石榴中心2号楼1701
	邮编：100079
印　　刷	环球东方（北京）印务有限公司

开　　本	710×1000　1/16
字　　数	191千字
印　　张	18.5
版　　次	2021 年 10 月 北京第一版
印　　次	2021 年 10 月 第一次印刷
定　　价	46.00 元

目录

序 篇
3000 年韬光养晦的山林人

与华夏民族历史同样悠久的肃慎人，在华夏先民不断地将自己的文明推向一个又一个新高峰的时候，却在远离中原的东北群山中，无声无息地沉寂了两三千年之久。当他们在东北建立的"海东盛国"渤海国灭亡以后，肃慎人又一次几乎被历史所遗忘。但就在契丹帝国如日中天的时候，出自肃慎族系的女真人各部正在默默地走出大山，在松花江流域建立起新的家园。谁也不会想到，这批被视为边区夷狄的野蛮人，最后竟成为大辽帝国和北宋王朝的掘墓人。

当我们把历史的镜头由纷繁的古代文明转向东北这片林海河流交织的土地上时，也许会惊叹于自然的壮美秀丽。东部广袤的高山地带，有绵延千里的长白山、小兴安岭等山脉纵贯南北；西部则有大兴安岭横亘在东北向西的通道之上。这样与东南的长白山脉一起，勾勒出东北地区的轮廓。茫茫林海之间，汹涌的历史波涛在这里变成山谷间的涓涓细流，沉重的历史记忆则成为山林中的清风鸟鸣。

在这里，独特的环境成为多个古代民族的摇篮，他们在这里从事渔猎畜牧，刀耕火种。在社会规模发展到超出当地自然资源的承载度时，他们往往会向外迁移，迁移的方向则受到环境的制约。东南的长白山脉险峻陡峭，不利于古代人们的迁徙。发源于东南长白山脉与大兴安岭的河流向东倾斜而下，汇成今天的松花江、嫩江、黑龙江、牡丹江等几大河流，最后都在黑龙江下游汇聚，东流入海。跟随河流向东延伸的冲积平原像楔子一样插进了东部的群山之中。大兴安岭经过数万年的岁月沧桑，其山体大多是缓和的，阻挡不了人群的迁徙与流动。所以群山中的古代民族或通过河流冲积平原，或通过低缓的大兴安岭不断地向西向南迁徙，参与到中国历史的洪流之中。

涓涓细流汇成历史的波涛在近千年的时间里不断重复着。每一次的主角往往不同，故事也就有所差异。而有这样一支民族，他们曾经是散居山谷、河边的"边缘人"，他们是东北乃至中国最古老的民族之一，但在历史上先后两次从东北的山林走出，成为创造中国历史的主角。这个民族在历史上留下太多的脚印，有着多个名称，其中最为人所熟知的便是"女真"。

女真又被称为"朱理真"，是在他们西边的古老的东胡系民族对其的称谓，意思是"东部人"。如果让我们追寻着这个民族的脚印上溯到先周时代，会发现，他们被称为"肃慎"或者"息慎"。在先秦的典籍中，肃慎往往是东部极其边远的代名词。据研究，"肃慎"也是"东部人"之意。

肃慎的形象在人们的记忆中神秘而又模糊，据传，舜、禹时代就与中原王朝建立了联系。禹定九州时，周边各族来贡方物，其中就有肃慎。周武王时，他们曾经向西周天子进贡过一种名为"楛矢石砮"的石箭。而下至两汉魏晋时代，史籍中又出现"挹娄"这一称谓，也是东胡系民族对他们的称呼，意思是"地穴人"。第一次以自称的形式出现是在《魏书》中的"勿吉"，以及后来隋唐时期的"靺鞨"，大体意思是"林木中人"。这群处于边缘的人群长期作为文明的他者而存在于史籍的记载之中，历代中原史家用极其相近的语言来描述这些山林中人。

这一族群散居于山林之中，依靠森林中丰富的自然资源为生。其土产有人参、蜜蜡、松果、生金，又饲养牛、羊、麋鹿、猪、马等家畜，其主要的经济来源是渔猎活动，而且生活多集中于河谷地带，居住方式以半地穴为主。这种地穴是在地下挖出长方形土坑，再立起柱脚，架上高出地面的尖顶支架，覆盖兽皮、土或草而成的穴式房屋，里面搭上木板，铺上厚草和兽皮褥子即可住人。冬季寒冷或雨季潮湿的时候，在舍内正中拢起火堆取暖，支起吊锅做饭。这种地穴一直延续到今天，一般被称为"地窨子"，成为宝贵文化遗产。

"楛矢石砮"是中原人士辨别这群山林中人的主要办法，楛矢石砮是一种以楛木（也有一说为桦木）条为杆、尖石为镞的箭。中原史籍在提到这个民族时，往往都会首先说他们善使"石砮"，箭法精良，勇猛彪悍。其他临近的人群不敢轻易招惹他们。由于单位面积内渔猎采集经济所供养的人口有限，所以聚落群体一般规模不大，往往众多聚落散居山谷间，史书上记载，他们各有首领，彼此间不存在隶属关系，常常互相征伐。这些山林里的族群世世代代就过着这样的生活。

就这样，这些"边缘人"在这片山林与河流交织的土地上安静地生活了几千年。当其他东北民族向外迁徙时，他们仍然满足于这片他们心目中的世外桃源，没有向地区外流动。只是在其他民族迁移的过程中，他们也向南向西移动，逐渐填补着其他民族迁徙后所出现的空间。

这个原来默默无闻的民族，在扩张的过程中，逐渐开始了聚落间的整合，以勿吉七部、靺鞨七部的名字闻名于中原。在公元7—9世纪，仍然生活在黑龙江下游的各部被称为黑水靺鞨，已经迁徙到松花江流域的被称为粟末靺鞨。粟末靺鞨建立的渤海国，被誉为"海东盛国"。契丹人兴起后，灭了渤海国，将渤海人从松花江流域迁到今天的辽宁。黑水靺鞨人却从北方向南迁徙，占据了北起黑龙江、南到辽东半岛的广大地区。在近几千年的时间内，其栖息地由原来的长白山脉以北扩展到朝鲜半岛北部，由原来的黑龙江下游逐渐扩展到松花江上中游地区。而这时，也就是公元10—11世纪，占据东北大部的黑水靺鞨人又以一个崭新的名称出现，这就是"女真"。

从女真这一名称登上历史舞台起，这个民族就已顺着溪流走到大河的岸边，开始参与到历史的洪流之中，不再作为另类的他者，而是要达到自我的实现。

女真人继承了祖先的传统，善于捕猎、射箭，会学鹿鸣吸引麋鹿，而且会利用一种名叫海东青的猛禽捕杀猎物。此时女真人的居住地已包括今天的松嫩平原和三江平原地区，从山林中走出的女真人开始逐渐过上定居的粗放农耕兼渔猎生活了，但他们的食物来源仍然以渔猎为主。

女真人是一个崇尚英雄的民族，真正的强者能够有勇力去战胜敌手，保护部人不受侵犯。同时，女真人也是一个爱马的民族，成为英雄人物的标准之一就是自家有马的数量多少。平时女真人是不会轻易让马拉车干活的，马是女真人宝贵的财富，只有在战斗时才舍得一用。英雄式的人物带领部众生活在松花江与黑龙江流域的广大地区，积极地与外界沟通、贸易，将自己的土特产贩卖给其他地区的人们以换取生活物品。其特产最有名的莫过于海东青与貂皮了。

虽然女真人部落众多，但仍被宋朝人看成边远低贱之夷。辽朝开国之后，逐渐控制了东北女真诸部。辽王朝在今天的辽宁辽阳建立了东京府，其主要职能之一就是负责管理当地的渤海人及东北的女真人。在对女真诸部实行征伐之后，辽朝将今天辽宁地区的女真人纳入户籍，征收徭役赋税，称之为"熟女真"。而对第二松花江以北地区的女真则不入户籍，只是要求他们按时进贡、朝觐，这些女真人被称作"生女真"。辽朝在今天的吉林省农安市设立黄龙府统军司，总管、监视这批女真人。同时还在女真地区授予女真诸部酋长官职，最高为大王府，其下还有详稳、宰相等职，对其实行羁縻统治。辽朝还时常派遣银牌天使到生女真境内索要海东青等贡物，往往征索无厌，而且还要女真贵族贡献妇女侍寝。女真人到黄龙府等"大城市"与辽人进行贸易时，往往受到压价，甚至是掠夺式的强买强卖，辽人还饶有兴趣地称之为"打女真"。

辽对于女真人采取分而化之的政策，面对能威胁辽朝统治的女真部落，毫不留情地进行镇压，对于迎合辽帝国要求的女真人则给予支持或奖励，这就更加剧了女真各部之间的矛盾，辽朝的统治者因此可以高枕无忧地坐收渔人之利了。

压迫与反抗往往是共生的，女真帝国的历史就开始于被辽统治的生女真人之中，在经历了近千年的孕育发展后，这个沉寂在历史中的山林民族终于开始了真正的觉醒，创造了一段惊天动地的辉煌，将一个王朝的名字永远地刻在了中国的历史上，至今，人们还会脱口而出的这个王朝，就是显赫一时的"金王朝"。这也为后人留下了一连串的记忆与思考。

金王朝的历史早已广为流传。其中有正史，也有野史演义，共同构成了人们对这个民族的历史记忆；既有对异族风情描述的春秋笔法，也有强调自我认同的诗篇颂歌。曾几何时，人们为金帝国的正统性吵得不亦乐乎——金国是异类还是中华儿女？在历史与演义交织之间，更多的人可能会兴致勃勃地谈起女真金国的凶猛铁骑、阴险狡诈的金兀术，更不会忘记岳飞直捣黄龙的气魄。也有人沉迷于北方民族开疆拓土的赫赫战功，歌颂这个历史上第一个定都北京的王朝的辉煌和大定时代的灿灿文治。也许生动鲜活的人物与历史场景会构成人们心中女真帝国的点滴形象。

但是记忆往往是人们有选择性的建构，与历史有一定的差距，对于这样一个历史悠久的民族及其帝国的记忆更是千差万别。当代历史学者们正是在他者与自我认同的交织中理清其历史，还读者一个真实。这种真实不再是忠奸善恶，而是历史的客观与冷静。在冷静之下，片段的历史图像变得遥远模糊，一个历史上的女真帝国清晰起来。帝国的社会经济状况如何，政治运作模式如何，读者可能会提出很多问题。虽然很多并不是这本小书能够承载得了的，但我们在读史论道之后往往会陷入沉思：为何一个"落后"的"蛮夷"之族会征服"先进"地区进而成为统治中国北方的一代王朝。金代能够达到崇儒文治，汉化耶？儒化耶？在近一个多世纪的统治之后，帝国轰然坍塌，其原因何在？是蒙古人入侵的压力使然？还是儒化过于文弱，变得不堪一击？在帝国坍塌 400 年后，女真人再次以惊人的速度入主中原，建立清帝国，创造了中国历史上同一北方民族两次入主的记录。其间的奥秘何在？为何一个民族在沉默了近千年后会有如此的爆发力？……

我们能够做到的可能仅仅是带领您去体验 12 世纪称雄中国的女真帝国——金朝，您在读完这本小书的时候不一定会得到满意的答案。但历史往往就是这样，当我们唏嘘慨叹之余，展开书卷，亲自感受由山间溪流到汹涌江河的奇境，也许会在心中聚成一片自己的海洋。

第一章
一鸣惊人：横扫大漠的东北虎

一个名叫函普的客人，在完颜部中定居下来。谁也没有想到，他的后裔竟成为日后女真民族的主导。经过几代人的顽强努力，完颜家族终于将分崩离析的女真人各部落熔铸为一个新的统一体，成为白山黑水间的主宰。

完颜阿骨打，注定将成为一个响彻中国历史的名字。

头鱼宴上的"宽宏"：契丹人永恒的痛

公元 1112 年初春，辽天祚帝耶律延禧照例到混同江钓鱼游玩。这并不是简单的娱乐消遣，而是辽代皇帝特有的巡游制度，史称"纳钵"。在纳钵期间，辽帝国的行政中心也随之迁到纳钵地。在纳钵地，辽朝皇帝要接见当地部族首领，招降纳贡，安抚诸部。每年初春，辽朝皇帝的纳钵地点就在混同江附近，也就是今天吉林的查干湖一带，此地就在生女真聚居区附近，每年都有大批女真贵族前呼后拥，为辽帝打猎、钓鱼。

像往常一样，女真各部族的首领都来觐见辽朝皇帝耶律延禧，为他钩鱼、打猎和提供各种服务。

钩鱼是春季纳钵的重要活动之一。先要在冰面上搭起帐篷，凿开四个冰眼，将中间的冰眼凿透用以钩鱼，外围的三个不凿透用以观察。鱼将到时，观察人告知皇帝，皇帝就到中间的冰眼用绳钩擲鱼。鱼中钩负伤带绳逃走，就先放松绳子任其逃去，等鱼挣扎得没劲儿了，再用绳子把鱼拽上来。钩得的第一条鱼谓为"头鱼"，主要是鲟鱼、鲟鱼和胖头鱼。每出"头鱼"，辽朝皇帝往往要大肆庆祝一番，这称为"头鱼宴"。

这一年，耶律延禧特别有兴致，在"头鱼宴"上，耶律延禧酒到酣处，命令在场的女真首领次第跳舞助兴。虽然这些女真首领在本地都是独当一面的酋豪，但在皇帝面前却不得不收起脸面，充作舞者艺人。而有一个年轻的女真贵族却神情冷漠，丝毫没有服从的意思，而是向前报告说自己不会跳舞。辽帝耶律延禧见有人驳他的面子，十分不满，一再催促，这个年轻人却打定主意坚决不从。耶律延禧看到他意气雄豪，料定他必为大患，想要找个借口杀掉他，但最终因手下劝阻而作罢。耶律延禧并没有料错，这个在头鱼宴上大煞其面的人就是日后灭亡契丹帝国的金开国皇帝完颜阿骨打，而发生在1112年初春的这段插曲也成为流传已久的一个典故。

阿骨打是生活在今属哈尔滨阿城区阿什河流域的完颜部女真人，是当时称为按出虎水（今黑龙江省阿什河）完颜部的首领。他出生于1068年，即辽咸雍四年。史书上记载他天生神力，勇武异常，擅长射箭，敢于不披甲向敌人单挑。而且他对辽朝有着很强的敌对心理，不愿意在契丹统治者面前低三下四。早在辽道宗即辽帝耶律延禧父亲统治时代的末年，阿骨打就与一个契丹高官因娱乐产生冲突，他用刀背狠敲了对方胸口。头鱼宴上会发生这样的事情也就不足为怪了。但是，仅凭一个勇武异常的英雄似乎抵御不了一个国家机器的力量。阿骨打之所以敢于和辽朝统治者叫板，是以他的完颜部家族的强大势力为后盾的。

当我们把时间暂时向前推到 10 世纪初，也就是阿骨打所处时代的 100 多年前。完颜氏的先祖函普迁徙到仆燕水一带，即今天的牡丹江上游地区。他非常成功地解决了当地部落的纷争。史书记载，在这次裁决过程中，函普发明了征偿法，即杀人犯罪无须其他部民承担责任，只需犯罪者本人及家庭给予受害人合理的赔偿。通过这种方法，函普泯除了原始社会循环追杀的血亲复仇习惯，使女真人不再会因为个别人的犯罪行为而将整个部落牵扯到有害无益的仇杀中去。当地人将一位已经 60 岁的贤女嫁给了函普，以示感谢，函普遂在今天牡丹江上游地区定居下来。

牡丹江上游地区是山区，不便耕作，人们的生活以渔猎为主，过着逐水草而居的迁徙生活。到了函普的孙子绥可的时代，他率领本部落迁居今天的黑龙江省阿什河一带。阿什河流域自古就是利于耕作、资源丰富的宝地，完颜氏迁到此地后，告别了无固定居所的生活，开始从事简单的农业耕作。这也就揭开了按出虎水完颜部勃兴的序幕。

第三代石鲁以下的诸位首领，据史书记载，都是英勇与智慧兼具的先知先觉的人物。昭祖石鲁在部内树立威信，确立了其家族在完颜部内的统治地位，其间也面临部人与族人的反对，但在他的叔父谢里忽的协助之下，石鲁成功地捍卫了他的领袖地位。同时，他带领部落向外发展，也取得辽朝的承认，被授予惕隐的官职。

但是此时的按出虎水完颜部还是生女真中一个普通的部落，势力弱小。石鲁带领完颜部人欲跨过张广才岭向东南的白山地区活动，结果不仅成效不佳，而且石鲁的人马在返程中非常狼狈，石鲁本人也在渡过牡丹江后客死他乡。沿途部落频繁地袭击这支疲惫的队伍，甚至石鲁的灵柩也被人抢夺。石鲁的儿子乌古乃在完颜部面临严重危机的时刻继承父业，挑起了守护完颜部的重任。

乌古乃，公元1021年生。因为嗜酒好色，饮啖过人，外号"活罗"。"活罗"在女真语中指一种大鸟，据说这种鸟以食牛马的疮而闻名，经其啄咬的牛马往往立即毙命。外人给乌古乃起此外号略带揶揄之意，但其为人豪爽仗义，有领导能力，在其经营下，完颜部稳步发展。

完颜部地处松嫩平原与三江平原之间的狭长走廊地带，这正是辽朝控制东北的五国部的交通要道，利用这一地理优势，乌古乃往往代替辽朝军队抓捕逃人与镇压东北方的叛乱。这样一方面可以取得辽朝对按出虎水完颜部的支持，利于其在此地的扩张；另一方面也防止辽军深入女真人腹地，得知其虚实。结果是辽军将领很满意由乌古乃出面处理叛乱等事情。利用与辽朝的关系，乌古乃不费一兵一卒就平定了石鲁时代即与完颜部为敌的孩懒水乌林答部的石显，铲除了大患。同时，他所领导的按出虎水完颜部逐渐强大起来，附近的斡泯水的蒲察部、泰神忒保水的完颜部、统门水的温迪痕部、神隐水的完颜部都表示归附，以按出虎水完颜部为中心的强大势力集团开始形成。

乌古乃先后两次助辽镇压五国部的叛乱，第一次平叛胜利后，辽朝想要其所属的部落入辽籍，但乌古乃不愿受制于辽，最终仅接受了辽朝册封的节度使官衔。在第二次镇压五国部谢野叛乱的过程中，在付出惨重代价之后，乌古乃劳累致死。此时的完颜部已经成为按出虎水地区一支强大的力量。

世祖劾里钵时代，是完颜部统一生女真诸部的开始。这时的生女真诸部已经形成几大势力集团。除了按出虎水集团外，还有张广才岭以东、以牡丹江上游为中心的温都部乌春集团，史书上称作"岭东诸部"，盘踞在今天黑龙江呼兰河一带的纥石烈部腊醅、麻产集团，远在长白山脚下的阿疎三十部女真集团。从战略位置上看，按出虎水完颜部占尽地利，其地扼守要道，资源丰富，同时与辽朝保持紧密关系，有着明显的优势。但不幸的是，这场统一战争却发自于完颜部的内争。

乌古乃去世后，其弟跋黑不服侄子劾里钵继首领位，要联合同为完颜部的桓赧、散达，以及外部的乌春等人共同反对劾里钵。一场生女真诸部间的混战也就此拉开了帷幕。当然，诸部之间的冲突更主要的是利益与资源的争夺，所谓"跋黑之变"也只是诸方冲突的导火线。其战斗之惨烈，使女真人在建国后仍对此次战役记忆犹新，往往借此教育后辈不忘祖宗的创业艰难。

劾里钵可以说是金完颜氏先祖中最疲惫的首领了。不得不同时应对内部和外部两重压力。在危机四伏之时，劾里钵为了试探部内人心向背，故意派人报警说有敌人入侵，结果众人有依附于跋黑门下的，有依附于劾里钵门下的，可见当时部内人心不齐。于外，则有桓赧、散达兄弟与乌春的胡里改部虎视眈眈。劾里钵曾欲将女儿嫁给乌春以缓和关系，结果乌春却说："猪与狗不能相配，我们胡里改人怎么能与女真人结亲呢！"很无礼地拒绝了这门亲事。劾里钵为了避免两线作战，还是忍下了这口气。

但不久后，还是发生了桓赧、散达兄弟与乌春联合进攻按出虎水完颜部的战役。两路人马分别从南北夹击，劾里钵不得不分兵抵御，派兄弟颇剌淑抵御桓赧、散达之兵。天公作美，十月里却秋雨连绵，史书称当时"冰澌覆地"，即深秋大雨导致了严重的冰冻气候，乌春无法进军，被迫撤退。但南路的战事一开始进行得并不顺利，肃宗颇剌淑战败，劾里钵趁乌春兵退之际，率部队扫荡了桓赧、散达之家，杀死上百人，随后便调兵与肃宗颇剌淑会合，其间肃宗再次战败。劾里钵兄弟被迫与桓赧兄弟讲和，桓赧兄弟倚仗人多势众，索要劾里钵之弟盈歌的大赤马与辞不失的紫骝马，这两匹马都是完颜部的名马，女真人爱马如命，劾里钵兄弟宁可开战也不愿意赠马。

桓赧兄弟联合匹古敦水流域诸部，与劾里钵兄弟进行决战。作战之前，劾里钵派颇剌淑到辽朝求援，同时私下要盈歌躲到战场外观战，告诉他，如果自己战败，让他立即远逃辽地去找颇刺淑，以同意系辽籍为代价，借辽兵回来报仇。由此可见，劾里钵对此大战的前景并不乐观，至少我们可以肯定他并无必胜的把握。面对强大的敌人，完颜部士兵还没有与敌人接仗，自己便已经吓得面无血色了。劾里钵却表现出若无其事的样子，命令他们解甲休息，又马上做了动员工作，军势略振。劾里钵又命令辞不失到脱豁改原列阵，以便从侧后突击敌人，他跟辞不失说："生死只在今天，命不足惜。"接着不被（披）甲，仅以厚袍护胸，带领部众向敌军发起冲击；辞不失则率领骑兵从后进攻。经过血战，桓赧兄弟大败，此后再也没有力量与劾里钵家族抗衡了。

女真人的编年史用异乎寻常的口气强调了这次大战的时间——辽大安七年，也就是公元1091年。此时阿骨打23岁，也是这场生死攸关的大战的亲历者，正是从这场战斗开始，磨炼出了日后女真对辽作战的领袖人物。巧合的是，这一年辽道宗也安排好了契丹帝国的接班人，耶律延禧被任命为天下兵马大元帅，总北南院枢密使事。历史似乎正在悄然为两个民族的最后对决铺建场景。

桓赧兄弟活动于匹古敦水一带的部众很快归附了劾里钵，按出虎水完颜部控制了其北部地区，更重要的是，此后按出虎水完颜部得以转守为攻。不久，乌春、窝谋罕的岭东集团越过张广才岭向完颜部进攻，劾里钵命令颇刺淑、习不失（按，本作"辞不失"，后改）等人主动迎击，在苏速海甸附近利用火攻击败乌春的部众。自此，乌春的岭东集团再也无力对张广才岭以西地区构成直接的威胁。但乌春等人并不甘心，转而支持在今天呼兰河、拉林河一带活动的腊醅、麻产兄弟。腊醅、麻产兄弟很快被完颜部打败，劾里钵派遣欢都进攻在斜堆的乌春与窝谋罕军，自己则领兵渡过张广才岭，直捣乌春的根据地。至此，按出虎水完颜部的势力南达今天的拉林河流域，东到牡丹江上游，北到呼兰河流域。

阿骨打也在这一系列战斗中成长起来，成为值得劾里钵信赖的儿子。1092 年，征战一生的劾里钵病入膏肓，弥留之际，留下遗言："乌雅束（长子）柔善，如果要与契丹人打交道，非阿骨打不可。"随即撒手人寰。

继劾里钵袭位的是他的弟弟颇刺淑。按出虎水完颜部的势力继续向东北发展至陶温水（今黑龙江省境内汤旺河）、徒笼古水（今黑龙江省萝北县西部都鲁河）一带。不久颇刺淑辞世，盈歌袭位，此时按出虎水完颜部经略的目标则是东南部的乌古论部留可、敌库德、纥石烈部阿疎等势力。这些势力主要分布在今天吉林省延边朝鲜族自治州境内。在盈歌、撒改、阿骨打等人的经略之下，这些地方的部众很快归附了完颜部。但是其中的重要人物之一阿疎逃到辽境，契丹人将其保护起来，拒不遣送女真，这也成为后来完颜部女真反辽的主要借口。

在盈歌经略东南部留可、阿疎等部之时，辽人不愿看到过分强大统一的女真，所以支持留可诸部，命令盈歌将占领的地盘归还给他们。盈歌则暗中命令五国部人阻绝鹰路，表面上为辽镇压叛乱，实际上是迫使辽不得不向其妥协。

公元1103年，即辽乾统三年，辽边将萧海里叛变，逃入女真阿典部，坚守不出，希望能与女真联合抗辽。而盈歌决计助辽镇压萧海里叛乱，利用这一机会，合法地扩充甲兵达上千人，战斗力得到明显增强。乌雅束、阿骨打兄弟是这次平叛战斗的主角，他们很快就将萧海里的首级献给了辽人。盈歌利用这次平叛，不仅获得了辽朝的封赏，还扩充了实力。在阿骨打的建议下，盈歌命令生女真各部不得随意设置信牌，要统一服从完颜部的号令，完颜氏成为女真部的核心部落，盈歌也真正成为生女真诸部的领袖。

阿骨打在劾里钵平定桓赧余部时，跟随大将辞不失首次出战。第一次战斗时他就着短甲、步行指挥部队攻城。可能是由于没有经验，他被敌方大将太峪盯上，就在太峪驰马直刺阿骨打时，幸好有他的舅舅活腊胡赶到为他解围。在此后的战斗中，阿骨打也曾经私自与人出营杀掠，受到敌人优势兵力的围堵，逃到狭窄的山谷中。为摆脱后面的追兵，阿骨打跃马跳上一人多高的高坡，这才摆脱了困境。初出茅庐的阿骨打凭着这股干劲儿很快就独立带兵作战了，他先后领兵平灭麻产，平定泥庞古部和温都部的叛乱。在盈歌灭留可诸部时，阿骨打更是主力干将之一。

一次，阿骨打的部队路过留可部的坞塔城，军中煮饭的器具被坞塔城人抢走，阿骨打用鞭子指着城中人喊道："我攻破留可之后，就到你这儿取锅。"待平灭留可后，坞塔城人投降，其人向前跪着还锅给阿骨打，并说："奴才怎敢破坏详稳的东西啊。"

阿骨打也很善于处理与辽朝的关系。在平定萧海里之乱时，辽军将领欲赠阿骨打铠甲，阿骨打拒不接受，他说："若披了他们的铠甲作战，功劳就是他们的了！"他有意识地与辽朝的官员保持一定的距离。

到阿骨打的哥哥乌雅束当政时期，阿骨打已经成长为合格的领袖人物。那是在乌雅束当政的第七个年头，生女真社会由于连年的战乱与自然灾害，面临严重的经济危机，阿骨打主张减免部众的债务，减轻刑罚。他对众人说："贫困的人连自己都养不活，被迫卖妻儿偿债，还是从现在算起，三年之内不再征偿债务，三年过后再说吧。"这使阿骨打在完颜部中的威望得到进一步提高。

不久，乌雅束病逝，阿骨打袭位。乌雅束去世之前，做了一个奇怪的梦，乌雅束与阿骨打一同打猎，追逐一只狼，乌雅束屡射不中，而阿骨打却一箭即中。乌雅束请身边的人为自己解梦，大家都说，这个梦意味着你办不到的事情可由你弟弟阿骨打来完成。从这则故事中我们可以看出女真人有在阿骨打时代完成大事的信心。经过三代人的努力，完颜部已经由一个偏安于阿什河的小部落成长为统治生女真各部的强大势力，阿骨打的目标就是摆脱辽朝的统治并进而取代辽朝，建立女真人自己的帝国。

"任尔几路来，我只一路去"的发明人

1112年以前，按出虎水完颜部就已经控制了整个生女真地区。

辽朝企图扶持生女真的其他部落来对抗完颜部，但这种政策似乎并未取得预期的效果，反而更增加了完颜部对辽朝的敌对情绪，女真人起兵反辽的行动也已经在酝酿之中。

阿骨打从头鱼宴归来后的第二年，即1113年，继承乌雅束成为完颜部的首领，开始有计划地实行备战。就在这一年，他突然率领五百骑兵来到辽咸州，全城为之震惊。第二天，他来到辽朝的咸州详稳司，要求辽朝引渡投辽的部人阿疎给他，但遭到辽朝方面的拒绝，辽朝的官员还企图捉拿阿骨打，结果是阿骨打迅速撤出城外，并派人说："详稳司要杀我，所以不敢久留。"此后，完颜部再也不听从辽朝的命令了。

阿骨打即位的第二年，开始向部众公开他要伐辽的打算，并积极准备军械，修筑工事，训练军队，同时派人占据与辽接壤的来流水（今黑龙江省与吉林省交界之拉林河）地方，以防止辽军的突然袭击。辽地方统军司看到这种情况，立即派遣耶律涅哥责问，阿骨打仍坚持要求归还阿疎，双方谈判破裂，辽朝也开始增兵控制女真的要塞宁江州，双方的战事一触即发。

依当时女真人的实力，与辽帝国作战，军事力量对比悬殊，如长期正面交战，胜算极小。完颜部的决策层并非不清楚这一点，所以就需要有一个切实可行的战略预案，保证必胜。这正如一头独狼对付老虎，开始只能试图自保，而不会有更大的野心。女真人并非一开始就想灭亡辽帝国，而只是要摆脱辽的压迫，取得女真人的独立地位。

虽然史书中没有直接讲明完颜部的战略谋划，但从后来的发展过程可以看出，完颜部领导的生女真首先是要打破辽为遏制女真而设立的驻军体系。这一体系是以黄龙府（今吉林省农安县）为中心，以宁江州、达鲁古城为前卫，宾、祥、益三州为策应，咸州（今辽宁开原市北老城镇）为后防的网络结构。这一体系几乎是完全建立在熟女真居住区的，其基层单位也以熟女真和渤海人为主。打破这个体系，就可以将辽朝直接统治的熟女真争取过来，首先实现女真民族的统一，因而，位于松花江畔的宁江州成为阿骨打的第一个进攻目标。

宁江州，即今天吉林扶余的小城子古城，为辽道宗清宁年间所设，军事上属于辽朝的东北路统军司管辖，是辽帝国统治生女真的桥头堡，也是平时女真人与外界贸易的中心，所谓的"打女真"就发生在这里。当辽人知道完颜部的叛意后，在这一年的七月，天祚帝派阿息保前去责问阿骨打，同时命令东北路统军司向宁江州集结部队，另一方面，辽朝也调遣东京辽阳府的渤海人高仙寿率领本部渤海军去宁江州增援，驻守宁江州的东北路副都统萧兀纳在宁江州以东的河岸边构筑阵地，掘壕坚守。

完颜部方面则先以索求阿疏为借口，派仆聒剌到宁江州打探，随后又派胡沙补前去探听，胡沙补报告说辽军兵力为800人。而且当时辽统军使见到胡沙补大笑道："有人说你们小子要造反，让我们在这看着。"渤海士兵见到胡沙补也嘲笑道："女真人要造反，是不是你们小子啊？"辽军如此状态，可见平时没有把这些

"山林野人"放在眼里。常言道"骄兵必败",其下场也就不难猜想了。

鉴于对情报的分析,胡沙补建议阿骨打火速起兵攻打宁江州,以快打慢,争取在辽大兵压境之前攻下宁江州。战机有利,时间更有利,时处九月,秋高马肥,田谷收获,有着充分的物资可供军用,河水尚未冻结,辽军在当地河网之中的集结速度受到限制,使得女真人可以将其各个击破。于是阿骨打决心起兵,先命令婆卢火征集在移懒路(又称耶懒路,今俄罗斯滨海边区塔乌黑河流域)的迪古乃的军队,开始集结军队。又派斡鲁古及阿鲁招抚斡忽、急塞两路的辽籍女真,以图东部的稳定。命令实不迭前往完睹路逮捕辽的鹰官达鲁古部副使辞列和宁江州的渤海人大家奴,防止生变。一面也诏谕西部和宁江州中间的达鲁古部,但没有成功。九月,阿骨打率军自根据地阿城出发,把军队集结在来流河西岸。一面又遣撒改分兵到东边防备辽从宾州(今吉林农安东北之红石垒)方面包抄。

公元 1114 年 9 月,阿骨打率诸部精兵 2500 人,会集于来流水南岸(今拉林河南岸、吉林省扶余县徐家店乡石碑子),举行誓师大会,这就是历史上有名的"来流水誓师"。阿骨打杀青牛白马祭天,历数契丹人两大罪状:第一,完颜部世代臣服于辽国,恪守职贡,平定乌春、窝谋罕之乱,破萧海里之众,有功不赏,反而受到契丹的侵侮;第二,庇护罪人阿疎,完颜部屡次请求,辽朝也不肯将阿疎交还。

　　阿骨打也与众人立誓："大家同心协力作战，有功者，奴婢部曲都可以成为良民，平民可以得到官职，已有官职的人根据功劳大小按品级升迁。如违誓言，身死梃下，家属无赦。"阿骨打率众誓师后，便领兵向宁江州挺进。

　　宁江州居住的有契丹人也有女真人，听说女真兵来攻，很多人感到高兴。曾有人在大街上高呼："辽国且亡，辽国且亡。"辽军派人追捕，这个狂歌者连喊"且亡且亡"，跑进山中不见了。

　　女真部队很快渡过了扎只水，进入辽界，突破了辽朝所设置的壕堑防线，遇到了前来增援的高仙寿渤海军队的顽强抵抗，阿骨打也差点陷入危境，幸亏宗雄等人的死战，才将渤海军击溃。在去宁江州的途中，女真军又击溃了一股前来迎击的辽军，最后抵达宁江州城下。

　　宁江州城墙较高，城墙外有一道较深的护城河。阿骨打令士兵们轮流背土，把护城河填平，而后发起进攻。宁江州虽然驻有重兵，但士气低落，在女真兵强大的攻势下，被迫自东门迎战。10月，女真军攻克宁江州，俘虏了宁江州防御使渤海人大药师奴。这样，女真人拔掉了辽朝赖以进攻女真地区的前哨。

　　但是，仅占据一座孤城难成大事，阿骨打等人面临更大的变数——熟女真等民族的向背，直接关系到完颜部能否成功。所以，在攻克宁江州之后，阿骨打立即开始招抚辽籍的熟女真及渤海人，企图从根本上摧毁辽朝在此地的统治基础。阿骨打暗中释放在战争中俘虏的大药师奴，使其招抚辽阳地区的渤海人；又释放渤海将领梁福、斡答剌等人，让他们回到故乡的渤海人中做招抚工作。在阿骨打给他们的招抚谕中有这样一段有名的话："女直（真）、渤海本同一家。"阿骨打希望通过对共同族源的强调来唤起渤海族人对女真人的亲近感，使他们能够与女真人一起反抗辽朝的统治。

阿骨打又派大将娄室向南部的黄龙府与咸州地区活动，"诏谕"境内的熟女真，今天伊通河与东辽河上游地区的熟女真表示归附。通过和平招抚，宁江州南部的黄龙府、咸州部分地区已经归附完颜部，为以后的咸州经略打下良好的基础。

女真人在占领宁江州后积极活动，以抵抗辽朝更大的进攻。而对于辽天祚帝来说，则不得不终止自秋山到显州的冬天射猎计划，立即召开紧急会议，商讨应对之策。会议上，一些对女真人比较了解的大臣看到形势十分严峻，建议派重兵前去镇压；而另一部分大臣认为这只是小贼作乱，行动不宜扩大。天祚帝仍然很轻视这群"山林野人"，采纳了后者的建议。

当年 10 月，天祚帝任命萧嗣先为都统，萧达不也为副都统，发契丹、奚军 3000 人，中京禁军及土豪 2000 人，另选诸路武勇 2000 余人，总计 7000 人，前往讨伐生女真。萧嗣先来到前线后，率部队在出河店（今黑龙江省肇源县茂兴站南，嫩江与第二松花江交汇处北岸五里）等地屯田驻守，试图采取稳扎稳打的方式消耗女真人的力量。

阿骨打得知此事后，亲自统率 3700 名军队向鸭子河（今松花江与嫩江汇流处）运动，在 11 月已经与辽军隔江对峙。可是女真军队在人数上明显处于劣势，所以阿骨打决定采取偷袭的战略。女真军在夜里行军，凌晨进至鸭子河边，迅速渡河，女真骑兵同战马一同泅渡，上岸后利落地消灭了正在为辽军主力准备渡河船只的少数辽兵，随即迅速进至出河店城下，开始发动猛攻。立足未稳的辽军很快溃退，辽将萧敌里刚刚聚集起残兵企图坚守，但很快又被追来的女真军队打败。

出河店战役彻底击溃了驻守的辽军，女真人进城之后发现，原来在这里集结的"重兵"是要在这里屯田与女真人长期抗衡的，他们准备的战略物资非常丰富，这些自然成为阿骨打部队的战利品。

辽朝在宁江州、出河店、斡林泺三役之后，得知女真军要继续出击，才发觉事态非同小可，于是再度集结重兵。天祚帝首次采用汉人宰相张琳的献策，向上京、长春、辽西等路征兵，从征者需要自己准备武器铠甲，限 20 日，赶到指定地点会合。在这种情况下，临时拼凑起来的辽军装备极差，士气低下，其战斗力可想而知。

辽军采取分进合击的战略，军队分四路行动。第一路准备从北方的长春路经达鲁古城挺进来流河，第二路以黄龙府为中心寻找进攻路线，第三路用来对付咸州方面的女真人，第四路驻南方草河峪防御女真人的进攻。这四路军队的部署是针对女真人可能的进攻路线而做出的，大体上是从东、南两个方向的要道前进。但仓促集结起来的辽军战斗力极差，在进攻来流河的辽军稍触即溃，退保达鲁古城之后，其余三路辽军也就分别退回本路守城去了。

女真军乘胜进攻，兵锋直指黄龙府。阿骨打亲自率军攻打黄龙府路所属的宾、祥二州。同时命令早已在南部活动的斡鲁古、娄室进攻咸州，夹古、撒改则进攻南方的保州、开州方向。阿骨打的战略意图很明显：全面占领熟女真居住区，摧毁辽朝的女真地区统治体系。

12月初，阿骨打首先发动了对黄龙府路所属宾州的进攻，女真人渡过混同江攻打宾州，击败辽将耶律赤狗儿的部队，占领宾州城。宾州攻陷后，当地的兀惹人雏鹊室等投降了女真，铁骊人也随之投降。

咸州方面女真人的进展也是很惊人的。斡鲁古自起兵时就在这一带地方招抚熟女真，逐渐收到预期效果，酷葬岭（今吉林辽原东北）的阿鲁台罕等14个首领投降，斡鲁古于12月招降了斡忽、急塞两路系辽籍女真。在控制咸州周边地区之后，斡鲁古进军至咸州以西，与辽将实娄、特烈会战，斩实娄于阵中，并攻占咸州城。咸州失守后，辽军展开了激烈的反扑，试图夺回咸州城。斡鲁古招架不住，不得不请求完颜娄室增援。

完颜娄室一路，从隆州婆剌赶山出击，一面招抚附近的系辽籍女真，一面攻打奚部并进攻韩州（今辽宁省昌图县）。当得知斡鲁古一路女真军战事吃紧的消息后，完颜娄室分兵驰援，使女真人在咸州一带的战场上重新掌握了主动权。至此，女真人已经控制了北到松花江、南到辽宁开原一带的辽国领土，辽在东北的重镇黄龙府已经完全暴露在女真军的面前，女真人形成直捣黄龙的局面。

在1114年下半年，女真人突然发难，屡败辽军，这对女真人而言是一个创造历史的过程，而对辽国而言则是灾难性的半年。可能辽朝君臣希望好运会在下一年落到他们头上，但不幸的是，这场灾难仍在继续。女真人的节节胜利，同时也拉开了一个帝国诞生的序幕。

直捣黄龙：一个传奇帝国的诞生

女真人在进行军事行动的同时，以阿骨打为首的女真最高决策层就已经意识到，要与辽朝对抗，要想把女真人真正地组织起来，仅仅靠原来松散的部落结构已经远远不够了，他们需要建立一个真正的国家体制，上有集权的皇帝发号施令，下有稳定的地方组织有效地执行命令，这样才能将女真各部真正有效地组织起来，调动起一切潜力与辽王朝对抗。有了自己的皇帝和朝廷，他们与辽的对抗也才是名正言顺的——女真人对辽的战争，不能再被视为是辽朝统治下的"山林野人"发动的叛乱，而是两个族群、两个政权的对决。

早在1113年阿骨打出兵射死辽将耶律谢十的时候，国相撒改就派宗翰与完颜希尹前去祝贺，并劝阿骨打称帝建国。阿骨打很清楚，局面还没有完全打开，不宜过早称帝，所以他拒绝了，并对部下们说："我们刚打了一个胜仗，就想登基为帝，给人看起来未免太浮躁，太没有见识了吧。"

当战事进行到1114年年底的时候，女真人已经在多处取得重大胜利，基本摧毁了辽朝对女真人的边境统治体系，此时，阿骨打的弟弟吴乞买等人再次劝他称帝，阿骨打还是没有同意。

可能当时的女真贵族不善言谈，打动不了阿骨打，而渤海人杨朴却能说会道，让阿骨打下定称帝的决心。杨朴是渤海人，进士出身，自然是称帝建国最理想不过的顾问了。他劝阿骨打说：

> 匠者与人规矩，不能使人必巧；师者人之模范，不能使人必行。大王创兴师旅，当变家为国，图霸天下，谋万乘之国，非千乘所能比也。诸部兵众皆归大王，今力可拔山填海，而不能革故鼎新，愿大王册帝号，封诸蕃，传檄响应，千里而定东接海隅，南连大宋，西通西夏，北安远国之民，建万世之镃基，兴帝国之社稷，行之有疑，祸如发矢，大王如何？

杨朴较其他人更为深刻地分析了称帝建国的必要性，他告诉阿骨打，要想有所作为，干出一番大事，必须建立国家制度，走上正轨，否则"当断不断，后患无穷"。

1114年年底，阿骨打的弟弟吴乞买又率领一批女真贵族劝进，要阿骨打在第二年元旦称帝，阿离合懑、蒲家奴、宗翰等人说："现在已经有大成就了，如果不称帝号，就没有可以招揽天下人心的凭借了。"此话与杨朴所说类似，但更实在。当时女真人已经控制了北到松花江、南到辽宁开原一带的系辽籍熟女真的居住地，既要面临西面来自黄龙府辽军的压力，还要处理邻近地区各民族的招抚事宜，显然，此时称帝会更有号召力，能够使更多的人前来归附，重要的是能够对原来辽统治下的熟女真产生吸引力。阿骨打衡量再三，决定称帝建国。

在第一次攻打黄龙府前夕，也就是1115年正月初一，阿骨打在前线称帝，建元收国，国号为金。说到女真人的国号"金"，太祖阿骨打的解释是：辽以宾铁为号，取其坚也。宾铁虽坚硬，但终会锈蚀变坏。只有金子不易变坏。且金为白色，完颜部尚白。于是国号大金。（《金史·太祖本纪》）后人一般解释为金子不易变坏，代表永久，取其坚韧之意。但当代有学者研究认为，所谓的"金"，实际上是当时女真居住地"按出虎"的意译，就是其发源地的地名。

史书记载，阿骨打称帝时身披龙袍，坐北朝南，仪式盛大，彩旗飘扬，南面九队骏马，每队各有一色。又有宗翰等人献犁杖，以示提醒君主以农为本，台下有群臣山呼万岁。但是当时前线有辽军压境，阿骨打是利用军队休整待战的时机举行的称帝仪式，采用如此排场的登基仪式似乎可能性不大。真实的情况可能只是对外宣称建元称帝而已，以适应对辽斗争的要求。后来的史书文字不过是渲染太祖开国的荣耀罢了。

实际上，后来阿骨打在其老根据地，也就是今天黑龙江省阿城一带居住的地方被称为皇帝寨，甚至都没有像样的城区。阿骨打本人的家，所谓的宫殿，无非就是比其他女真人的屋子大一些，间数多一些而已。前殿与后宫，就是前院与后院之间，还是露天的土地，遇到雨天地下泥泞，后妃们，也就是阿骨打的妻妾们，为了怕泥水弄脏了她们仅有的鞋子，都是脱下鞋，光脚蹚水从"前殿"跑向"后宫"。阿骨打在"前殿"朝堂与臣下议事，然后常常都坐上火炕一起吃饭，盛饭上菜的就是"后妃"们。当阿骨打率领群臣在他家的院子里举行所谓国家大典时，同村的女真人孩子们都来围观，甚至是爬上墙头观看。跟阿骨打住在一个村子的人，家里杀了鸡，还想着叫"皇帝"阿骨打到自己家来吃鸡。阿骨打这个"皇帝"也和普通女真人一起娱乐，真正做到了君民同乐。更加令中原地区的皇帝们感到不可思议的是，阿骨打还与臣民一起下河洗澡，君臣之间赤裸相见，更是全无礼仪可言。可以想见，这样一位皇帝，说他举行了盛大的即位仪式，无论如何也是不可思议的事情。史书中对开国皇帝的记事往往存在许多粉饰和神化，对阿骨打的记载也是如此。

阿骨打称帝容易，但想自己掌握绝对权力似乎并不容易。因为，完颜部内部统治集团又分为几大派系，最有权力的当属阿骨打兄弟，包括他的同母弟吴乞买、斜也，而阿骨打的儿子宗望、宗干等人也都是其核心人物。此外，还有撒改家族，这一派代表女真旧贵族，以撒改、宗翰为代表，是阿骨打兄弟之外最有势力的家族。撒改一直担任权力仅次于阿骨打的国相一职，完颜氏老根据地的部众的人心相背，从某种程度上说是取决于撒改的。其掌握大权的成员不少，如阿离合懑、宗翰等人，此后形成了可以与皇帝比肩的强大势力，自不待言。另外，还有欢都一系。欢都是元老级人物，侍奉过完颜氏的四代首领，战功显赫。至阿骨打时，欢都已经去世，但他的儿子完颜希尹继承了这一系的势力，也不可小视。辞不失一系属于阿骨打的亲戚，得到阿骨打的信任，也是重要的派别之一，在当时是支持阿骨打的。

阿骨打欲坐稳皇帝位置，必须取得另三派的支持。虽然撒改等人是最先劝进的人，但也是顾忌最深的人。因为撒改是阿骨打伯父之子，他的意见代表了族人的意见。他的儿子斡鲁古和宗翰又都是统领军队的著名将领。当时阿骨打大权在握，各方都支持他的行动，但权力仍然不如中原皇帝对臣子那样绝对。所以在诸方势力的权衡与博弈过程中，形成了具有女真人自身特色的国家权力中枢。

一个国家的形成，可能最重要的是统治中枢的建立，对于女真人而言，要实现平稳的建国，最可行的方式就是对原有的女真首领的职能加以改造，事实上，于1115年7月确立的决策中枢的成员们被称为"勃极烈"，就是走了这样一条道路。

所谓"勃极烈"，是从女真人原来的部落首领的名称"孛堇"转化而来，是尊贵的首领之意。阿骨打的弟弟吴乞买为谙班勃极烈，国相撒改为国论忽鲁勃极烈，辞不失为阿买勃极烈，斜也为国论昃（昊）勃极烈，在1115年的九月，又以阿离合懑为国论乙室勃极烈。从决策中枢的构成人员名单上可以看出，阿骨打对各大派系都有一定的照顾，在尊重阿骨打权威的前提下，各派达成了一定的均势，在形成中的帝国中枢机构中，各派势力都有自己的代言人。

人名	官称	勃极烈位次	所属派系	与阿骨打的关系
吴乞买	谙班勃极烈	1	阿骨打家族	母弟
撒改	国论忽鲁勃极烈	2	撒改家族	堂兄
辞不失	国论阿买勃极烈	3	辞不失家族	堂叔
斜也	国论昃勃极烈	4	阿骨打家族	母弟
阿离合懑	国论乙室勃极烈	5	景祖第八子	叔父

但是，这几位勃极烈也确有地位高低之分，除阿骨打外，称谙班勃极烈的吴乞买地位最高，是事实上的皇储。后来的斜也和完颜亶（金熙宗）也都曾任谙班勃极烈，掌握军国大权。国论忽鲁勃极烈，最初称国论勃极烈，其权威相当于原来女真人的国相，地位仅次于谙班勃极烈。"忽鲁"的意思是"勃极烈之长"，相当于中原王朝的宰相。国论阿买勃极烈后来又称阿捨勃极烈、左勃极烈，位居第三，是谙班勃极烈的副手。国论昃勃极烈地位在阿买勃极烈之下，职责是统率军队外出作战，第一任国论昃勃极烈是由阿骨打的弟弟斜也担任，斜也后来又一路升官，做到国论忽鲁勃极烈、直到谙班勃极烈，成为皇储，可惜斜也没有做皇帝的命，英年早逝。国论乙室勃极烈，后来又称为移赉勃极烈、右勃极烈，是办理外交事务的长官，从最早担任此职的阿离合懑的职掌来看，其职能是处理外交事务与统领军队。

诸勃极烈官职后来在1121年虽然有所调整，但没有太大变化。

诸勃极烈中，最后有移赉勃极烈宗翰兼都元帅，掌握中原的军政大权，成为位高权重的实力派，这自然是后话。但可以说，担当诸勃极烈之人，广义上来说都是阿骨打的兄弟近亲，虽说有利益权力之别，对外而言也都是一家人，他人是没有机会染指中枢权力的。

国家的良好运作仅靠几个核心成员是不够的，还需要有一套系统的由中央到地方的官僚体系。在女真建国之初，根基尚未牢固，所以仍然采取部落时期的孛堇制，利用原来的女真部落首领处理各项具体事务，同时，又招纳了大批渤海、契丹、汉人官员，也称孛堇。宋朝方面留下的史书记载，每当有国家大事之时，皇帝往往召集会议商讨，常有"郎君""诸酋大人""近上官员"在场参与讨论。形式也极为有趣，大家往往环绕而坐逐个发言，从地位低的人开始，直到轮完为止。平时，这些"孛堇"充当各级的官员行使管理职责，虽然还不是健全的官僚体系，但也足够应对当时的情况了。

地方上的官员也可以称孛堇，但除此之外，他们也还有更为通行的称号：猛安、谋克。

猛安谋克制度是女真建国的坚实基础，是完颜部逐渐统一生女真各部的同时，为了更好地将他们整合在一起，形成有战斗力的生力军，通过对各部进行改编而形成的一种女真人的社会、军事组织。

在女真语中，"猛安"的意思是千夫长，"谋克"的意思是百夫长，这两种称号最初可能源于女真人原始部落组织首领的称号。但是，在女真建国前后形成的女真人的猛安谋克组织却已经不再是原始社会的血缘组织，而是人为编组的一种国家控制下的地缘组织了。这种制度的起源可能上溯到阿骨打成为女真人的首领以前，但其真正定型为一种制度却是在阿骨打统治时期。在宁江州大捷之后，阿骨打对猛安谋克组织进行了整顿，确立了三百户为一谋克、十谋克为一猛安的编制，将女真人全部编入猛安谋克组织。猛安谋克既是这种女真人军政合一组织的名称，也是这种组织的长官的称号。各部之人在和平时期由孛堇来领导，进行日常的生产劳动，打仗的时候，各级孛堇则被称为猛安、谋克，率本猛安谋克的士兵出征。在阿骨打称帝时，兵力还不到 3000 人，所以，当时称为猛安的人只有宗雄、斜卯阿里。

随着对辽战争的节节胜利，女真人统治者也不得不面对一个如何统治新征服地区的问题。最初，阿骨打等人的想法是将女真人的猛安谋克制度进行推广，将新征服地区的居民也都编组为猛安谋克。这种做法开始应用于降附的契丹人的时候，似乎并没有引起太大的麻烦，但将新征服地区的渤海人特别是汉人编入猛安谋克时，却受到了渤海人与汉人的激烈反对。从事农业生产并已经习惯了州县管理模式的渤海人与汉人，毕竟与从事游牧业并一直保存部族的管理方式的契丹人不同，他们显然适应不了女真人这种军事性很强的军政合一的管理方式。为保持对新征服地区的稳定控制，女真统治者不得不进行政策方面的调整，他们不再将渤海人和汉人编组为猛安谋克，而是保持原有的州县体制，由忠于女真人的汉人和渤海人官员负责管理。猛安谋克逐渐成为金代管理女真人和契丹人的制度。在契丹人发动大规模反金叛乱以后，参与叛乱的契丹人的猛安谋克被撤销，但是，这部分契丹人被编入女真人的猛安谋克之中，实际上，用这种制度统治契丹人的想法并没有太大的变化。

最初，猛安谋克的长官对属民具有绝对的权力，而且其职位也往往是世袭的。从这一点来看，女真人的这种基层社会组织具有显著的封建性（feudality），与欧洲中世纪的基层领主制度很接近，猛安谋克的长官与其说是帝国的官僚，倒不如说是忠于皇帝的封建领主。但是，这种状况并没有维持多久，金熙宗即位以后，帝国开始逐步实行汉制改革，加强皇权，地方猛安谋克的权力也逐渐受到种种限制，猛安谋克的财政与人事权被收归中央，猛安谋克逐渐被改造成真正的国家官员。后期，猛安谋克也演变为主要授予女真贵族的一种荣衔，也用猛安谋克的人口和土地来奖励功臣。

随着灭辽征宋战争的逐渐展开，为军事行动的需要，女真人也在猛安谋克组织的领导下逐渐南迁，离开了他们的故土。特别是在征服中原北部地区以后，女真人按猛安谋克为单位被大规模迁往新占领地区。女真人由原来具有自己的分布区，变为主要与其他民族杂居。但女真人在迁入地还是以猛安谋克为单位确立起自己的村寨，形成小范围的聚居。猛安谋克组织与村寨组织相结合，形成金代女真人特有的地方行政单位，散布于中原州县之间，女真人的统治者正是希望以这种方式保持女真人的独立性，同时对其统治下的其他民族起到监控作用。

　　将女真人迁入中原地区以后，金帝国的统治者也根据其所拥有的人口和牲畜的多少，分授一定数量的土地给猛安谋克组织内的女真人家族，让他们平时从事农业生产、缴纳赋税，战时则从征作战，金帝国也以猛安谋克作为征纳女真人赋役的基本单位。在女真统治者的设想中，是要通过这种方法使女真人亦耕亦战，使猛安谋克成为其政权的支柱，可以随时用来镇压其他民族的反抗。

　　虽然其性质与内涵发生了一定的变化，但自阿骨打称帝以来，猛安谋克就一直是金帝国管理统治女真人的基本制度，其后屡经改革，直到帝国灭亡才宣告结束。

　　需要提醒读者的是，女真帝国体制的初创是经历了几年的时间才逐渐完成的，其间记录着创业者的艰辛与斗争。然而建元收国的确是一个标志，代表着一个传奇帝国的诞生，也代表着这一切艰辛努力的开始。

　　1115年建国的同时，阿骨打整顿军队，开始了对辽统治下的女真的战略中心城市黄龙府的进攻。正月五日，太祖阿骨打为了攻打黄龙府，亲率一军攻益州。虽然一切都很顺利，但是突然传来消息，在女真军队侧后翼的达鲁古城集结起一支辽军，威胁女真军队的后方，如果女真人深入黄龙府，很有可能会被包围。所以，阿骨打被迫放弃攻打黄龙府，派遣银术可和咸州撤回来的娄室合兵包围黄龙府，牵制住黄龙府方面的辽军，使之不能北上，然后阿骨打亲自率部队进攻达鲁古城。由于达鲁古城方面的辽军实力强悍，阿骨打不得不到宁江州以西整备军队，并调娄室的军队加入对达鲁古城的作战。女真人集中精锐兵力猛攻达鲁古城，然后辽军大败，但在经过了几次恶仗之后，其自身元气也大伤，不得不进行休整。

阿骨打是在1115年二月份回到阿城，一方面休养生息，一方面开始整顿新归入自己势力控制下的混同江流域、咸州，以及黄龙府的部分地区。直到这一年的7月，女真人才开始第二次进攻黄龙府的战役。

黄龙府是辽的重镇，女真人岂能轻易攻破。黄龙府不仅城防坚固，而且四周有各城应援，攻城一时陷入僵局。最后，阿骨打采纳娄室的建议，先将辽水以北、咸州以西的奚族讨平，同时切断黄龙府与外界的联系，且对黄龙府采取围困的战术。等到城中守军士气低落的时候，阿骨打这才亲自从今天阿城的根据地出发，8月到混同江与娄室等人会合，一齐进攻黄龙府。在经历了近一个月的激战后，在九月份方才攻下黄龙府。至此，辽在女真地区的统治体系彻底崩溃，在废墟之上，一个新兴民族的帝国成长起来，也开始了他进军中原的历史进程……

契丹内讧：女真帝国崛起的助推器

历史不是对胜利者的溢美之词的堆砌，一个壮举往往在于点滴间的汇聚，女真人在奋力为民族崛起与生存的抗争之中积聚起了敌国之力。其间经历了很多重要关头，后人评说往往很容易，对当事者来说却是生与死的抉择。女真人在复杂而艰苦的环境下摸着石头过河，在蹚过溪流、面对汹涌的江河时，可能就是他们最困难的时候，也是对关乎生死机遇的抉择的时刻。在他们第一次面临这个十字路口时，机遇是——终结契丹帝国。

直到 1115 年的上半年，女真人可能自上而下都不敢想象他们要灭亡辽朝，还希望辽能承认女真这个国家的存在。辽天祚帝也万万没有想到最后会成为这些"山林野人"的阶下囚，看到女真势力的兴起，天祚帝也打算让新建立的女真国家成为辽的藩属国，用和平手段结束战争，以便让他腾出手处理帝国内部的乱摊子。双方似乎都有谈判的愿望，女真人似乎也愿意用名义上对辽帝国的臣服换取辽对其事实上的独立的承认，所以，从年初开始，与战斗同步，双方的使节往返一直没有间歇。

双方的第一次接触是在阿骨打攻打达鲁古城之前，辽主动派遣耶律章奴到宁江州西会见阿骨打，双方进行了多次谈判，辽朝方面所提出的基本条件就是金国向辽称臣，附属于辽。而金国一方的条件是归还叛徒阿疎，并称如能同意，当下解除对黄龙府的包围，在别的地方再详谈。可见，女真人对能否打下黄龙府心里还不是太有底。在成功控制了该地区的熟女真之后，阿骨打仍旧想通过谈判取得辽朝的承认。但是，后来的战争形势对金极为有利，阿骨打对辽的态度才逐渐变得强硬起来。

在女真人攻占黄龙府之后，辽朝在这一带的势力损失殆尽。天祚帝极为震惊，立即下令编组军队亲征。这一年 8 月，天祚帝本人来到部队中。此次亲征，天祚帝共调集了大军 10 万人，耶律章奴所部 2 万为前锋，另一路由都点检萧胡靓为都统，率汉人步骑 3 万南出宁江州，余下的大军随天祚帝自长春州（今吉林松原前郭尔罗斯蒙古族自治县西北塔虎村）分道出骆驼口。阿骨打听说辽军进攻，便亲自率军从根据地赶赴鸭子河，12 月到达战区，与辽军形成对峙之势。

历史终于将这个在山林中生活了近千年的民族推到了历史长河的岸边，是顺溪流而上，回到他们原来的生活，还是迎着波涛成为历史的创造者？这一战是事关女真人命运的战斗。面临如此强大的敌人，是生是死，何所适从？

阿骨打把各路首领召集到一起，"劙面恸哭"，"劙面"是女真的风俗，就是用刀划破自己的脸，表示极大的悲哀。阿骨打痛哭道："最初和你们起兵反辽，是因为难以忍受契丹的压榨，而想自己立国。现在我要是卑哀请降可能会免祸，但我看辽人是要将咱们全都杀掉，即使人人奋勇杀敌也不是辽人的对手，不如你们杀我一族之人，拿我们的脑袋投降辽人，或许可以转祸为福啊！"众人都是激动异常，齐声道："事已至此，唯命是从，以死拒之！"众人对这次作战达成共识："辽兵号称 70 万，不是好对付的。我们远道而来，人马疲乏，应当构筑深沟高垒，坚守不出。"另一路女真军则由迪古乃和银术可率领，驻防达鲁古城，对抗萧特末、萧查剌的军队。处于极端劣势的女真人此时已经抱定必死的信念，他们占据渡口附近的有利地形，与辽军隔江对峙，等待战机。

这时辽军内部却发生了重大变故，就在天祚帝踌躇满志要彻底解决女真问题时，前锋耶律章奴却偷偷地折返上京（今内蒙古巴林左旗附近），要废掉天祚帝，立耶律淳为帝。天祚帝闻讯后被迫秘密撤退，可能辽军保密工作做得不错，女真人在天祚帝撤退的两天后才知道辽军的变故，众人无不欢呼雀跃，纷纷要求乘胜追击。阿骨打却骂道："敌人来时都不敢迎战，撤退的时候都要追击，这就是勇敢吗？"他告诫众人作战要谨慎，敌众我寡，需要集中兵力攻击辽天祚帝所在的核心之处，女真人战胜辽军的法宝，就是集中兵力，以快打慢。

在阿骨打亲自率领下，女真军很快就在护步达岗追上了天祚帝，虽然金军只有 2 万人，但人人奋勇作战，又上演了一幕以少胜多的精彩战斗。天祚帝怎么也没有想到，辽军与女真人的决战会败得如此狼狈。天祚帝一口气跑了 500 里，退到了长春州。

此役之后，辽帝国再也无力平灭金朝，被迫采取守势。同时，由于辽帝国内部耶律章奴的叛乱，大部辽军被牵制住，这又给了金朝攻占东京道的机会，鲸吞辽帝国的时机终于显现出来了。

1116 年年初，由于辽朝内乱，辽内部各地方势力也都蠢蠢欲动，变乱纷起。而在东京发生了渤海人高永昌的叛乱。东京是辽在辽东半岛的统治中心，该地是汉人、渤海人交错居住的地方。由于连年与金国作战，契丹人总是让渤海人充当炮灰，社会动荡，当地的渤海人早就对辽朝的统治心生怨恨。更严重的是，辽东京留守萧保先对渤海人实行暴政，渤海人苦不堪言。一系列的矛盾积聚起来，促成了这次叛乱。

高永昌，原是辽渤海军中的一名将领，当最初东京城内发生动乱时，他马上带人围攻东京辽阳府，并得到城内外渤海人的广泛响应，很快就攻占了东京城，高永昌在此自立为大渤海国皇帝。在立国的同时，为了抵御辽人的进攻，高永昌也派人联系阿骨打，希望得到金朝的支持。处于强势地位的阿骨打回复得很干脆："一同攻打辽国，很好，但是你必须归附于我！"但是高永昌拒绝臣附阿骨打，而且还要阿骨打归还投附金国的渤海人，这促使阿骨打最终决定利用高永昌与辽军混战的时机攻占辽东。

这年四月，阿骨打派遣斡鲁古率阇母、蒲察、迪古乃挥军南下，与正在辽东作战的辽宰相张琳军、高永昌军队混战在一起。斡鲁军首先和辽宰相张琳的军队相遇，当时张琳军夹在高永昌控制的东京与金朝控制的咸州之间，斡鲁古将其击败，占领沈州（今辽宁沈阳老城区）。这样东京就完全暴露在金军的面前了。

高永昌得到消息后大惊失色，自知不能与金军抗衡，急忙假意派人表示愿意称臣，但被金人识破，双方在辽河附近鏖战，高永昌大败，东京城内的居民捕获高永昌的妻子并开城投降，很快，整个辽东半岛落入了金国的控制之中。阿骨打任命斡鲁古为南路都统，经营辽东。一面废除辽制，减轻赋税，一面将新占领的土地、人口按照猛安谋克重新编制。至此，金国几乎控制了全部东北地区，女真民族也都归于金国的统治，由此金对辽帝国转为战略攻势。

金灭亡辽帝国的行动是围绕辽的五京进行的。辽帝国的行政区划有五京之制，五京是所在地区的统治中心。辽代的五京分别是上京临潢府（今内蒙古赤峰巴林左旗）、中京大定府（今内蒙古赤峰宁城县大名城）、东京辽阳府（辽宁省辽阳市老城）、南京析津府（今北京城西南隅）、西京大同府（今山西大同市）。

在 1116 年以前，金国已经攻占了东京，与辽在黄龙府以西、南抵辽河一线对峙。1117 年年初，金对上京通往金的统治中心（今天的阿城地区）的战略要地长春州展开攻击，拉开了进攻上京的序幕。阿骨打派遣弟弟斜也为都统，率近 1 万人围攻长春州与附近的泰州，并很快攻占了这两个地方，这样，金军就可以长驱直入直指上京城了。

在北路对长春州用兵的同时，在南路辽东半岛方面，金军也继续对辽施加压力，不断向辽西推进。辽为了抵抗金军的西进，在辽宁一带组织饥民 2 万多人，号称"怨军"，以渤海人郭药师为主将，镇守显州一线，以图抵御女真人的进攻；同时以耶律淳为都元帅，负责辽西一带的战事。金军在蒺藜山击败耶律淳，转而围攻显州、乾州及周边地区。这样一来，女真人已基本打通了向辽中京的通道，金军直接威胁到在中京的辽天祚帝，吓得天祚帝不知所措，连忙准备日行三五百里的好马若干，随时准备逃跑。但金军咸州路都统斡鲁古在占领上述地区后没有乘胜攻打中京，而是停止进攻，等待太祖阿骨打的命令，这成为斡鲁古被免职的直接原因。

在新占领地区的统治得到巩固以后，1120 年，阿骨打亲自率军攻打辽的上京城，事先派宗雄赴上京，派遣使者诏谕城中人员投降。但上京守军凭借充足储备与防御设施，决定坚守待援。阿骨打下令强攻，他亲临作战前线指挥战斗，结果仅仅一上午的时间女真人就攻克了上京城。

进城之后，阿骨打非常高兴，骑马游五銮殿、宣政殿，并在延和楼置酒庆祝。但是由于天气燥热，金军又是劳师远征，所以宗干跟阿骨打进谏说："现在正赶上暑天，军马都很疲惫，如果深入敌境，恐怕粮草匮乏，局势不利。"阿骨打表示赞同，于是自上京班师回去避暑了。

在南路，辽将耶律余睹利用金军回撤之际，在辽河附近伏击金军，使金军损失惨重，大将完颜特虎阵亡。

辽将耶律余睹可以算是辽军一方为数不多的将才。他是天祚帝的近亲，也是文妃萧瑟瑟的妹夫。可是，宰相萧奉先为了排除文妃萧瑟瑟及其子晋王敖鲁斡的势力，不惜诬陷耶律余睹勾结驸马萧昱谋反。天祚帝信以为真，杀死萧昱和萧瑟瑟，同时，派人追杀尚在军中的耶律余睹。

1121 年，耶律余睹一气之下到咸州投降金朝，将辽朝廷内外虚弱的实情全都告诉了阿骨打，从此余睹积极为金人充当向导，攻打辽朝。阿骨打也由此坚定了灭辽的决心，在给咸州路都统司的诏书中称："余睹过来后，辽国的实情已经知道，我决定亲征，赶快休整战备，等待出战。"后来由于连日下雨，阿骨打放弃了亲征的打算，命令斜也为统帅，宗翰等人副之，率军西征。在誓师大会上，阿骨打正式宣布："辽的政治腐败，人神共弃。现在要统一中外，所以命令你等率军讨伐。"此时女真人已明确地提出要灭亡辽朝，一统中外。

第二年正月，金军攻克高州、恩州和回纥城，随后又攻破辽中京。金军探知辽天祚帝在中京，攻下城后发现他已没有踪迹了。原来，天祚帝在金军攻城前夕，已经深夜逃到燕山一带了。后来在金军的追袭下，天祚帝又带亲信逃到鸳鸯泊（今河北省张北县西北安固里淖），结果在此地与金军不期而遇，没办法，天祚帝又仓皇向西京大同奔逃，在途经桑干河时，仓皇之际竟将国玺失落。随后他又躲到夹山（今内蒙古萨拉旗西北）的沙漠中去了。天祚帝只顾自己逃命狂奔，完全不思考如何调动全国的力量，组织起对女真人进攻的有效抵抗，甚至在相当一段时间里，辽朝的将军们都不知道皇帝在何处，这使辽帝国进一步陷入混乱之中。

其间，金军在这一年，即 1122 年，一口气攻下了辽的西京、燕京，诸路军队也随即对这些地区进行经略，辽的国土基本都被金人控制了。

对于天祚帝，金人专门派出军队追击，1125 年正月，西北的党项酋长派人邀请天祚帝到他们的驻地避难，天祚帝因此想引兵西北行，经过沙漠逃出去，谁知此时金军名将完颜娄室率军杀到，天祚帝连皇冠都来不及戴，急忙逃跑。第二天天亮时，天祚帝跑到天德军，正值下雪，娄室率轻骑沿着雪地上的马蹄印紧追不放。1125 年 2 月，金军终于追上了仅剩 20 多名侍从的天祚帝，一举将之擒获，辽帝国彻底灭亡。

金人后来封天祚帝为海滨王，并将之流放到长白山以东，也就是今天的吉林延边一带，天祚帝在被囚期间郁郁而终，享年 54 岁。

女真人在短短的几年时间里横扫整个北部中国，使得强大的辽帝国节节败退、最终覆亡的事实震撼了当时整个中国，一直在南部静静观察的北宋也不得不对这个"极边鄙蛮夷"刮目相看了。

第二章
北南变奏曲：金宋两强的角力

仅仅用了 12 年时间，女真人就灭亡了南北对峙近 200 年的两大帝国：宋和辽。从辽帝国统治下的一个默默无闻的小部族，到建立掌控淮河以北至蒙古草原广大地区的帝国，女真人仅用了半个世纪就完成了如此巨变。他们的发展为何如此神速？女真铁骑打下北宋的帝都开封，标志着北宋政权的灭亡，女真名将纵横中原，直将南宋的建立者宋高宗赵构追至海上，却最终承认了南宋这一偏安江南的王朝，其间又存在着怎样的隐情呢？

谁动了宋人的奶酪——海上之盟的意外收获

1118 年 8 月的一天，一队金兵押解着 80 多个宋人打扮的人向阿城赶去。这些宋人神色紧张，心事重重，路上一言不发。到了阿城，为首的马政、呼延庆、高药师才急切地大声说："我们是大宋的使者，想见你家皇帝！"

这话在他们刚刚踏上金国的土地时就已经跟驻守的士兵说了，可是毕竟是战争时期，金军差点把他们当作辽朝间谍杀了，后来在这几个宋朝人的反复解释之下，驻守金军才同意先把他们押到阿城再说。

阿骨打哪里肯亲自接见这些来路不明的宋人，他只是让宗翰、完颜希尹等人接待了他们。但在交谈之后，宗翰等人大吃一惊，这几个人真的是宋朝皇帝派来的使臣，他们的使命是谋求与金国联合灭辽，只不过由于担心被辽朝方面截获，因此他们没有携带国书，仅口头传达宋朝皇帝的旨意。

宋朝一直对辽占领燕云十六州耿耿于怀，历代皇帝都想找机会从辽朝手里夺回这片土地。可是，在与辽朝的战争中，宋朝却一直处于劣势，最终不得不与辽朝谈判，通过每年向辽朝进献"岁币"的举动，来维持这种以金钱和屈辱换来的和平。1115 年，一名燕云地区的汉人李良嗣逃到宋朝，宋朝方面才了解到女真人与辽朝在东北的战事。李良嗣向宋徽宗献策，要乘辽朝与女真人作战之机，与女真人联合，南北夹击辽朝，可以借此夺取燕云十六州，并进而与女真人联合灭辽。宋徽宗听后大喜，赐李良嗣姓赵，不顾一些大臣的反对，立即命令山东的登州官员派人与金国联系。宋人此次是打着向女真人买马的名义派出使节的，实际上，宋朝只是在建立之初向女真人购买过马匹，宋朝与女真人的联系已经中断了近百年了。不过，虽然几经周折，宋朝的使臣终于在1118 年见到了金国的统治者。

金太祖听说宋朝派人来请求联合灭辽，十分高兴，命令好好招待来人。但由于事关重大，他又与几个核心人员密议了好几天，最后做出决定响应宋人的提议。宋主动来与金联络要求联合灭辽，这是金国求之不得的事情。毕竟当时金国国力弱小，还不能与辽长期抗衡，跟南部的大宋朝结盟抗辽，何乐而不为？但由于金人对宋一直没有什么了解，还不太放心，所以要求宋使留下人质，然后派遣渤海人李善庆、熟女真小散多、生女真孛达三人随宋使回去见宋徽宗。

经过双方的反复磋商，宋朝于1120年派遣赵良嗣出使金国，此时阿骨打已经率领军队在攻打辽的上京城（今内蒙古巴林左旗南波罗城）了。赵良嗣等人赶到阿骨打军前，阿骨打并没有马上与他谈判，而是让他们观看金军如何攻取辽上京。仅仅进行了一个上午的攻城战就将上京拿下之后，阿骨打才与赵良嗣开始谈夹攻辽朝之事。这样，赵良嗣等人再也不敢小瞧女真人了。

在经过一番讨价还价之后，金宋双方终于谈妥了盟约的内容。双方议定的内容主要有这样几条：第一，宋金两国地位平等，互致国书，对等交往。阿骨打在这一点上说得十分明白，对辽谈判时一定要高一等，而对宋则争做兄弟，平等相待。这也是双方相互信任的基础。第二，也是双方结盟的主要目的，即宋金双方联合灭辽。双方规定，盟约生效后，由金兵攻取辽中京（今内蒙古宁城县西大名城），宋朝攻取辽南京，即宋人所称的燕京（今北京）。同时，双方互相通报出兵时间，并约定出兵路线，即金兵自平州松林（内蒙古东部克什克腾旗一带）趋古北口（今北京市密云东北部长城要口），宋自雄州（今河北雄县）起兵趋白沟（今河北高碑店东自北而南的白沟河），共同夹击辽军。第三，明确规定了双方的利益分配。宋要求灭辽后将燕云十六州全部归还宋朝，但是金国仅仅同意将燕京七州交给宋，对云中（今山西大同一带）及平滦二州的归属则含混其词，这为后来的宋金战争埋下了伏笔。同时规定金军不得过松亭（今河北宽城县西南）、古北、榆关（今河北秦皇岛东山海关）一线，也就是宋金应以此线为界进行活动。第四，宋朝方面答应将每年给辽朝的50万岁币转送于金。第五，双方自盟约签订后不得单独与辽讲和。

这个盟约是宋人从山东渡海与金人签订的盟约，所以历史上称之为宋金海上之盟。

海上之盟确立之初，宋金双方都为之感到振奋。宋人高兴的原因是，不用费太大努力就可以收复燕云，然而他们却怎么也没有想到，这也是他们悲剧的开始。外交是以双方的实力为基础的游戏，宋人想以一纸盟约来达到收复失地的政治目的，没有强大的军事力量为后盾，几乎是不可能的。金人确实应该高兴，因为他们才是此次结盟最大的赢家，金与宋结盟，使辽朝被孤立，也极大地鼓舞了女真士兵的士气。

金人着急要宋人尽快落实一同出兵的约定，以便迅速灭亡辽朝。1121年，金人派曷鲁、大迪乌等人持国书使宋，商议夹攻辽朝的日期。但童贯带着原本要参加攻辽作战的15万人去南方镇压方腊起义，宋朝人自知无法向金使交代，也不让他们回金国，好吃好喝地搪塞金国使者，让他们在宋朝待了三个月。金人见使节不归，很多人要求自己出兵进攻，不必理会宋朝，阿骨打对此一直很犹豫，结果就在此时，辽大将耶律余睹投降金国，将辽朝软弱腐败的情形都告诉了金国。战机稍纵即逝，阿骨打立即让耶律余睹为向导，攻占中京。接下来的战役进行得非常顺利，甚至女真人自己都不敢想象对辽地的征服能如此迅速。四月份女真军就已经攻占位于今山西大同的辽西京了，至此，辽的五京金已经攻下了四个，辽的大部分领土都已经成为金朝的控制区。

宋人看在眼里急在心上，害怕金朝直接攻占辽燕京地区，自己什么也捞不着，急忙命令童贯率领大军杀奔此时已被北辽政权占据的燕京。宋朝方面的此次出兵，也没有按约定通知金朝，结果残存的北辽政权依靠在燕京的汉人军队打败了童贯的大军。而这时金人也知道了宋朝秘密出兵的事情，害怕宋人独自偷偷攻下燕京，自己得不到好处，急忙派使节到宋朝交涉。这可算是很滑稽的一幕，金国对宋人并不了解，以为宋朝的大军一到，定能轻松夺取燕京。而宋人怕金人知道他的军队不堪一击，便向金人宣传这一仗打得如何漂亮，结果事后才发现，宋朝人并没有攻下燕京。而宋朝却不断催促金朝落实交割已占领的西京、平州、滦州一带土地（宋人称云、平、滦三州）之事。

就在谈判双方使节往还之际，童贯于1122年再次率军攻打燕京，被燕京的左企弓等人打得大败，童贯这下着急了，生怕回去遭到处罚，所以秘密遣使请求金朝出兵帮助攻打燕京。这可是金人求之不得的事情，于是金朝派三路大军出居庸关，攻打燕京。燕京守将开城投降，金军占领了辽的全部五京。

在攻取燕京的过程中，女真人发现，宋军竟比他们想象中软弱得多，女真人几乎攻占了辽帝国的所有领土，而宋军却连一个燕京也拿不下来。女真人无论如何也想不明白，为什么被他们打得望风奔逃的辽军，却能将宋军打得落花流水。女真人对宋军充满了鄙视，因此，很多将领向阿骨打建议，不要按照当初的约定将燕云地区归还宋朝，理由是，这些地方是金军攻占的，而按海上之盟的约定，这些地方本应该由宋军出兵攻占。就连刚刚投降金朝的辽国旧臣都劝阿骨打不要归还燕云地区给宋人，左企弓向阿骨打献诗，其中有两句就是："君王莫听捐燕议，一寸山河一寸金。"

阿骨打没有同意，他不愿意失信于人，但是他也留下了这样的话："等我死后，你们爱怎么办怎么办吧。"

但是，阿骨打也不愿意将女真人流血攻克的燕京白白送给宋朝，他要求将燕京地区每年的赋税划归金朝。宋使赵良嗣争辩道："赋税自古随地，岂有得地而不得税者。"宗翰态度强硬地说："燕京是我军攻下的，赋税自然应该归我国。你们若不愿意，就请马上将涿州（今河北涿州市）的部队撤走，不要留在我国疆域内。"经过一番谈判，最终双方商定，宋朝每年缴纳 100 万的燕京代税钱。完颜希尹还很不满地说："燕地赋税达 600 万，现在只要了100 万。"

宋徽宗在答应缴纳燕地代税钱之后，又遣使请求阿骨打将云州一带归还宋朝。阿骨打说："赵皇大度，我要百万代税钱，二话不说就答应下来，现在来求西京，我怎么好拒绝呢！"因此，金朝答应将云、武、应、朔等九州的土地、人口划给宋朝，条件是宋朝必须支付金人攻打西京的"赏钱"。

在双方议定条件之后，该办理交接手续了，这个交接手续就是双方的誓书。金朝派遣开国元勋银术可携带国书与誓书出使宋朝，史称"著誓"。双方和气一团，宋朝答应给金军 20 万的攻西京的赏银，宋徽宗也满足了银术可个人的要求，向他颁赐了"春宴"。银术可也十分有礼貌，没有挑剔细节上的问题。1123 年，宋朝又派卢益与赵良嗣等人再次出使，也像金朝一样"著誓"，而且开始商讨交接燕京与云中的时间等一些细节问题。但金国则百般挑剔宋朝誓书的内容，让来人重写誓书多遍，并且强烈要求其间加上宋朝不得收留叛逃金国的逃人的条款。同时，又以帮助宋朝收复疆土为名，索要白米 20 万石。对于这些条件，宋人都毫不迟疑地答应下来。

最后，金朝才跟宋朝签订协议，将燕京和涿、易、檀、顺、景、蓟六州交给宋。可是在交割之前，金军却驱赶着燕京的百姓，要将他们强行迁往东北。宋朝在付出沉重的代价之后，所得到的却不过是一座空城。

关于西京，也就是宋人称为云中的地方，金朝却迟迟没有交割，只是口头上承认而已。宋朝在付出沉重的代价之后，才换得了不完全的燕云十六州，而宋朝君臣却为这样的胜利弹冠相庆。表面上看来，是宋朝卑躬屈膝，在积极满足金国的无厌要求。而在实际上，双方原来商定的夹攻西京、燕京等地的军事行动，都因为宋人迟迟不出兵，变成了金军独自进攻的局面，换句话说，在战争中，宋朝方面并没有履行海上之盟中所承诺的出兵义务，而在胜利后，却要求金人兑现归还燕云的承诺。金朝对宋人这种以岁币钱财坐享其成，而让金人在外流血打仗的做法大为不满，在他们看来宋朝人很不仗义。

一次，宗翰很不满地跟宋朝使者说："贵国跟契丹人打了那么多年，直到打不过他们才给银绢。我们不如把岁币银绢的事情放在一边，先打一仗，决个胜负，等到你们被打败时，多给我们一点钱，如果我们败了，不要分毫钱财。不知如何？"有这种想法的人在金朝高层中占多数，所以大多数人反对割让西京的土地，但阿骨打决定坚持原来的约定，没人敢说什么，只是在割让西京的操作上行动迟缓。

就在宋人沾沾自喜的时候，不幸的事发生了：金朝统治层中唯一一个支持履行协定的人——金朝的开国皇帝阿骨打，在1123年9月，也就是天辅七年，于北返途中去世。这位带领女真人走出东北山林、横扫北中国的女真领袖亲手创建起金帝国，并在完成他的使命后撒手人寰，享年56岁。他远在今黑龙江省阿城的弟弟，也就是谙班勃极烈吴乞买继承了帝位，而此时对燕云地区拥有绝对控制权的宗望、宗翰等人开始谋划对宋的战争了……

女真人与辽挑起战争的借口是阿疏，而与宋开战的借口也是一个人——张觉。

张觉又叫张毂，辽平州义丰（今河北省滦县）人，辽时进士及第，官至辽兴军节度副使。后来金国攻辽燕京地区，张觉乘机控制了平州的军政大权。辽燕王耶律淳亡故之后，张觉就暗中扩充军队，积极备战，成了割据一方的强大势力。而金朝在攻灭辽朝后，给予张觉知平州军州事的职位，后来又升平州为南京，加张觉为同中书门下平章事。这实际上承认了张觉在此地的统治权，女真人也没有收编张觉的军队。

1123 年，在金朝大规模迁徙燕京地区的人口北上时，张觉在手下将领的怂恿之下，利用燕京人不愿意迁往东北的心理，杀金朝官员左企弓等人，据平州造反，企图借助燕京人的支持建立割据政权。张觉也积极派人与宋朝方面联系，希望得到宋朝的支持。

这时刚刚接收燕京地区的宋朝官员王安中，受燕山逃人李石、高履等人的怂恿，想借机笼络张觉，将其控制下的平州等地收归宋朝。宋徽宗在接到王安中的报告后大喜过望，将与金朝之间互不接受叛徒的约定扔到了脑后，马上同意执行这个方案。

平州在五代十国时本属于燕云十六州之一，在石敬瑭将燕云十六州割让给契丹人之后，契丹人调理了这一带的地方行政区划，将平州等地另成一路，不再属于燕云地区。宋人在与金人谈判时，竟然不了解辽国行政区划的变化，他们要求将燕云地区归还宋朝，以为是包括平州等地在内的，而到灭辽以后双方就此事进行交涉时才发现，原来辽金人概念中的燕云是不包括平州等地在内的，金人承诺归还燕云，自然平州并不在内。平州地理位置险要，有平州则有燕京的安全，无平州，燕京则为虚设之要地。宋金双方都很清楚这一点，所以为此谈判争论多次，但金朝始终不答应归还平州。现在，控制平州的张觉主动与宋朝联系，宋朝方面自然想借机收复平州。

宋人马上对张觉实行"招抚、羁縻"，许给张觉世袭节度使等职权。而张觉也希望能以宋朝作为后盾，抵抗金朝的报复。所以双方一拍即合，很快张觉"奉表款服""纳土来归"。宋人不久就将册封张觉的敕书、诰命诏书送到平州，结果这些文件成为金人讨伐宋朝的物证。

金帝吴乞买听说张觉叛变，十分生气，命令阇母率领2000骑兵讨伐平州，但金军却打了个大败仗。7月，宗望亲自率领金军攻打平州，张觉失败，逃入燕京。这时驻守燕京的郭药师将张觉藏在王安中的甲仗库中，对金人则谎称不知此事。金人反复遣使索要张觉，最后王安中无奈，便杀了一个貌似张觉的人送给金人。结果却被金人识破，便威胁说如果不交出张觉就攻打燕京。宋徽宗害怕金人的进攻，便密令王安中将张觉杀掉，将人头送给了金军。这就是著名的"张觉事件"。

不仅如此，在张觉事件前后，有大量的燕地民户因为不愿被金朝迁走而逃到宋朝。而且还有许多宋金边境的官员趁宗翰等人返回阿城奔丧期间，也叛逃宋朝。宋朝不顾盟约中有不得收留金朝逃人的条款，对这些人来者不拒，统统收留。宋朝有收人之心，却无抗金之胆，每逢金人严厉的交涉时，便赔礼道歉，补偿损失。张觉事件便是宋朝行事的典型风格。宋人不仅送给了金人攻打宋朝的口实，而且还对从原辽朝投降过来的人失去了信任，使得他们人心不稳，他们担心哪天也会像张觉这样被宋朝出卖。当张觉被杀时，降宋的辽"怨军"首领郭药师就禁不住自言自语道："若是来索要我郭药师的人头，又当如何？"

宋朝最高统治层懦弱短视的特点完全暴露在世人面前。更加可笑的是，宋朝还企图招降当时还在夹山避难的辽天祚帝，结果招降不成，反倒被金人抓住破坏双方盟约的把柄。

金朝内部上至皇帝，下至军队，都对宋朝肆意撕毁协定感到不满。所以金帝吴乞买在宗翰的多次劝说之下，决定拒绝按协定割让西京（云中，今山西大同一带）诸郡给宋朝。同时派人要求遣返逃往宋朝的叛户，宋朝以难以查找为名，拒绝遣返。1124年，宗望又派人索要协定中"赏"给金军的20万石粮食，结果宋朝边将不承认有此事，拒绝给粮。气得宗望跟吴乞买说："宋人太不讲信用，干脆起兵伐宋吧，免得有后患！"但吴乞买始终没有采取实际行动，直到1125年捕获辽天祚帝，解决了后顾之忧，才决定进攻宋朝。

1125年10月，金朝以宋人招纳叛臣张觉，收留燕京逃亡民户，缴纳岁币不如期等为借口，开始全面进攻宋朝。宋金海上之盟最终破裂。

这也是金帝国处理对外关系的一次实践，他以实力为后盾，在这场交易中占尽先机，取得了丰厚的利益。但其中女真贵族的勃勃野心也昭然若揭，由初兴时期满足于固守疆土到敢于灭亡辽朝，最后发展到要攻打宋朝。这一系列的故事都是在女真帝国军事力量的不断膨胀中产生的。而宋朝方面，以宋徽宗为首的统治阶层目光短浅，行事软弱，热衷内斗，这样的决策层，即使军队力量强金军数倍，也不是金朝的对手。宋朝决策层在对金关系上反复无常，没有一个稳定态度，不仅给了金朝攻宋的口实，也失掉了燕云地区的民心，这也是金攻宋初期燕云地区迅速投降的重要原因。一场为后人纷纷议论的历史画卷也就此展开了。

孤军南下扑东京：擒贼擒王的经典实践

1125 年，在燕京与云中（今山西大同）的大路上尘土飞扬，大队的骑兵、辎重连续不断地向南开去。此时，宋朝的谍报像雪片一样堆在宋徽宗的御案上。打 6 月起，探报就已经报告宗翰已到云州训练军队、督导修筑边境工事的消息。9 月，河东奏报宗翰正在准备入侵。10 月中山府奏报金朝命令女真军 1.5 万、奚军 3000、铁骊军 2000 向平州和云中府（今山西大同）两路集结。二十一日中山府又奏，金朝命女真军与汉儿军（由汉人组成的军队）逐次向云中府移动，并在飞狐县等地集结，准备作战。后来又查知，金军在各地征集粮草……

12 月，金朝使节王介儒、撒卢母到宋宣抚司正式向宋提交问罪书，这个问罪书是以金朝最高统帅部——都元帅府的名义发给宋朝的，里面指责宋朝违背盟约，招纳叛亡，所以要出动大军问罪。其实，这就等于是对宋的宣战书。在递交宣战书之前，金朝的军队就已经进入战斗位置。还没等宋朝人缓过神，金军从东西两路大举进攻。其中，东路由宗望率领，由平州（今河北卢龙）出发，进攻宋朝人刚刚收回不久的燕京地区。西路军则由宗翰带领，由云中起兵。金人的战略意图很明显，即要东路军自平州出击，占领燕京，之后南下，穿过河北平原，渡黄河直趋宋朝首都开封。西路军则由云中入雁门关，攻打太原，再南下打洛阳，阻击宋朝的王牌部队陕西守军东援开封，并对宋的东京开封形成战略性的包围。

金军的最后通牒刚刚下达完毕，宋朝北边的最高统帅宣抚使童贯便偷偷从太原逃回东京。太原守将无奈地说："平时童太师作威作福，遇事抱头鼠窜，有什么脸再见天子！"而这时金军运用闪电战式的进攻效率迅速向前突进。西路军在童贯逃跑后，自河阴（今山西省山阴县东南二十五里山阴城镇）南下，取朔州、武州等地，沿途的宋军大多由本地招募的义胜军驻守，因为不满宋朝官员的歧视与剥削，大多杀死守将开城投降，所以金军基本没有遇到什么像样的抵抗，就攻下了作为太原北大门的石岭关，守将"闻风皆叛"，金西路军包围了太原。

太原是宋朝西北边防的重心，太原知府张孝纯加强防守，安抚人心，同时又命令周边诸州火速救援。金军为了稳稳地吃掉这块肥肉，做了充分的战略准备，为牵制宋朝的援军，甚至还向西夏割让诸多领土，使西夏答应出兵进攻宋朝的麟州（今陕西神木）。结果宋朝诸路援军由于种种原因没有全数到来。仅有几只队伍向太原方向进发，但是这几支孤军很快被金军消灭，太原城成为名副其实的孤城。张孝纯等人利用太原城坚固的城防以及城中充足的储备，顽强抵抗金军的进攻，金军打了好几个月都没有拿下。宗翰不得已，便分兵继续围困太原，而主力部队则向四面活动，扩大战果。由于西北地区多山地丘陵，不利于金军骑兵的大规模作战，因而主要是与宋朝进行逐城的争夺，宗翰原打算向东突进，与宗望的东路军连成一片，但宋朝河东诸州抵抗激烈，他这一战略意图最终落空。结果是，西路军陷在河东的群山之中，眼看着东路军长驱直入，直捣宋东京汴梁城。

东路军由阿骨打的儿子宗望率领，兵分三路挺进，大名鼎鼎的宗弼也就是金兀术也在东路军中。在占领清化县（今河北廊坊香河县）、檀州（今北京密云）后，进兵古北口，击溃宋军3000余人。1125年11月28日占领蓟州。之后的情况也与西路军遇到的基本一样，沿途的宋军大多不战而逃，所以东路军很快就打到了燕京城下。

燕京守军以原来辽朝组建的"怨军"为主力，其将领郭药师原来投靠辽都统萧干，守卫涿州（今河北涿州市），在宋进攻燕京的时候，看到辽大势已去，便决定另寻去路，以献涿州降了宋。宋朝廷对他宠爱有加，命其镇守刚刚收回不久的燕京。郭药师所率领的军队在跟金军初战后，很快败退下来，结果"怨军"又将怨气撒到宋朝身上，开城投降，金人很轻松地将旗帜插到了燕京城之上。此次战役，金军缴获宋朝马1万匹，甲胄5万副，投降的军队达7万多人。由于郭药师所部尚有一定的战斗力，而且熟悉宋朝情势，宗望让他担任前锋，但由于此人叛服无常，宗望对他非常不信任，所以只拨给他1000多人马。由于郭药师熟悉宋朝情势，沿途能够采取避实就虚的办法，遇到坚决抵抗的城市不过多纠缠，而是直接绕过去继续前进，所以很快就打到了黄河边上。

当金军围困太原、攻占燕京的消息传到宋朝都城时，平时喜欢玩乐而懒于国事的宋徽宗气得晕了过去，醒来后，马上下诏罪己，将花石纲、诸制造局、行幸局等令人怨声载道的机构撤废，号召各地官军勤王。给人的感觉真是要痛改前非、坚决抵抗了。可是，在作秀之后，宋徽宗却命令太子监国，自己则要躲到南方去避难。李纲等人坚持要宋徽宗退位，徽宗被迫下诏传位于太子赵桓，自己做起"教主道君太上皇帝"。被后人称为宋钦宗的赵桓开始主持东京汴梁城的防务，准备抵抗金人的入侵。

当宗望得知宋朝皇帝换人之后，害怕宋朝重整旗鼓，进行大举反击，因此打算撤军。在旁边的郭药师则早已看透其中把戏，告诉宗望说宋朝未必有准备，大可放心前进。金军负责攻打黄河渡口附近地区的前锋正是大名鼎鼎的完颜宗弼（金兀术），宋朝守军见到金军的到来便作鸟兽散。在黄河边，金军用找到的仅有的几条小船花了整整5天时间才将骑兵运到对岸，步兵大部留在北岸，队伍极其混乱，可是在金军狼狈渡河之际，黄河两岸竟没有一支宋军防守，更谈不到乘其半渡而击之了。金人嘲笑道："南朝已经没人了，如果有一两千人防守，我们怎么能过河呢！"金军的后军正在渡河时，前军已经杀到东京城外的牟陀岗了。

其实宋朝廷早在听说金军过黄河后就乱作一团了。那个所谓的"道君皇帝"早跑到江南去了，余下的大臣都纷纷要求留守的宋钦宗迁都躲避。宋钦宗也做好了逃亡陕西的准备，他命令官员去永兴军（今陕西西安）为其西逃做准备，之后对外宣称要去陕西征募劲兵守卫京师。而李纲看在眼里急在心头，冲到宋钦宗面前要求他坚守东京（今河南开封）城，钦宗料他是一个文士，不懂军事，便讥讽他："你难道能够出战？"没想到李纲毫不犹豫地说："愿意效死。"这下宋钦宗算是有了主心骨，马上任命李纲总管东京事务。但是，宋钦宗胆小怕事，不管李纲怎么哭谏，他还是打定主意要跑，就在行装打点完毕时，被李纲堵了个正着。李纲跟钦宗手下的卫兵说："你等愿意死守宗庙，还是愿意跟皇帝出行？"卫兵大多家小在东京，他们异口同声："愿意死守，不在这儿，还能去哪儿！"最后在李纲的反复劝阻之下，宋钦宗终于同意留在东京领导抵抗，同时宣布"亲征"。李纲则向百官宣布："上意已定，敢有异议者斩！"

在李纲等人的坚持之下，东京开始了大规模的备战，加固城防，而且将城中数万名军队重新布防，以战斗力最强的禁军为各处守备的主力，兼以厢军、保甲民兵辅助。同时又将 4 万人的马步军分布到城四周把守要地，作为外援。就在宋人积极布防的时候，金军已经到达西北角的牟陀岗，在占领牟陀岗的养马的天驷监之后，缴获军马近 2 万匹及大量粮食，遂向东京城发起进攻。

由于宋人准备充分，东京城作为一国国都本来就城防坚固，所以金人多次进攻都无功而返，并且损失惨重。但就在宋军激烈抵抗的同时，宋钦宗却派出了议和使节郑望之、高世等人到金营谈判，正与南下出使宋朝的金朝使节吴孝民不期而遇。吴孝民称："如果赵氏皇帝能够悔过，就可以重新恢复两国关系了。"而且还要求金宋以黄河为界，要宋人缴纳赔款。宋使郑望之没有当面应允，而是将金使吴孝民等人带回，去面见宋钦宗，宋钦宗在李邦彦的劝说之下，答应了金人所有的条件，以换取金人的退兵。双方达成协议后，宋派李棁等人到金军谢罪，其言语大意是说宋朝的太上皇与大金的大圣皇帝（阿骨打）结盟岁月已深，情谊深厚，但是后来由于奸臣挑唆，才违背了誓言。同时愿意每年交岁币 700 万贯，额外缴纳赏军银 500 万两，绢 500 万匹，金 50 万两。

宗望见宋朝人"认罪"态度较好，非常满意，但是提出了自己的几个条件。第一，金宋往来必须依伯侄之礼进行，宋皇帝认金帝吴乞买为大伯；第二，必须将太原、中山（今河北定州）、河间（今河北河间）三镇割让给金朝；第三，每年缴纳岁币 200 万贯以及犒军费；第四，宋朝遣返燕云地区逃人；第五，宋朝要派遣一个亲王和宰相作为人质。宋朝完全答应了金人的议和条件，决定以康王赵构（后来的宋高宗）和宰相张邦昌为人质，并向金人发誓永不渝盟。

可以说，这个胜利对金人来说来得太容易了，宗望在宋人面前表现得十分强硬，但他心里非常清楚金军的作战能力已经达到极限了，跟随宗望南下作战的人员总数不过 5 万人，当时参与围攻东京的军队不过一半。如果宋人长期坚持抵抗，同时集结南方各地的部队增援都城，里应外合，与金军进行大规模会战，金军的结局恐怕是不堪设想的。因此，在对宋人进行了最有效的压榨之后，宗望自然不愿恋战，而是随即北撤了。

宋朝君臣似乎都被金军的勇猛气势吓蒙了，唯有李纲看出其中的奥妙。在金军阵营中逃脱的宋朝官员沈绾已向李纲密报了金军不敢示人的痛处，李纲自然不同意宋朝这么轻易地妥协，极力向宋钦宗说明金军的实际能力，要求与金人讨价还价，拖延时间，等待各路勤王军到来之后，再与金军决战。但胆小怕事的宋钦宗却急于议和，以换取金军退兵，他根本不听李纲的建议。结果，刚刚履行完协议，宋朝的各路勤王军就集结到东京附近，宋钦宗心里又有撕毁协议的意思，派遣姚平仲部 7000 余人去偷袭金军大营，本来是偷袭，却弄得满城都知道这件事，金军自然也知道了，偷袭的结果可想而知。宗望大怒，骂宋人不守信用，吓得宋钦宗连忙将责任推到姚平仲与李纲身上，答应马上罢免姚平仲与李纲的官职。同时派使臣将割让三镇的诏书与地图拿给宗望，并按先前的约定将大量的金银财宝运到金营。自知实力处在下方的宗望见好处已得，自然是十分知趣，没等宋人交完赔款，就于 1126 年二月带着军队撤走了。

宗望准备撤走时，宗翰得到金宋议和的消息，也停止了进攻，准备按照协议接收太原。可是太原守将张孝纯根本不服从宋钦宗的这一命令，拒绝将太原交给金朝。宗翰不得不留下银术可继续围城，而自己撤回云中。不仅太原如此，河北的中山、河间两府也拒不按协议交城投降，宗望等人因远征后军队疲惫，同时身后有大队宋军进逼，也无奈暂时退回燕京休整。令两人更为恼火的是，宋朝还不断派人过来讨价还价，要求用三镇地区所有的租税来换取不割让三镇土地，同时又不断向太原派遣援军，企图解太原之围。

其间还有一个插曲令人哭笑不得。宗翰看到宗望的东路军围攻宋朝东京战获颇多，而自己被阻滞在太原，什么好处也没有得到。所以他在1126年3月派出使者萧仲恭到东京开封以谢宋朝讲和为名去讨些贿赂。宗翰没有想到，萧仲恭到宋朝时，正值宋朝廷后悔割让三镇、反金情绪高涨之时。萧仲恭没有讨成贿赂，反倒被宋人关押起来，扬言决不放回。而随萧仲恭出使的赵伦心生一计，假意跟宋人说投降金的辽将耶律余睹有投宋之意，建议宋人联络余睹抗金。宋钦宗非常高兴，便让也是契丹人的萧仲恭给余睹带回一封蜡丸密信，要余睹协助钦宗共同抗金。萧仲恭回金之后，将这封密信交给了宗翰。宗翰马上向金帝吴乞买上报，要求出兵继续攻打宋朝。而宗望因为没有得到河东的中山、河间两镇也心怀不满，马上附和宗翰的提议，于是吴乞买决定继续对宋朝进行战争。

1126年8月，金朝向宋朝递交了问罪书，将战争责任完全推给宋朝，谴责宋朝违背协议，命令宋朝立即按协议交割三镇。金朝东西两路大军并没有等待宋朝的答复就迅速地投入战斗。9月，宗翰所部西路军将围困长达8个多月的太原攻破，宗望的东路军则攻取了真定（今河北正定）。这两个地方分别是宋朝所谓河东（今山西一带）与河北（今河北）的核心地带，夺取这两个地方的战略意义自不待言，关键是下一步该如何行动，是继续巩固已有战果，还是乘胜向南突进，攻取宋朝都城东京开封。为了商量下一步的作战安排，金军在平定（今山西平定）召开了最高级别军事会议，宗翰、宗望、完颜希尹等前线最高指挥者都参加了这次会议。

这次会议最活跃的可能就是宗翰了，他极力鼓吹集中兵力攻取东京。宗翰慷慨激昂地把帽子往地上一摔，非常自信地说："东京乃是宋朝的根本，拿下了东京，两河地区自然不取自下。上次没有得手，是因为我不在东京，我要是在那儿，肯定拿下。我取东京，就像伸手拿东西那样简单！"

在宗翰的极力坚持之下，会议达成一致意见，就是要集中优势兵力直捣东京。这样，东西两路大军从两个方向进袭宋朝东京城，沿途宋军更是望风而逃，毫无斗志。很快，1126 年 11 月，宗望的东路军到达东京城下，西路军不久也与前者在城下会师，对东京城形成了合围。

金军这次的进攻力量要比上次强很多，而宋朝一方的抵抗力量则较上次弱了很多。原来，虽然宋钦宗等人后来摆出坚决抵抗、不割让三镇的姿态，但是他并没有认真地做好战斗准备。军队战备水平低下，而一些有军事才能的干将则被边缘化，所以才导致金军又一次顺利渡过黄河。听说金军已经渡过黄河，宋钦宗吓得马上同意无条件割让三镇，以求金人退兵。但金军已经确定了进攻东京汴梁城的方针，在没有打到东京城之前拒绝与宋朝谈判。这时宋朝的勤王军已经撤退，而上次主持守城的李纲等抵抗派官员也被排挤掉了。东京城防松懈，军队毫无斗志，很快金军就占据了外城墙，但是东京城内的居民拿起武器准备与金军拼到底，结果金军都聚集在城墙之上，无法下到城内。所谓擒贼先擒王，金军可谓是深谙此道，见此情形，马上将钦宗控制起来，命令他安抚抵抗力量不得与金军作对，结果闻风来"勤王"的军队大多无功而返。

金军攻占这座城的时间对于读者来说应印象更为深刻，就是宋朝靖康元年阴历十二月，即公元1127年1月，这就是后人经常提到的"靖康之变"，亦称"靖康之耻"，北宋灭亡。宋钦宗被迫到金人的大营中献上降表，表中极尽忏悔与恭顺之情，对金国皇帝自称臣下，并希望金朝皇帝能够原谅他。金人则在营中摆上香案，让宋人对着香案朗读降表，读罢，命令宋钦宗等人同金朝官员一起向东北方向的金朝都城行四拜大礼。大礼之后，宗翰等将领招待了宋钦宗一顿酒席，酒到兴头，宗翰明白地跟宋钦宗要宫中的财物，并说："城已经被我们攻破了，城中的每一个人和物都是我们的啦。"于是派人将城内所有的官方库房控制起来，同时又通过宋钦宗对城内的百姓大肆搜刮，而宋钦宗则十分听话，严令城内居民上交值钱的金银财物。

对于宋朝的父子两个皇帝，金人不只是让他们充作代理搜刮财物，而是有着更深远的谋算。1127年2月6日，金军命令宋钦宗到金大营之中，直接向他宣读了废其父子为庶人的诏书。第二天，金人又按照名单将徽、钦二帝及宋朝皇室的诸王皇子皇孙后妃公主诸人全部逮捕，共有 3000 多人被押到金营。4 月，金军就押着这些人以及缴获的大量财富北返了。金人为何要如此彻底地铲除赵氏家族？赵氏一族在北方的统治被清除之后，金朝要如何管理这偌大的地方呢？原来，金人早已经有了计划……

从张邦昌到刘豫：坚持不懈的代理人政治

其实，在金军攻打东京城时，统帅层就在谋划由谁来统治新占领地区。宋钦宗在上降表时，就曾经希望金人能够保留他北宋皇帝的位置，向金人称臣，作为臣子来替金人管理此地。而宗翰等人却以赵氏家族没有信用，不堪大任为由，拒绝从原来的赵氏家族中选派管理者。他们一定要从非赵氏的人中选派人员管理。

开始，统帅层想让萧庆留守东京，管理周边地区事务。但是金朝对东京以外的地方当时控制得并不牢固，周围都有宋军在频繁活动。萧庆不敢在这种情况下担当东京留守，生怕没待几天就性命不保了。见萧庆不去，众人又提出用汉军都统刘彦宗，但他也不敢待在东京，坚决不同意。这种直接用金朝官员管理的办法虽然呼声高，但是轮到谁的头上，谁都不愿意冒险。实际上，金朝在迅速扩张领土的同时，没有相应建立起一个稳固的统治秩序来维系新占领地区，没有一个官员愿意冒险去管理一个缺乏坚实保护的地区。

宗望最后看出了问题所在，说："现在我们的土地广阔，而兵力无法牢固地控制，这是一大隐患啊。不如以黄河为界，将黄河以南的占领区作为对宋人的缓冲地带。"这一地带当然要由原宋朝的汉人来管理，而且还听命于金朝。这就是所谓的"以汉治汉"。

这条"以汉治汉"的策略当场得到大家同意，便马上上报金帝吴乞买，得到批准。但是这个人选谁呢？既要保证对金人的忠心，又要不引起被统治人民的敌意。最后，众人想到了张邦昌。

张邦昌，字子能，宋永静军人。历任礼部侍郎、少宰、太宰等职。钦宗时官至少宰兼中书侍郎，也就是俗称的宰相。他是宋朝廷中的主和派，曾任河北路割地使，主张对金妥协谈判。在与金朝议和时，曾与康王赵构一起作为人质入金营。而且此人较为胆小，在金营，宗望怒斥宋人不守协议而偷袭时，曾吓得他伏地痛哭。虽然此人是理想的人选，但是不立赵氏而推举张邦昌的决定，不能由金人主动提出，得由宋人自己提出才能显示金人的宽宏大量，这样也便于金朝以后控制这个地区。

金朝在1127年2月下诏废徽、钦二帝为庶人的同时，又命令宋人推举一个统治者，假惺惺地说此次出兵本为吊伐，而非贪土，所以让宋人推举一个贤人管理自己，永为大金的屏藩。结果东京的宋朝大臣仍然强烈要求金朝应从赵氏家族选立皇帝，大臣孙傅等人多次上书乞求立赵氏子孙。不仅如此，城内的其他人也上书请求册立赵氏后代。金人非常生气，下令说不许再提赵氏为皇帝之事，要"别立贤人"。这时，金人便唆使代理东京留守王时雍出面打报告推荐张邦昌，金朝便顺水推舟地表示同意，同时下令不许再有人提立赵氏之后的想法。结果原来宋朝廷的几个大臣还是坚持意见，又上书说张邦昌不行，还得是赵氏后人才能够控制局面。而这个上书带头签名的就是后来"家喻户晓"的秦桧，此时他还是一个御史中丞。结果金人一气之下将秦桧抓了起来，这段经历也是秦桧后来在宋高宗面前邀功的一个砝码。

1127 年 3 月，宋朝的徽、钦二帝仍在城外的金大营羁押时，金朝正式册立张邦昌为大楚皇帝。所谓的"大楚"管理河南、淮北一带的土地，对金朝"永做藩臣"。同时又威胁被占领地区的"宋朝旧臣"，要忠心侍奉新主。如有重提赵宋旧恩或者违抗新主命令者，则严惩不贷。金朝减免了向原来宋朝索要的岁币，每年只用缴纳 30 万匹两即可，表示对张邦昌的支持。

张邦昌及其手下的"劝进大臣"何尝不知做傀儡皇帝是遭人唾骂之事，知道自己不会得到宋人的支持。为了给自己留条后路，张邦昌等人在金军撤走时，身穿素服，集体到城门口跪地给徽、钦二帝送行。金军在临走前还想留下官员、军队守卫，都被张邦昌等人婉言谢绝。等到金军一走，原来"劝进"的大臣们都开始埋怨张邦昌，要求张邦昌不要忘记赵氏主子的恩德。原来这些大臣也都与张邦昌一样，胆小懦弱，畏惧金军的威逼而力求自保的，所以，这些人也自然不想得罪原来的主子。张邦昌在办公时从不到正殿，不受皇帝等级的朝拜，不山呼万岁及称圣旨，对内不立年号，不用天子礼仪……诸如此类，表现出自己的领导班子是为赵氏主子暂时看管这些烂摊子的。

就在金人选择张邦昌做傀儡皇帝时，从俘虏营中逃出的康王赵构在大名府附近称天下兵马大元帅，召集宋朝诸路勤王军与被金军打散的部队近8万人，对外称16万人，于金军撤退后，先头部队向东京城移动。众人得知后，张邦昌手下的几个大臣又劝他早日退位，迎康王赵构回来做皇帝。张邦昌深知其中的利害，便将大宋皇帝传国玉玺送给赵构，让他赶快到东京即位。1127年4月，又将原来宋哲宗的废后孟氏接过来，恢复元祐皇后之号，垂帘听政，自己则做起太宰来。这样，仅在位30多天的大楚皇帝就自动退位了。5月，康王赵构在手下人的劝进之下，于大名府正式称帝，向北痛哭，遥告二帝，这就是历史上南宋的开国皇帝宋高宗。东京的太后也于这一天撤帘归政给康王。原来的大楚傀儡政权现在名义上脱离金朝而归属于赵宋了。

这就等于原来金朝占领的土地重新回到宋朝的手里面，这是金朝绝对容忍不了的。当金朝统帅层得知此事后，宗翰与宗望二人又召开联席会议讨论这个问题。在会议期间，主张承认赵宋的宗望得伤寒死去了，主战的宗翰掌握了大权，只是因为宗望的去世而延缓了出兵。

宋高宗一方并不打算与金朝刀兵相见，更希望的是金朝能够承认他的偏安朝廷，所以派遣周望、赵哲等人以"通问二帝"为由出使金朝，以试探金人对自己的态度。后来又继续遣使，携带写给宗望、宗翰的信件，请求金朝承认自己的朝廷。即使这样，也是宗翰所不能允许的。他回到云中的本部后，便开始谋划对宋出兵之事。

1127 年年底，宗翰便借赵构悍然废张邦昌以复辟为由，兵分三路大举攻宋。宗翰亲自率领中路军主攻河南一带，新上任的东路军统帅宗辅率东路军主攻山东一带，而今天的陕西一带则由擒获天祚帝的大将娄室主攻。这次的目标很简单，就是要再次攻下东京城，活捉赵构。

就在金军积极准备南进之时，宋高宗赵构也在积极经营原金人占领区。金人虽然攻占了东京以北的土地，但是各地的宋人并不愿意服从金朝的统治，所以各地反抗队伍风起云涌，其间有民间自发组织起来的，也有原宋朝散兵组织起来的。他们的频繁活动，使得金人在这些地方的统治非常薄弱。宋高宗派遣几名得力的干将去各地开府设官，这些队伍马上就归附新建立的高宗政权，成为宋朝的军队，为其镇守地方。很快，河北、陕西、河东、山东各地又回到宋朝的控制之下。金军南进又不得不逐地争夺，又因宋朝老将宗泽镇守东京开封，使得金军会战东京的作战意图始终没能实现。

就在金军进攻受挫、宋军略占上风之际，宋高宗竟害怕金军的力量，不敢在东京留住，以巡幸东南为名逃亡扬州。宋高宗的逃跑政策使在江淮以北的宋军完全失去了斗志，可怜老将宗泽高呼三声过河，郁郁而终。宗泽死后，接替他担任东京留守的官员昏聩无能，在宗泽感召下聚集于东京的各路宋军、民兵马上作鸟兽散。以东京城为中心形成的抗金中心也就此消失，东京城又一次成为金军唾手可得之地。

躲到扬州的宋高宗同时又遣使向金朝乞求议和,结果皆遭拒绝,金朝是下定决心要灭亡南宋了。宗辅所率领的东路军在攻打山东时,已经探得高宗逃亡扬州的消息,所以便回军河北,向金太宗吴乞买报告。吴乞买于1128年7月指示金军统帅层:"康宗当穷其所往而追之,俟平宋,当立藩辅如张邦昌者。"金军为此改变了原来三路大军攻宋的战略,变为东西两路大军合兵共同南进,同时以娄室率领偏师经略陕西。此次进攻的主要指挥者为宗翰、宗辅、完颜昌、宗弼(金兀术)等人。

1128年10月,宗翰与宗辅联兵由河南攻入山东,占领山东大部地区,12月,又攻陷东平府、大名府等要地。1129年正月,金军占领重镇徐州,宗翰则率重兵进攻在淮阳军(今江苏邳州)的宋军韩世忠部。宋朝的大部势力被金人压缩到两淮地区,在河南只剩下东京孤城一座,不久也被攻破。金军基本控制了河南、山东一带的中原地区,按照金太宗的指示,宗翰、完颜昌等人很快扶持起一个傀儡来,这个人叫刘豫。

刘豫字彦游,宋景州阜城(今属河北)人,进士出身。1128年正月被人推举,硬着头皮担任了济南知府。时当完颜昌大军正在攻打济南,此人在完颜昌的劝诱之下,杀掉济南守将关胜,投降金人。投降之后,刘豫被任命为京东西、淮南等路安抚使,知东平府兼诸路马步军都总管。同时,完颜昌也以元帅左监军的身份坐镇山东,称霸一方。

刘豫在中原地区颇有势力,这也是刘豫不断巴结完颜昌而得到的好处。当金朝统帅层物色傀儡人选时，完颜昌就推举"亲信"刘豫担任，以便控制中原地区，扩展自己的势力。出于女真贵族内部的派系斗争，宗翰的谋士高庆裔建议宗翰等人先下手为强，以中央朝廷的名义抢先册立刘豫为大齐皇帝，将对刘豫的控制权牢牢地把握在自己手里。1130 年 7 月，金朝使者高庆裔、韩昉前往山东册封刘豫为大齐皇帝，定都大名府（今河北省大名县），最初让他管理今天的山东与河南地区，第二年将金军新占领的陕西五路也划归他管理，1132 年迁都原来宋朝的都城开封以便管理更多的土地。

刘豫政权并不像张邦昌那样对金朝怀有芥蒂，而是死心塌地地效忠金朝。刘豫非常清楚，自己的命运完全与金人捆绑在一起了，所以立国之后在宿州建立"招受司"，"诱宋逋逃"，极力招纳被宋朝排斥或叛变宋朝之人，取得了很大的成果。其政权刚建立不久，宋朝的直秘阁淮宁顺昌府蔡州镇抚使冯长宁就以淮宁投降刘豫。1131 年被张浚、岳飞击溃的李成也逃到刘豫这里，1132 年又有孔彦舟投降，而影响最大的，则是 1133 年，南宋水军都统制宋文率海船 60 艘，士兵 6000 余人投降刘豫。刘豫令他率水军进攻长江口一带，给南宋造成了极大的麻烦。像这样利用宋朝内部官僚的互相倾轧而招来的叛逃人口不在少数，刘豫积极完成金人交给他的任务。

另外，由于金朝在两河地区采取残酷的手段对待当地汉人，激起普遍的民怨，各地反抗不断。为了缓解金军的压力，便命令刘豫政权在此地帮助金军镇压反抗，维系统治。刘豫实行"什一法括民田，籍丁壮为乡军"，在地方以寨的形式将各乡军事化，设土豪为寨长，战时为军队的基层组织，平时可以有效地加强对地方的控制，一举两得。就这样，刘豫也很快组织起一支由本地汉人构成的军队，称为"乡军"，其中精锐 10 万，是刘豫政权的主要战斗力。刘豫依靠这支部队与宋朝在两淮地区对抗，成为金军对抗宋朝的前锋。刘豫利用自己的部队频繁骚扰两淮、长江北岸一带，金军也频频遣军队南下与刘豫军配合行动。以后在中原地区对宋作战，竟然大多数都是由刘豫的齐国挑起来的。金朝利用傀儡政权稳定两河地区的同时，也加紧了对宋高宗的追击。

以土地换和平：狂飙突进式征服后的急刹车

1129 年 5 月，金军以骑兵为突击力量，迅速地沿徐州、泗州（今江苏盱眙北）奔袭扬州。宋高宗听说金军攻打扬州，吓得赶忙逃过长江到建康（今江苏南京），这还觉得不安全，又"巡幸杭州"。金朝的先锋部队拔离速所部就赶到长江边，但江边大雨滂沱，无法过江，只得就此罢手了。拔离速所部为孤军突进，不敢在扬州附近久留，洗劫一番后就撤退了。与此同时，其他的部队逐次北撤，以躲避炎热的夏天，只留下宗弼、完颜昌、拔离速等人继续南伐。

7 月，宗弼（金兀术）认为宋兵不堪一击，过江抓捕宋高宗的时机已经成熟，主动请缨要穷追宋高宗，这一提议马上得到统帅层的批准。与宗弼同时行动的，还有完颜昌所部对淮北地区的攻势，西部娄室继续经略陕西。宗弼从应天府南下进攻江南，以便抓获宋高宗。而这次攻势却对金宋两国的命运产生了意想不到的影响。

1129 年，金国宗弼率军南下直奔宋高宗而来，宋高宗听说宗弼的人马追到杭州，被迫逃亡越州（今浙江绍兴）、明州（今浙江宁波）。金军穷追不舍，得知高宗在明州，即派 4000 骑兵急追。而高宗已经登船经定海（浙江宁波市镇海区）逃亡温州。1130 年正月，金兵攻占明州。让宋朝君臣万万没有想到的是，生长在北方的金军竟然会乘船下海追击宋高宗 300 多里！好在金军的海战水平太低，在暴风雨和宋军水师的夹击之下，很快溃退了。

江南的气候与环境都不适合北方的金军长期作战，而且此地的军民都忠心于宋朝，各地纷纷起兵反抗金军的占领。张浚、陈思恭、岳飞等将领在各地积极阻击金军，使金人遇到前所未有的打击。所以宗弼见捉不到宋高宗，不敢久留，便将明州等地洗劫一空后撤军北返。3 月初，金军 10 万人从水路行到镇江时，却遇到宋将韩世忠部的猛烈阻击。

韩世忠，字良臣，是南宋初年著名的抗金将领。18 岁参军，曾在西北与西夏军作战，后来又与金军多次作战，战功显赫。此次金军南攻，韩世忠退守江阴，华亭（今上海松江）一带。得知宗弼要率大军路过镇江，他就率 8000 人在镇江东面长江边上的焦山寺附近，准备截击宗弼的部队。

由于不习水战，宗弼所部 10 万人被韩世忠堵住，无法渡江北上。宗弼被迫向韩世忠表示，如允许其北返，愿意归还在江南所掠夺的财物。韩世忠不同意，后来又许以名马，还是不同意。宗弼只得率兵沿长江南岸西奔，原本胜利之师这下成了败逃之师，狼狈不堪。后面的韩世忠则紧紧追赶，最后把宗弼所部堵截在黄天荡的死水巷里达 20 多天。金军多次突围都没有成功。宗弼几乎都要跪下跟韩世忠哀求了，但仍然不得脱身。后来幸得当地居民指点，金军在一夜之间挖开老鹳河故道，通到了秦淮河，才从这里脱身逃走。

韩世忠在第二天早上发现金军逃走后，急忙起锚追赶，在建康北面的长江又将金军北去之路堵住。此时，金朝援军已到达北岸，但无法援助在南岸的宗弼所部，援军又在牛头山遭到岳飞所部的偷袭，损失不小。最后，宗弼用重金悬赏破宋人海舟之策，采取火攻，才将韩世忠所部击退，仓皇逃到北岸金军控制地区。

这次南进行动，使得宗弼大受刺激，史书记载，宗弼初到江北，每当遇到亲朋便声泪俱下，诉说过江之艰险，差点连命都没了！

宗弼在江南的行动可以说是屡屡受挫，但是金军的另一前线指挥者——完颜昌却不以为然，还派人谴责宗弼无能，并且派人去约宗弼在入秋后再征江南，只是宗弼再也不肯去江南了。完颜昌则自己由淮东向楚州（今江苏淮安）等地进攻。1130 年 11 月，完颜昌又率大军攻打泰州、通州。泰州守将岳飞见完颜昌来势凶猛，退到长江以南固守。在 1131 年 3 月的泰州缩头湖战役中，完颜昌却被梁山泊的"盗贼"张荣的水军打得大败，就连完颜昌的女婿也被擒获。完颜昌自己则带着 2000 多残兵逃回楚州。

金军在长江以南的一系列败仗证明，宋人虽然失掉了半壁江山，但是他们在江南的势力仍然很强大，不是金军所能战胜得了的。严峻的事实使金朝的统帅层不得不改变策略，实行比较现实的政策，即先稳定黄河以南、两淮以北的占领区，利用此地区作为跳板，伺机进取，而不再追求在短期内灭亡南宋。

见一时不能攻破南宋的江南地区，金军遂将主力转移到已成胶着状态的西北，企图实现宗翰所制定的经略川陕、以包抄南宋的大计划，中原地区则留给刘豫傀儡政权，由他们来负责牵制南宋。

原来负责河北、河南战事的东路军遂挥师西进，与宗翰所率的西路军合兵一处，以宗辅为此次作战的主帅，宗弼则率 2 万精锐由江苏经河南洛阳进入西北作战。碰巧的是，南宋川陕最高统帅张浚也开始集结军队，准备对陕西的娄室部发动进攻，1130 年 9 月，双方集结重兵于山西耀州（今陕西耀州区）的富平，展开了金宋作战史上的一次最大规模的战斗，结果因宋军诸路配合不力，致使金军苦战获胜，宋军全线溃退到靠近川陕边界的兴州（今陕西略阳县）一带，后来张浚收拾残军退到四川阆州（今四川阆中）。

富平之战后，陕西五路基本上归于金朝，宋军力图通过经略陕西而北上反击的战略意图彻底失败，转入对南下金军的守势。后来金军继续南下川陕边境，1131 年宋将吴阶在十分不利的情况下在南下四川的要道和尚原组织抵抗，将宗弼所部近 10 万人击败。宗弼本人也身中两箭，差点被活捉，后来就到燕京养伤去了，其位置由撒离喝取代，继续指挥军队于1133年突破川陕边界的饶凤关（今陕西石泉西北），吴玠等人被迫退守仙人关（今陕西略阳北，甘肃徽县境内）。此时金朝再次派宗弼来到前线，并于11月攻破和尚原之后也率军赶来，与刘齐军队近10万人一起于1134年猛攻仙人关的1万宋朝守军。吴玠等人奋力抵抗，以强弩扼守险要，大量杀伤金人的重甲军，最后金军支撑不住，溃退而去。

由于生力军大量消耗，金军再也没有能力继续南下四川了。而吴玠所率领的"吴家军"声名大震，宋军则趁此机会收复凤、秦、陇等地，将西部战线维持在秦岭一带，这也基本确定了日后金宋两国的西部分界线。

如果说金宋西部战线是宗弼的梦魇的话，那么同时进行的东部战线则是宋将岳飞施展抱负的福地。金朝主力西进之际，东部战线交给了刘豫傀儡政权，刘豫并没有辜负主子的意愿，通过诸多手段，将沿金宋实际控制线的湖北、河南、甘肃一带的要地占领很多，尤其是其对襄阳（今湖北襄樊）的控制让南宋朝廷十分震惊，连忙命令岳飞主持湖北一带军务，夺回襄阳六郡。

岳飞，字鹏举，从北宋末年参军参加对辽战争，1126年投奔当时的康王赵构，之后成为宋高宗手下一名重要将领。刘齐的军队根本不是岳飞所部的对手，1134年，襄阳六郡很快就回到了南宋的手中，岳飞由此名声大震，被封为清远军节度使，与吴玠、张浚等人齐名。

1134年9月，刘豫向金朝求援，金人经过讨论之后，以宗辅为统帅，宗弼为前锋，南下支援，进攻两淮地区，企图渡江围攻南宋都城临安。结果金军遭到宋军韩世忠部在扬州一带的顽强阻击，12月岳飞又在庐州击败金齐联军。金军先锋统帅宗弼见此情景，没有得到左副元帅宗辅的同意，直接带兵北返。

金朝在1129年到1134年间攻宋连续失败，也表明金并没有充分的实力灭亡南宋，而在不断的失败中，内部军心不稳，政治矛盾激化，使得金朝不得不坐在谈判桌前与宋议和。12世纪的中国呈金宋两大势力南北并立的局面已成定局，金朝一统南北的梦想最终破灭。

1135年，金太宗吴乞买去世，年仅16岁的金熙宗完颜亶即位，对宋的政策也转到议和之路上来。

金熙宗即位之后，权力掌握在宗翰、宗干、宗磐等人手中，高层政治形势复杂，但是金廷对于无法在短期内灭亡宋朝的问题却达成了共识。而此时，替金朝看守河南、陕西的傀儡政权刘豫在他们眼中就由宝贝变成了累赘，因为刘豫政权经常成为宋朝的进攻对象，金朝不得不为这个傀儡而与宋进行战争。已经厌战的金朝君臣当然对这个给他招惹麻烦的傀儡十分不满。1136年正月，南宋以张浚为统帅，集结军队准备大举北伐，征讨刘豫，刘豫见状自然又向主子求救。宗磐直接对熙宗说："先帝册立刘豫是为了开疆保境，使我等能够按兵息民。而现在刘豫进不能攻、退不能守，兵连祸结，我等实在深受其弊，若答应他岂不是让他得利了！"金熙宗听取了宗磐的意见，没有同意支援刘豫，而且还派宗弼率军监视刘豫军队的动向，以防有变。刘豫只好硬着头皮前去与宋军作战，结果大败而归，金主则遣使责问刘豫。

刘豫也感觉到了金朝方面对他态度的变化，就在这一年的年底，遣使赴金请求册立其子为皇太子，以试探女真贵族对他的态度，结果遭到金熙宗的严词拒绝。刘豫绝望之余仍然在寻找机会进攻南宋，因为他清楚，当金人不再攻宋时，他这个傀儡也就没有价值了。

另外，金朝对刘豫态度的变化也与女真贵族内部的派系斗争有关。刘豫之所以能够被立为帝，完全是得到宗翰一系支持的结果，而在这一过程中，他已无形中得罪了宗磐、完颜昌等人。当宗翰在女真贵族的内部斗争中失势并抑郁而亡后，刘豫已经在金朝的最高统治层中失去了保护者与支持者。宗磐、完颜昌等人都劝金熙宗废掉刘豫政权。

金熙宗最终派完颜昌、宗弼率军赶赴汴京（今河南开封），命令刘齐的军队听从金军调度，宗弼到达汴京后，首先控制住汴京城，然后将刘豫父子逐一逮捕，金人自己扶持的傀儡政权也就此瓦解。刘豫后来被金人封为曹王，1146 年在临潢府结束了他的囚徒生活。随后完颜昌等人在汴京城宣布设立行台尚书省，管理原来刘豫政权的控制区。刘豫傀儡政权的覆灭也为金宋的议和打下了良好的基础，而伪齐的这片土地却也成为金宋议和时的一个筹码。

其实南宋高宗经常遣使请求谈判议和，在金军强势的时候往往是拘留使者不归。1135 年，熙宗即位伊始，高宗又派遣使者何藓等人赴金中以"通问二圣"（指被俘的徽、钦二帝）为名，请求议和。1137年正月，何铸等人返回，说宋徽宗与宁德皇后已经去世，2月高宗即遣王伦以迎奉徽宗二人梓官的名义出使金朝，其实就是对当时掌权的金朝左副元帅完颜昌进行贿赂，请求议和，并请求将刘豫政权控制的地区归还南宋。11月，刘豫政权已经被废，完颜昌则包打保票地说："放心吧，和议自此平达"，而且还答应了宋朝归还河南之地的要求。

经过完颜昌的安排，宋使王伦再次出使金朝的时候，得以面见金熙宗，并提出议和与归还河南之地的请求。在宗磐、完颜昌等人的极力坚持下，金熙宗最后同意了宋人的请求，并派乌陵噶思谋等人出使南宋，作为示好的回访。1138年南宋派遣王伦等人跟随乌陵噶思谋到金朝交涉具体议和条款，结果出乎宋人的意料，金人竟然全部答应，宋金顺利达成和议。

1138年8月，金熙宗派张通古、萧哲"诏谕江南"，与宋朝正式签订了议和协议。其内容主要有：第一，宋金两国以黄河为界，金朝将原刘豫政权所控制的河南、陕西之地交给宋朝；第二，南宋向金称臣；第三，南宋每年向金朝缴纳银绢共50万匹两；第四，金朝答应归还宋徽宗、宁德皇后的灵柩，并送宋高宗的生母韦氏南归。史家称此次议和为"绍兴（宋高宗年号）第一次议和"或"天眷（金熙宗年号）议和"。

此议和正式确立了金对南宋的绝对优势地位，南宋向金朝称臣，而在此之前西夏、高丽都已对金称臣，女真人这个曾被周围国家看作是最为边鄙的民族所建立的国家，在短时间内成为主导东亚世界的大国。

但是，金朝在此次议和中也损失了大片的领土。作为此次议和的主要推动者完颜昌，为何能如此痛快地将金军流血牺牲攻占的土地拱手送人呢？金帝国决策层难道没有人反对吗？一系列的疑问可能只有从金廷内部来找原因，因为议和前后的金廷正经历着一场政治地震。

第三章
君帅之争：困扰两代皇帝的难题

就在女真军队在战场上迅速取得辉煌战绩的同时，财富与权力同步膨胀的女真贵族却开始闹分家了。女真人学会了妥协，于是，年轻"无能"的金熙宗成为女真帝国的第三位皇帝，女真人浪潮般汹涌地对外扩张停止了，而金熙宗也注定将成为宫廷悲剧的主人公。几百年后的顺治皇帝会以他为鉴吗？

东朝廷，西朝廷：帝国艳阳下的阴影

从东北兴起的女真大金帝国在对外取得灭辽平宋的辉煌战绩、称霸东亚世界的时候，其内部却存在相当大的隐忧。在从东北山林部民的状况以惊人的速度发展成为一个强大帝国的过程中，原来团结一心的核心家族完颜氏在膨胀的权力面前成为持刀相向的仇敌，而且仇恨的程度随着身份的高贵而加深，直接延续为皇权与帅权之争。经历了这场同室操戈、兄弟相向的有祖孙两个皇帝——金太宗吴乞买和阿骨打之孙金熙宗完颜合剌，历史决定了这两个皇帝将成为这场悲惨政治旋涡中的一员。

完颜氏能够打败各路敌对势力，称帝建国，完全是依靠完颜氏内部的阿骨打系、撒改系等几大家族的合作。在进行政治组织时，也充分考虑到这几大家族的利益分配，形成了诸勃极烈共治的局面。而所谓皇帝，不过诸勃极烈之首，遇重大事情还得召开会议决定。阿骨打的成功之处在于，他本身具有高超的组织与军事指挥能力，将诸家族团结起来，开拓疆土。阿骨打亲自冲锋陷阵，也得到了众人的推崇，其地位不是诸家族人等能够觊觎得了的。所以，阿骨打成功地将原来几乎与其平分金源故地的撒改和斡鲁古的实权剥夺，将权力集中于自身，并且在身边集中了一批有才干的家族子弟为其作战。

1121 年 12 月，阿骨打任命斜也为内外诸军都统，以完颜昱（蒲家奴）、宗翰、宗干、宗望、宗磐等为副手，阿骨打对这些人拥有不容置疑的威信。但是这样一个以自身英明领导能力而服众的部落酋长式的领袖，是不能保证继承者也具有与他自己同样的权威的，阿骨打曾经信赖的人们最终成为军帅之争的主角，其重要原因之一就是完颜氏内部再也没有出现一个像阿骨打那样的魅力型领袖。

阿骨打的继承者金太宗吴乞买于 1123 年即位，这位作为皇储谙班勃极烈的皇弟，从女真人起兵反辽时起，一直留守后方，从没有离开过东北。他即位之时，金帝国已经取得了重大战果，金军已占领了辽朝的全部领土，并且在对宋的战争中占据优势。阿骨打死后，最初跟随他征战的宗室子弟出身的将领们，其驻地已经远离东北地区，分布在中原各地，其中权势较大的有宗翰、宗望、完颜希尹等人。

宗翰是阿骨打堂兄撒改之子，自女真起兵起就在阿骨打左右，出生入死，而且此人是军事天才，具有极强的指挥能力，深得阿骨打赏识。1121 年，宗翰被任命为移赉勃极烈，进入中央决策层，成为后来南下金军的实际统帅。

宗望为阿骨打之子，也是随阿骨打左右征战，后来成为与宗翰比肩的军事领导人。两人地位的真正确立却是在金朝决定攻打宋朝的时候，新即位的金太宗吴乞买并不像阿骨打那样亲率军队南下，而是于 1125 年成立军事最高统帅部门——都元帅府，命令当时的谙班勃极烈斜也（吴乞买的弟弟）兼任都元帅，在上京统率全军。元帅府构成为左副元帅宗翰、元帅右监军完颜希尹、元帅右都监耶律余睹等人，后来增设右副元帅宗望，这里每一个人都是独当一面的军队统帅。当时金军兵分两路攻打宋朝，宗翰率西路军南进，而东路军则以当时任南京路都统的宗望为主帅，挥师南下。

西路军的宗翰一系，其权力发展从 1123 年掌握西南、西北两路军队的统帅权开始，就一直以云中为中心稳定发展。这一系势力主要以非阿骨打直系血脉的人员为主，包括宗翰（撒改之子）、完颜希尹（欢都之子），以及不知族属远近的娄室、撒离喝等人。在吴乞买时代构成了强大的势力集团，史书中记载，吴乞买诏谕宗翰等人说："如果任命官员总要跟我汇报，不免耽误军情，你们就看着办吧。"南下伐宋的东、西路军由此获得了任命地方官员的权力，新征服地区的行政权自然也就落到了军队统帅们的手中。南下的金军统帅几乎像君主一样统治着新占领的地区，以致有些宋人只知道听命于这些金军的统帅，都忘记了还有金国皇帝吴乞买的存在。

东路军的统帅主要有宗望、宗辅、宗弼等，都是阿骨打的子侄兄弟，其与皇帝的血缘关系显然比西路军的将领更近一层。有的学者指出，东西路军的部队构成也存在一定的差异，宗望的东路军以女真族士兵为主，而宗翰的西路军中则夹杂着很多非女真族战士，民族成分极为复杂。因此，从对帝国的忠诚度和战斗力两个方面来看，西路军似乎都要弱于东路军。

就在金军高奏凯歌的同时，这两大系统的统帅也在中原地区依托枢密院建立起自己的统治构架。

金初两大枢密院，一是燕京枢密院，其前身是 1123 年以左企弓为首的广宁枢密院，1124 年迁到平州，1125 年金军攻占燕京后迁到燕京。在左企弓为张觉叛军所杀以后，刘彦宗成为燕京枢密院的负责人。但实际权力掌握在东路军统帅宗望手中。燕京枢密院知院事刘彦宗本是辽朝旧臣，后来投降金军，专门负责替东路军管理攻取之后的州县。二是 1124 年宗翰设立的云中枢密院，以时立爱主院事。主管西路军势力范围内的地方行政事务，归宗翰、完颜希尹等人掌控。

两枢密院虽说是地方统治机构，应归金朝中央政府节制，但是由于宗望等人的请求，枢密院可以自行决定行政方面的一切问题，不必向皇帝请示。这也并不奇怪，在东西两路大军出征之前，皇帝吴乞买就已经送给宗翰、宗望两人空白任命书上百张，意思是他们可以在中原地区临机处置，自行任命官员，不必等待中央命令。在占领部分宋地后，两路统帅们将这种便宜行事的权力发挥到了极点，两路大军的统帅府制定、发布统治中原地区的各种政令，并由所属枢密院负责执行。在中原地区的宋人看来，两枢密院宛如两个独立的政府，时人称之为"东朝廷、西朝廷"。

华北地区的军政事宜都是由东西路军的统帅们决定，不必上报中央，甚至第一次对宋之战和政策的制定也是由宗翰与宗望商议决定的，对宋的交涉也以元帅府的名义进行，对宋的赔款、割地条件也在没有事先通知金太宗的情况下由宗望自行决定的。一切事务了结后，才派宗弼向金太宗报告。从这个角度来看，东西路军不仅拥有内政方面的全权，也还拥有外交权，有权自行决定对宋的战与和，俨然成为名义上隶属于金国的地方割据政府，宋人称其为"东西两朝廷"是非常有道理的。将帅在地方的势力竟然膨胀到如此程度，这当然是坐镇上京的金太宗吴乞买所不能容忍的。

在上京的金朝中央朝廷，主要代表人物有吴乞买、辞不失、宗干（阿骨打之子）、宗雄，以及谙班勃极烈斜也等人。吴乞买在阿骨打出征之时，就已经在上京留守，与辞不失一起掌握朝廷实际权力。宗干早年曾经随阿骨打经略辽地，是阿骨打重要的谋士之一，并多有战功。这些人不领兵作战，长期控制着金朝的中央权力，为了维护稳固的统治，吴乞买在宗干等人的帮助之下推行改革，力求限制南方的军阀势力。

宗雄较宗干年长，宗干初期经常请教宗雄大计，宗雄就说："国家大业已成，主上福寿万年，肃清四方后，我死也无憾了。"这个人帮助初创的金朝完善法制出了很大的力，但是英年早逝。

金太宗的改革主要依靠宗干等人，改革初期存在着很大阻力。因为阿骨打是依靠撒改等权势家族支持称帝建国的，为了维护这些家族的利益，宣称以国俗治国。在吴乞买即位时也要求他依旧俗不变，以维护几大家族的势力，这显然会对皇权形成极大的制约。吴乞买即位之初，也是按照勃极烈制度的传统，任命自己弟弟斜也为谙班勃极烈，以阿骨打的庶长子宗干为国论勃极烈，共辅国政。为了加强自身的力量，又将自己的儿子宗磐任命为勃极烈，地位在宗翰之上。这一行动是颇有意味的，因为在阿骨打时代，是只以皇帝及居功特大的权贵家族成员为勃极烈的，并没有皇帝任命自己儿子担任勃极烈的先例。吴乞买这样做无非是在培育属于自己一系的政治势力。

吴乞买一朝，上下等级界限并不明显，吴乞买本人就与普通百姓一起下河洗澡，讨论国事时仍然采用决策层围坐会议的形式进行，甚至老百姓有冤屈诉讼也可以直接找皇帝理论。但是情况也在改变。

从1123年起，在宗干等人的协助之下，吴乞买进行了一系列改革。首先是兴办教育、开设科举。兴办教育主要是开办女真贵族子弟学校，培养国家后备人才，但是这种教育仍然是以女真人为主，其他民族是没有此待遇的。沿用中原传统的科举取士以选拔官员，可以使女真权贵子弟之外的社会阶层也都有从政当官的机会，可以扩大统治基础，并借此笼络新征服地区的汉族士人，使他们愿意与女真贵族合作，以稳定对新占领地区的统治。需要说明的是，金初科举制度主要是为新征服地区选拔官员，因此并没有触及中央权势家族的根本利益。

其次是制定官僚制度。官僚制度的建立主要是班官爵、定服色、颁历法、正刑法等，原来带有原始气息的国家机器开始向正规化转变，官制的建立使女真各级贵族有了明确的等级划分，大家不能像以往那样目无长官了。最重要的是，在建立官僚制度的同时，对官僚机构的改革也在悄悄地进行，1126 年，设置尚书省以下诸司府寺，在中央开始有汉人官制的出现，但都是低层的一些办事机构，并没有对勃极烈制度构成实质上的改变。另外，将原来的中原汉人枢密院改制为三省制，利用原来的知枢密院事任三省主管。这些政策，开启了后来金帝国的皇权专制之路，但是在太宗一朝，其政治体制方面的改革始终没有取得太大的成效。

太宗的改革迫于权贵势力的强大，没有明显的成效，反而地方军阀的势力开始膨胀起来，原来设置的东西两路元帅府似乎互相还是一个牵制，西路统帅宗翰有事还得找东路统帅宗望商量一下，两派各有亲信，互不统属。但是，由于宗望得伤寒去世，东路军失去主要领导人，宗翰等人乘机将原属东路军势力的燕京枢密院合并到云中枢密院，利用高庆裔、韩企先等亲信排斥原来宋朝降臣，这样宗翰一系就将金朝在中原地区的统治权收归己有。

宗翰在合并燕山枢密院后，又实行"磨勘法"，所谓磨勘法就是对现有的官员进行资格、行政审查，高庆裔为推行者。这一行动听来正当，但实际上所裁撤的"不合格"之人多是宗望、刘彦宗一系，以及原来在宋任官的降人，通过这一行动，将非宗翰一系的地方官僚打击殆尽，地方的大权就都归宗翰一系了。东路军的完颜昌等人想利用册封傀儡政权一事加强其在中原的势力，结果，宗翰一系抢先一步支持刘豫建立傀儡政权并将刘豫拉到自己一边，牢牢地掌握了对刘豫伪齐政权的控制权。宗翰一系利用在中原地区的势力为后盾，甚至直接插手皇帝继承人的册立问题。

按照女真旧制，继承制度基本上是兄终弟及的。早年的世祖劾里钵、肃宗颇剌淑、穆宗盈歌都是兄弟相袭，下一代则从劾里钵的儿子康宗乌雅束、太祖阿骨打重新轮起。劾里钵有子 11 人，只有作为嫡子的乌雅束、阿骨打、魏王斡带、吴乞买和斜也有继承权。按旧制，乌雅束之后，应该由阿骨打、魏王斡带、吴乞买和斜也依次担任最高首领。由于斡带早死，吴乞买继承阿骨打之位，并立弟弟斜也为继承人。不幸的是，斜也又早死，那么，在吴乞买之后应该是谁来继承最高权力就成为一个女真权贵们关注的问题。

阿骨打一代的继承人已经不存在了，吴乞买已没有弟弟可以传位了，按女真人的传统，应该在阿骨打的嫡子中选择继承人。不幸的是，阿骨打的三个嫡子都先吴乞买而亡。这样，吴乞买的儿子宗磐就有资格成为皇储了。而且，以皇帝的嫡长子为皇储，这也符合中原历代王朝的继承原则。但问题是，如果从中原历代王朝的继承制度来衡量，吴乞买对阿骨打的继承都是不合法的，在阿骨打去世后，皇位应该由其嫡长子继承，即使其嫡长子早亡，也应该由其嫡长孙继承，而不应该由他的弟弟吴乞买继承。而在当时，确实有一些女真权贵打着不能一错再错的旗号，要求立阿骨打的长孙完颜合剌为皇储，而不是立吴乞买之子宗磐，他们明确指出，阿骨打传位给吴乞买本身就是一个错误，绝不能由吴乞买的儿子即位，再错下去。其实，这些人都是不愿意看到吴乞买一系坐大这一事实，他们希望回到阿骨打时代各大家族的均势中去。由于两种意见相持不下，因此，吴乞买迟迟不宣布册立皇储的决定，希望等待对自己有利的时机，再正式册封儿子宗磐为继承人。

这是宗翰、宗干等人不能容忍的。如老谋深算的宗磐成为继承人，对宗翰而言可是有百害而无一利。当时在中央辅政的宗干是阿骨打之子，他也并不希望权力落入太宗一系手中。1130 年斜也去世，宗磐、宗翰都宣称他们有资格成为皇储，吴乞买自然不敢表明自己的态度。过了两年，宗翰与宗干决定联合起来共同推荐阿骨打嫡孙，已经去世的宗峻之子完颜合剌为皇储。这两大势力联手，吴乞买自然不能拒绝，于是完颜合剌被任命为谙班勃极烈，这就是女真名为完颜合剌的金代第三位皇帝金熙宗。

宗翰之所以拥立完颜合剌，是因为他认为完颜合剌年纪小，便于控制，至少不会威胁到他的权力与地位。可是，宗翰显然忽略了完颜合剌与宗干的特殊关系。

同许多北方民族一样，女真人在建国前也流行接续婚。所谓接续婚，也称转房婚、收继婚，是指妇女在丈夫去世后，改嫁给丈夫的兄弟或者是其家族的其他男性近亲。完颜合剌的父亲宗峻去世后，其母按照女真人接续婚的习俗，嫁给了宗峻的同父异母兄长宗干。宗干既是完颜合剌的伯父，也是他的继父。从史书的记载来看，宗干对完颜合剌非常好，请当时的名士韩昉为老师，使完颜合剌从小就接受了良好的教育。后来宗干病重，已经即位的完颜合剌不仅亲自带皇后到家中探病，皇后还亲自为宗干喂药，可见完颜合剌与宗干的感情之深。可能宗翰等人忽视完颜合剌与宗干的特殊关系还有另外一个原因，因为宗干一直在朝中辅政，无兵无权，他又是阿骨打的庶子，这无疑会削弱他在家族中的影响力，而且宗干本人也一直比较低调，因此，在宗翰等人看来，宗干是不足为虑的。

完颜合剌被立为皇储，成为谙班勃极烈时还只有 13 岁。各派女真贵族都觊觎皇位，可是，谁担任继承人都有可能遭到多方的攻击，而找这样一个不谙政事、身份显要且易于掌控的小孩出来，才是符合各方利益的，完颜合剌能够成功即位，应该说是女真各派势力相互斗争和相互牵制的结果。

1132 年，宗翰、宗干联合完颜希尹等人一起上书要求吴乞买册立完颜合剌为皇储，虽然吴乞买和宗磐十分不满，但迫于这几大权臣的势力，不得不同意册立完颜合剌为谙班勃极烈。对于此事，金太宗与宗翰、宗干的矛盾甚至被明确地记录于帝国正史之中，说金太宗无立合剌之意，宗翰、宗干等人"请之再三"，金太宗"乃从之"，其中苦涩也只有金太宗和宗磐能知了。没过几年，吴乞买因为中风不能理事，这个没有经历过战争的帝国皇帝很快一命呜呼了，随之即位的就是几大势力看好的"傀儡"完颜合剌，也就是后人所称的金熙宗。随着这个小皇帝的即位，各派势力的角逐也逐渐浮出了水面。

多头政治的终结者：渔翁得利的完颜亶

完颜合剌的汉语名字是完颜亶，在金太宗吴乞买去世当年即1132年即位为帝，庙号金熙宗。

金熙宗即位后，由于宗翰一系势力的膨胀，宗磐与宗干逐渐形成联手对付宗翰之势，在他们的推动下，金熙宗继续进行官制改革。太宗时期由于顾忌各权势家族的势力，官制的改革没有涉及中央官制，而在金熙宗时，对中央官制进行了巨大变革，用中原王朝传统的三省六部制度取代了女真人特有的勃极烈制度。在这一官制改革中，宗翰由国论右勃极烈、都元帅改任太保、领三省事，元帅左监军完颜希尹改任尚书左丞相兼侍中，太子少保高庆裔为左丞相，萧庆为右丞相。宗翰返京为官时，完颜希尹为西南、西北两路都统，成为宗翰一系军事力量的实际最高领导者，希尹入朝为相就等于宗翰一系的军权被彻底剥夺。高庆裔、萧庆等人都是追随宗翰的死党，他们入朝为相就等于将在地方的宗翰一系人的权力架空，宗翰一派主要人物就成了在砧板上任人宰割的鱼肉。

91

这也就是史书中所说的"以相位易兵权""置之于内，不欲用之于外"，宗翰等人的官职虽然得到提升，但却失去了兵权，因而也失去了对中原地区的统治权。由此我们可以看出，官制的改革虽然是女真人建立的国家政治体制走向成熟的需要，但也与在当时的政治斗争中要削弱宗翰一系的势力具有直接关系。

此时的政治形势是宗磐为太师，地位最高，以弥补其没有成为皇储的失落，同时宗磐也确实掌握着相当大的权力。太傅宗干利用其为完颜合剌养父的身份，在幕后操纵，通过完颜合剌来实行其政策，与宗翰、宗磐两派周旋。宗磐因为自己到手的皇储地位被宗翰带头搞掉，对他非常憎恨，但因宗翰大权在握，不敢得罪，一直忍气吞声。直到此时，有了完颜合剌和宗干的支持，方才敢于向宗翰报复。

1137 年，宗磐出面以宗翰心腹高庆裔贪污为由，将其下大理寺问斩。此事对宗翰触动极大，他当面向金熙宗完颜合剌请罪，要以自己放弃所有官职，做一个平民百姓为代价，只求保全高庆裔的性命。但是金熙宗没有同意。随即，宗翰在地方上的羽翼山西路转运使刘思、肃州防御使李兴麟、河东北路转运使赵温讯等都被株连下狱。宗翰遭受了完全的失败，绝望之余向金熙宗完颜合剌上书，申诉自己为金帝国东征西讨开拓疆土的功劳，还以周公自居，表明其忠贞之心，但是这一切都只是徒劳，不想放过宗翰的不是金熙宗，而是那个因宗翰的原因而与皇位失之交臂的宗磐。宗翰一派势力就此被打倒，宗翰本人则是"绝食纵欲，恚憨而死"。

如果说宗翰一派的倒台是皇室家族嫡系对非嫡系的一次清洗，那么在此之后宗磐与宗干等人的矛盾则是在堂兄弟之间展开的了。

宗翰死后，宗磐一派势力日益膨胀。在中央，宗磐任太师，支持宗磐的完颜昌则任左副元帅，掌握军事大权。宗磐对金熙宗完颜合剌、宗干等人的很多政策十分不满，曾当面在朝堂之上请辞以示抗议，上朝时甚至持刀威逼宗干，被近侍殿前都点检萧仲恭呵止方才罢休。此时，遇到宗翰死后对刘豫傀儡政权的处理问题，由于刘豫傀儡政权一直依附于宗翰一派，而且一直为金朝招惹来自宋朝的麻烦，所以急需剪除。但是在剪除之后，如何处理这一带的土地，却成为两派势力斗争的导火索。

围绕如何处置原傀儡政权控制下的河南、陕西土地，产生了观点完全不同的两大阵营。一大阵营是以宗干、宗弼为代表，他们要求直接设官管理，并在不交换河南、陕西土地给宋的情况下与宋议和。而以宗磐、完颜昌为首的一派则主张将这些土地全都交给宋朝。

1137 年宋使王伦到金出使之时，在没有得到皇帝同意的情况下，完颜昌就自作主张答应归还宋河南、陕西之地。在朝廷讨论此事时，大多数人都反对将土地割给南宋，甚至完颜昌的弟弟完颜勖也发言表示不同意，完颜昌骂道："外人尚有赞同我的，你小子竟敢跟我唱反调！"完颜勖则说："事关国家利益，怎敢护亲？"但是宗磐、完颜昌等人利用自己的权势，强行通过了归还宋朝河南、陕西土地的意见，理由是"给宋朝土地，宋朝必然感恩于我们"。

的确如此，宋朝会感恩戴德，但不是对金朝廷，而是对完颜昌。当时也有人指出：金军南下灭亡北宋，俘虏了宋徽宗与宋钦宗，他们一个是现在南宋皇帝宋高宗的父亲，一个是他的哥哥，金宋之间有如此深的仇怨，宋朝方面会因为得到土地就忘记父兄被俘的仇恨吗？结果还不是资助了仇敌？但是，在宗磐、完颜昌把持朝政的情况下，一切的反对意见都是无效的。

完颜昌早在1137年宋使王伦出使之时，就已经下定决心要与宋朝交好。其原因很简单，完颜昌想利用与宋朝的密切关系来加强他在朝廷中的影响力，完颜昌一直和宋朝的秦桧打得火热，如果完颜昌联合宗磐一起夺权，至少能保证外部宋朝的支持。

秦桧在金军攻打北宋东京时被宗翰俘虏北去，金太宗将秦桧留在完颜昌手下任职，而完颜昌与秦桧很谈得来，"甚相亲信"。1129年追击宋高宗时，完颜昌带秦桧一同南下，秦桧在军中任参议军事，后又为随军转运使。1130年金军攻占楚州（今江苏淮安），秦桧则趁机逃回宋朝。也有人认为，完颜昌并非不知道秦桧的南逃，可能是有意放跑秦桧的。而民间长期以来则一直相信，秦桧是金朝派遣打入南宋内部的奸细，实际上，对此是没有比较有力的史料证据的。但在金宋关系中，秦桧是宋朝方面主和派的代表，再加上他害死了岳飞，由此引起民众的愤恨却是真的。

1130年到1135年间，秦桧曾有两次与完颜昌的书信联系。1137年，秦桧还曾写信祝贺他荣升左副元帅之职，并劝他在山东开辟自己的势力范围，完颜昌自然是心领神会。其实，完颜昌自从受命驻军山东以来，一直将其作为自己的地盘来经营，后来担任左副元帅也是常驻祁州，成为继宗翰之后的又一个令金朝中央头疼的人物。更为严重的是，完颜昌与朝中的宗磐结成一体，军政大权在握，已经对皇权构成了直接的威胁。

1139 年，金朝正式将河南、陕西一带交给宋朝，交割土地一事是由反对派宗弼去办理的，在办理过程中，种种迹象开始让宗弼产生了怀疑，认为完颜昌主张归还土地是其准备谋反的表现。宗弼命令上京的相关办事人员，对完颜昌所下的公文，没有宗弼的手押不得执行。同时他还报告金熙宗："河南之地，本来是完颜昌、宗磐主谋要割给宋朝，此二人必定是暗中结交外国，图谋不轨。"由此，支持皇权的宗干、宗弼等人开始暗中策划对付宗磐、完颜昌一系势力。

宗干联合原属于宗翰一派的完颜希尹等人，将当时出现的吴十谋反案与宗磐、宗隽、完颜昌联系到一起，向熙宗告发。熙宗马上命令诛杀宗磐、宗隽一族，但因完颜昌握兵在外，很难捕杀，便找借口说："完颜昌地位尊贵，且有大功，概不问罪。"将他贬到燕京担任行台尚书省的左丞相，同时任命宗弼为都元帅，掌控军队，夺去完颜昌的军权，使他没有可依靠的实力对抗中央。

之所以说完颜昌地位尊贵，是指他是穆宗盈歌之子，在完颜氏家族中与阿骨打、吴乞买平辈，辈分比较高。他是宗磐、宗弼、宗干等"宗"字辈人物的叔父，是金熙宗的叔祖，当时，完颜氏家族中与完颜昌平辈的人已经不多了，在权力中心的更为罕见。

完颜昌成了孤家寡人，但是他仍然骄横跋扈，不满别人对他的贬斥。他对使者说："我是开国元勋，犯了什么罪把我降到与奴才杜充为伍！"杜充是南宋降将，此时正担任行台尚书省的右丞相。

完颜昌不甘心失败，随即与其党羽策划谋反，却不知此时的宗弼等人正寻找完颜昌的把柄，谋反之事很快就被揭露，完颜昌不得不由燕京南奔宋朝，宗弼带兵一路穷追，在祁州将完颜昌处死。

完颜昌、宗磐倒台之后，宗弼等人推动金朝重新考虑对宋的割地议和之事，使得女真人的统治阶层很快达成共识，就是要撕毁协议，夺回河南与陕西之地。当时已经被宗弼扣押的南宋迎奉梓宫使节王伦被带到金首都上京城面见金熙宗，熙宗不谈和议，派人谴责道："你等只知有元帅，还知道有金朝廷么！"随后又与王伦交涉起岁贡、誓表、正朔、册命诸多问题，将原来的协定完全撕毁。

1140年5月，宗弼集结军队于祁州元帅府，对宋发动了大规模的战争，以收回河南、陕西之地。金朝将先前的议和视为完颜昌等人的卖国行径，此次战争是要纠正这些人的错误。在不到一个月的时间里，金军就重新夺回了被"出卖"的河南、陕西的土地。

但随后不久，宋军展开反击，刘锜所部在金军从东京开封南下淮河的要道顺昌（今安徽阜阳）阻击金军，大败宗弼主力，宗弼气得卧床两日。岳飞从湖北一带北上，北伐中原，一路行军顺利，进抵郾城（今河南郾城），此时已退守汴京的宗弼趁岳飞孤军深入，企图一口吃掉这支宋军，结果反被岳家军击败，这就是南宋历史上著名的郾城大捷。接着岳家军乘胜前进，一直打到距汴京只有20

多公里的朱仙镇，金军则毫无斗志。金军在川陕一带同样遭到惨败，西线撒离喝部又重演宗弼当年在川陕边境的败退。

但由于宋高宗等人一心与金朝求和，所以命令各路军队马上撤退，满足于让宗弼夺取河南、陕西诸地。宗弼经历一系列惨败之后，更无心恋战，但希望在战场上占据优势地位，以迫使南宋接受对金有利的议和条件，于是在 1141 年再次率 10 万人趁宋军回撤之际突入淮西，取得濠州大捷，随即撤回淮北，开始与宋人谈判，并同时攻掠楚州（今江苏淮安）等地。宋高宗非常积极地回应了宗弼的议和倾向，马上于 1141 年遣使至宗弼处谈判，后来双方使节往返，讨价还价，最终结果是宋高宗接受了金人的全部议和条件，按金人的要求呈上誓表。

双方此次达成的协议主要内容有：第一，南宋向金称臣，南宋皇帝必须由金朝皇帝册封；第二，宋金东以淮水中流为界，西以大散关（今陕西宝鸡西南）为界；第三，南宋每年向金贡岁贡银 25 万两，绢 25 万匹；第四，双方在正旦及皇帝的生辰节日互相遣使庆贺；第五，双方不得招纳叛亡，南宋必须遣还燕京以北的逃人；第六，金同意将宋徽宗等人的灵柩及宋高宗的母亲韦氏送还南宋。这次议和史称"绍兴和议"，又称"皇统和议"。此次和议确认了南宋对金朝的附属关系，同时金朝对河南、陕西等地的占有合法化，自此双方的边界虽经多种变故，但始终维持在淮河、秦岭一线。

此次宗弼全权处理对宋关系，使得金朝在这场外交角逐中最终占尽先机，为金朝日后的发展开拓了良好的空间。对宋议和之后宗弼的威望在朝中达到巅峰。宗弼权力与威望的上升，却引起了原属宗翰一派的完颜希尹的不满。

完颜希尹在太祖时就追随宗翰攻辽，屡建战功，在宗翰一系中，完颜希尹是宗翰最重要的谋士。宗翰入朝后，他又接替宗翰统领西南、西北两路军队，掌握兵权，由此在军队中拥有较多支持者。希尹才学过人，曾参与创制女真文字，自视能力不在汉代的开国元勋张良之下，自然瞧不起资历尚浅的宗弼等人。女真人至建国之初一直信奉萨满教，史书中称完颜希尹为"珊蛮"，也就是萨满，估计希尹是金初女真人中最著名的大萨满，按照萨满教的观念，他拥有灵魂出窍、巡游天地八方的能力，能够与天上地下的各种神灵沟通，特殊的宗教地位无疑也加强了完颜希尹在金初政坛上的影响力。在宗翰死后，完颜希尹已成为宗翰一派残存势力的代言人。

1140 年的一天，完颜希尹与宗弼在军中喝酒，希尹甚至乘着酒兴对宗弼说："你等鼠辈还配跟我计较，天下的军队都归我掌握！"受到如此侮辱的宗弼连夜报告熙宗，熙宗更咬牙切齿地说："朕早就要诛杀这个老贼了！"就在这一年，宗弼诈称有密诏，带人闯入希尹宅邸，将希尹赐死，连坐者达数百人。诸人给希尹罗织的罪名主要有：不遵守皇帝改革命令、平时私议皇位继承问题、图谋不轨，等等。希尹的 8 个儿子和右丞相萧庆都在此案中死于非命。但事后金熙宗发现希尹确实无反意，他的死乃是冤案，所以又赠希尹仪同三司、邢国公，封萧庆为银青光禄大夫。

希尹一生掌握金朝重权，智谋过人，而且恃才自傲，甚至都没有把金熙宗放在眼里，敢公开谈论金熙宗没有子嗣的事情。在当时派系斗争复杂的情况下，上至金熙宗，下到朝中群臣都对他十分忌惮、憎恨，若有风吹草动，自然不会放过他。这期间可能只有宗干比较了解他，在宗弼向宗干这位哥哥密报希尹有谋反之意的时候，宗干不以为然，认为希尹是喝酒喝多了，醉话不必当真。但宗弼的权力之路却不希望受到希尹的破坏，最终利用金熙宗对希尹的恐惧将他铲除，宗弼就在这一系列派系倾轧中扶摇直上，在宗干病逝后接管了中央大权，身兼太傅、尚书左丞相、兼侍中、兼修国史、领行台尚书省事、都元帅，成为左右金朝政局的权臣，达到他事业的顶峰。

此时的政治态势已经是宗弼一派势力一枝独秀，需要做的就是继续铲除原来宗翰、宗磐等势力所依靠的基层汉官群体了。这些汉官大多来源于以前辽代投降官僚，而且很多身居要职。这些人与宗弼新提拔上来的汉人官僚集团逐渐产生了新的矛盾，宗弼扶植的蔡松年、曹望之、许霖等人都被他们视为小人加以排斥。宗弼掌权后，蔡松年等人便指责政敌结纳朋党，而矛头所指则为韩企先、田毂诸人。

韩企先，燕京人，其所属的韩氏家族居于辽金时期北方汉人四大家族"韩刘马赵"之首。其九世祖韩知古在辽初曾任中书令，韩知古的子孙在辽朝任高官的很多。辽末，为辽朝进士的韩企先投降金朝，担任枢密副都承旨，后来为转运使，跟随宗翰经略山西，担任西京留守，属于宗翰的亲信。1134 年，韩企先被任命为尚书右丞相，至上京任官。韩企先博古通今，擅长礼仪制度，受到宗翰、宗干等人的赏识。也正是此人，提拔了田瑴、孟浩等一批汉官。韩企先所提拔的人被后人称为"君子之党"，原因在于这些人品行正直，皆因才而任官。田瑴等人不屑与一些小人为伍，也因此得罪了一批大臣，蔡松年就是其中的代表。

蔡松年，原宋朝驻燕京官员，后来投降宗望，历任真定府判官，长期在行台尚书省任职。宗弼领行台事，蔡松年在军中担任总军中六部事，随宗弼南下侵宋，战后因功与宗弼一起入朝为官，担任刑部员外郎。蔡松年善于迎奉宗弼之意，深得宗弼的喜欢。因为蔡松年、许霖、曹望之等人想与田瑴结交，却受到了田瑴的拒绝与排斥，而且田瑴也经常以蔡松年的父亲败军之事讥讽蔡松年，因此招来蔡松年等人的嫉恨。于是蔡松年、曹望之等人经常跟宗弼说田瑴等人的坏话，说田瑴与他人结党营私，图谋不轨，使宗弼对田瑴等人深恶痛绝。

韩企先病危时，宗弼前来探病，正在韩企先屋中的田瑴听说宗弼来到，知道自己不得宗弼的赏识，马上躲到屏风后面。宗弼与韩企先寒暄几句，就问韩企先："丞相年事已高，而且重病在身，不知谁可以接替您的位置呢？"韩企先推举田瑴，谁知宗弼愤恨地说："此辈可诛！"躲在屏风后面的田瑴吓出浑身冷汗，其结局之悲惨，也就可想而知了。

韩企先去世后，田瑴没有了靠山，很快被诬陷专擅朝政，缉拿入狱。被株连的还有奚毅、邢具瞻、王植、高凤庭等人，与田瑴一起都被判处死刑。另外，田瑴的家人及孟浩等与田瑴往来密切的

34 名官员被发配海岛，不得返回原籍。原来宗翰等人提拔上来的旧辽官员被清洗一空，宗弼提拔起的一批汉臣代替他们成为朝廷的中坚，同年，宗弼由太傅升任太师，权倾朝野。阿骨打家族以外的势力彻底被清除。田瑴案可以说是金熙宗时代最大的冤案，也为开国女真权贵间的派系之争画上了一个句号。

熙宗时代的权贵派系之争是女真帝国政治的重新洗牌，原来阿骨打起兵所依靠的各大家族势力在历次斗争中都逐渐衰落下去，他们都不再对皇权构成威胁。而金初的地方军阀与中央争权现象也随着有权势的军阀的消失而淡出历史。回首金初的诸多功臣权贵，无一不是身经百战、戎马一生，他们成为初期帝国的主角。

在灭掉辽朝、占据中原之后，处在十字路口的帝国何去何从：是向汉制转化还是坚持女真旧制，如何统治超过自己本族几倍的其他民族等，都是金初的女真统治阶层不得不考虑的问题。而国家的命运往往又与个人和家族的得失纠葛在一起，所以在命运与利益的交织中，原来团结一心的金帝国统治层内部因权力争夺而分化。阿骨打嫡系以外的家族多坚持女真旧制，因为只有保留旧制他们才可以保住自己的既得利益，能够一直拥有权力与地位。而阿骨打嫡系则要加强皇权，将所有权力集中到自己的手中。对于女真人来说，将新生的帝国建设成为中央集权国家的最简捷的办法，无疑就是在政治体制方面模仿中原历代王朝的制度进行改革，这也就是史学家们所说的汉化改革。于是，金建国初期女真权贵的内部斗争，也就表现为支持汉化改革与反对汉化改革的斗争。

综观金初的历史，初期相对弱势的皇权懂得怎样"渔翁得利"，利用多个家族的势力相互牵制，乘机不断进行政制改革，加强皇权。等到非皇室家族从斗争中抽出身来，才发现自己已经不是皇室的对手了，借维护女真旧制而试图保全自己权力与地位的各个家族，其结局已注定是一场悲剧，而这一悲剧的主角就是宗翰、宗磐、完颜昌、完颜希尹等人。

在悲剧中走出的是一个坚实的皇室家族——阿骨打家族，阿骨打的子孙们从这时起才真正成为皇室，从此再没有人能够挑战这一家族后人的继承权威。这个从山林中走出的民族第一次经历了真正的政治权力之争，原来的多头政治完全终结了。

在女真贵族你死我活的斗争中，许多在金朝任职的前辽宋汉族官员也被牵扯其中。

这些从辽燕京地区、从宋朝投降或投奔过来的文人，为了生存不得不投靠某个女真权贵，在政治斗争中为其出谋划策，甚至冲锋陷阵。宗望的背后有刘彦宗，宗翰的背后有高庆裔、时立爱、韩企先，完颜希尹的背后有宇文虚中，宗弼的背后有蔡松年等人。他们大多追随主子从地方的枢密院或者行台尚书省干起，最后升任中央官员，成为各家族势力在政府中的延伸，也是作为其靠山的女真权贵政策的执行人。他们构成了金朝初期中层官员的核心，这些人与其所投靠的女真权贵真的是一荣俱荣，一损俱损，构成了金初政坛的一大特色。

金初对非女真民族多任用燕人（燕云地区的汉人）与渤海人，而对北降的南人（宋朝汉人）则大多排斥。但是随着南人势力的增长，也开始依附于女真权势家族，如燕人一系田毂与依附于宗弼的南人一系的蔡松年之间的矛盾即是典型。田毂冤案则是这两大势力矛盾的总爆发。这些在女真贵族看来是奴才的汉人之间的斗争，又与女真权势家族势力的斗争交织在一起，结果导致金帝国中央官僚的一次大清洗。

权力已归于阿骨打家族，最后掌控权力的大臣，熙宗完颜合剌的叔叔——宗弼，他的势力则在这些斗争之中崛起，不过好景不长，宗弼任太师仅一年，就在政争的心力交瘁中去世。经历过多次血雨腥风，以及权臣弄政的金熙宗完颜合剌被推动着担当起诛杀功臣的刽子手，但无论怎样，金帝国的体制变革确是在熙宗时代的党派斗争之中完成的。但金熙宗完颜合剌本人也在不久被兄弟完颜亮暗杀，仍然延续了兄弟相残的政治主题。

或许女真民族真的必须经过血的洗礼方能够建立稳固的江山吧！

金熙宗既是这一切残酷政争的旁观者，又是亲历者，我们也许应该转换一下视角，将镜头聚焦于这位年轻皇帝，重新品味一下金熙宗时代。

斗争旋涡中的悲情皇帝

这个 16 岁被权臣推上宝座的皇帝，其生父宗峻死于 1124 年，宗峻是阿骨打的嫡长子，完颜合剌是阿骨打的嫡长孙，即使将来做不了皇帝，也会是皇室中举足轻重的角色。命运使这个不谙世事的孩子承担了许多超过一个儿童承受力以外的东西，完颜合剌5岁丧父，后来跟着母亲改嫁到阿骨打的庶长子、权臣宗干家，成为宗干的养子。宗干是当时非常推崇汉文化的女真权贵，不仅对外推行汉官制度，而且自己也聘请多位辽、宋的著名文人过来教导他的孩子们。就在这样的家庭里，培养出来两位帝国皇帝，一位是金熙宗完颜合剌，一位就是大名鼎鼎的金朝第四位皇帝——海陵王完颜亮，戏剧性的是从小一起长大的兄弟最后竟然到了同室操戈的地步，足可看出这个时代政治的残酷。

熙宗完颜合剌幼时即跟随文人韩昉学习，接受正规的儒学教育。韩昉自幼受儒家传统思想影响，曾"中进士第一"，是金帝国初期最著名的文士之一，曾经多次参与金朝的外交活动，出使高丽时也曾舌战群儒，使得自诩文化大国的高丽人对金朝不敢再有鄙视之心。这样一位老师对皇家嫡孙的培养自然偏重儒家政治思想的教育，要将他变成一个准皇帝。不到13岁的完颜合剌就已精通吟诗写字，行为举止宛如汉人贵族子弟，许多宗室元老都暗地里叫他"汉儿"。

1135年，完颜合剌16岁，在众权臣的斗争之中被推上皇位，史称金熙宗。但是当时仍然是宗翰等人掌权，金熙宗在朝堂之上往往是一个一言不发的摆设。但是，熙宗并不希望就这样做一个赋闲的皇帝，仍然继续跟随韩昉学习儒家经典，而且还跟韩昉探讨唐太宗与唐玄宗得失的问题，体现出相当高的政治热情。熙宗的老师韩昉以及宋朝投降过来的文士宇文虚中、蔡靖等人都是当时政制改革的中坚力量，他们主要负责制定各项礼仪制度、敕诰的写作等任务。自小受汉文化影响较深的熙宗成为他们心目中理想的君主，他们希望可以通过对金熙宗的影响，将他改造成为一个符合儒家传统政治理念的帝王，将女真人的帝国改造成为一个符合中原传统的帝国。因此，这些文人出身的官员都成为金初汉化改革的积极支持者与推动者。

金熙宗长期处于这些文人的包围中，自然成为汉化改革的坚定支持者。而他的养父宗干、叔父宗弼等权臣也是汉化改革的支持者，在他们的努力下，金熙宗时代推行了一系列改革，正是这些改革使女真人成功地进入真正的帝国时代。

这些在政治斗争中进行的改革主要有以下几个方面。

第一，废除女真贵族联合执政的旧有政治体制——勃极烈制。太宗吴乞买末期，就已经用三公、领三省事的制度代替勃极烈制，熙宗即位后任命原国论忽鲁勃极烈宗磐为太师，国论左勃极烈宗干为太傅，国论右勃极烈宗翰为太保，以中原王朝传统的太师、太傅、太保这"三公"的官称，取代了他们原来的勃极烈头衔。这三大权臣同时担任领三省事，又任命宗磐为尚书令，元帅右监军完颜希尹为尚书左丞相兼侍中，太子少保高庆裔为尚书左丞，平阳尹萧庆为尚书右丞，这些人负责处理中央政府事务。这种办法属于温和的改革，基本保存了权势家族的利益，但逐渐利用这套体系培植了一批专业官僚队伍，将女真旧制向正规的官僚制度建设推进了一大步。

第二，废除傀儡政权齐国，置行台尚书省于开封，将原齐国的地区直接收归中央政府统辖，以原来的齐国宰相张孝纯为权行台左丞相，张通古为右丞相。行台尚书省按照中央尚书省的体制建立，是保有一定独立性的地方行政组织。我国现在的省级行政体制就是由这种组织发展而来。

第三，颁行新官制。1138年，制定了一套国家官员的授职与待遇的等级规定，又规定了旧制度与新制度过渡期的换官原则，使得新官制的实行顺利展开。由此，金帝国的政府人员的专业化程度得以加强，人员的晋升、级别都有章可循，帝国的规范化的管理体制得以建立。第二年，又根据新定的官制，制定相应的官员的礼仪、服制，以及官员朝拜时的朝贺仪式等。

第四，增加宰相的数量。1138年，增设平章政事和参知政事官，地位在原来的左右丞相和左右丞之下，作为宰相的副手和助手履行职责。

第五，设立监察机构御史台。主管称御史大夫，职责主要是监督各级官员，以及内外刑诉是否得当等，御史台的设立也体现了帝国政府官僚机制运行的正规化。

第六，对所谓"南北选"的科举制度进行改革。金初科举制度主要是针对新占领的辽、宋旧地的文人，因辽、宋科举制度存在一定的差异，因此，金太宗时代的科举分两个系列，使辽、宋文人可以各按所学应试，这就是所谓的"南北选"，北选考辞赋，南选考经义。熙宗时代，命令无论南北方，考试同时考辞赋与经义两科，逐渐统一"南北选"的考试内容，为此后海陵王时期最终废除"南北选"、实行统一的科举制度打下了基础。

第七，于1138年正式在今天的阿城开始修建都城，将京师改名上京，称会宁府。少府监卢彦伦负责营建都城宫室。帝国首都上京城虽然在太宗时期就已经开始修建，但是仍然设施不完全。熙宗时代开始成规模修建皇宫，先后修建了敷德殿为朝殿，庆元宫为原庙，置祖宗牌位以及太祖以下功勋人物画像。还修建明德宫、明德殿供太后居住，置太宗画像。又将太宗时代所建乾元殿改为皇极殿，以后又兴建凉殿、太庙、社稷等宫室，帝国首都已经初具规模了。

第八，1138年颁布女真小字作为女真人的文字，另外规定，女真、契丹、汉字同为金朝的官方文字，给三个民族的文书各用其本民族的文字书写。

第九，从熙宗开始，金帝国将儒家理念正式确立为治国思想，1140年熙宗封孔子四十九代孙璠为衍圣公，1142年亲自祭拜孔庙，以示国体之本。他本人也是夜以继日地攻读儒家经典，以期成为符合儒家思想要求的圣帝明君。

经过贯穿熙宗时代的一系列政治改革，原来草创制度的国家被改造成一个真正的多民族的帝国。

然而熙宗并没有享受到作为专制君主的优越感，因为年幼即位的他，背后自然有诸多大臣弄权，如前文所言，先后有宗翰、宗干、宗弼等权臣掌握朝廷大权，上述改革措施主要都是在宗干当政时期完成的，其间也有很多是按照宗干的意志去完成的。据说，往往在朝堂之上，只有下面的几个大臣在发号施令，熙宗只是在他的宝座上默坐。作为这样的皇帝其实内心非常痛苦，但在此种情况下也不得不忍耐，希望以后能够亲自掌权，但是随之而来的却是宗弼掌控一切，这对熙宗心理上形成沉重打击，熙宗开始酗酒，往往是与别人通宵达旦地喝酒，不问政事，当别人劝他的时候，他也说："我知道你们的意思了，今天是最后一次。"但是第二天仍然酗酒如故。一个满怀志向的年轻人在纷繁的政治斗争过后，变成了如此颓废之人，不禁令人感叹。

给予这个年轻人以沉重一击的还有宇文虚中案。

宇文虚中早在天会年间就"与韩昉辈俱掌词命"，与金熙宗的老师交往甚密。宗干去世后，其子完颜充曾求宇文虚中代作墓志铭，可见宇文虚中与熙宗的养父宗干一家关系也相当密切。在宗干、熙宗推行的汉化改革中，宇文虚中积极出谋划策。1144年，宇文虚中升任翰林学士承旨，加特进，官至一品，显然很受熙宗的赏识。宇文虚中还有一点最能引起熙宗的共鸣，就是非常鄙视女真人的粗鄙无知，这与熙宗视宗室大臣为"无知夷狄""鄙宗室大臣若异类"的观点如出一辙。也正因如此，女真贵族多对虚中非常忌恨。最后宇文虚中被女真权贵以窝藏反书的名义逮捕，宇文虚中反讥道："从南边过来的士大夫家家都有藏书，高士谈家的藏书比我还多，难道也是造反了！"没想到，他随口一句话竟给高士谈造成飞来横祸，高士谈也因此被杀。这显然是一起典型的文字狱，其原因无外乎是原来的女真保守势力的一次反扑。

就在宇文虚中被杀的前两个月，太宗之子宗固升任太保、右丞相兼中书令，成为朝中实权人物。宗固是宗磐的亲兄弟，在挞懒等人被以谋反的罪名处死之后，宗固虽然未牵涉在谋反案内，但也与他们持相同政见，即属于反对汉化改革者。宗固升任右丞相兼中书令，表明保守派在朝中势力的相对上升，也就是这些往日被宇文虚中等人歧视之人，借文字狱害死了宇文虚中。

熙宗无法保护宇文虚中，宇文虚中案对他的心理构成强烈的刺激，由史书的记载来看，此后的熙宗不仅经常酗酒，还常常处于癫疯状态，无故杀人，很可能熙宗已经处于精神失常的状态了。

宇文虚中死后十个月，在1147年，左副点检蒲察阿虎迭的儿子蒲察元在便殿朝见熙宗，熙宗倒酒给他喝，蒲察元不敢喝，熙宗立即怒火冲天，拿宝剑要逼着蒲察元喝，结果蒲察元找了个机会跑了。熙宗又命令左丞宗宪去将蒲察元找回来，见到熙宗又进入了癫疯状态，宗宪和蒲察元自然都担心受害，结果宗宪也一去不返，这下熙宗更加生气，顺手就将旁边的户部尚书宗礼给杀掉了。

就在这一年，熙宗尊敬的老师韩昉迫于保守派的压力也被罢官。此后，在长期的心理压抑下，熙宗心理变得不正常，时常处于神志不清的状态。熙宗晚年的许多事都发生在其神志不清的情况下，是不能以常理来衡量的，这也注定了处在改革浪头的熙宗皇帝的悲情一生，就在熙宗在朝中屡屡受挫，希望找到自己的慰藉时，皇帝的家庭也出现了诸多问题。

熙宗在 1138 年迎来裴满氏作为贵妃，正式组建起帝王的家庭生活。熙宗对这位人生中的第一位妻子非常喜爱，裴满氏当年即由贵妃晋封为皇后，次年熙宗加封其父为太尉、徐国公。1139 年，宫廷第一次大规模斩杀宗室亲王，宗磐、宗隽、挞懒、鹘懒、完颜晏等相继殒命，重视亲情的年轻熙宗受不了这样残酷的变故，裴满氏自然成为熙宗寻求平静的地方，与裴满氏的家庭生活越来越成为熙宗最主要的安慰。1142 年，裴满氏在熙宗 24 岁这年生下皇子济安，这也为处于阴影之中的熙宗带来了希望，熙宗十分高兴，马上下令大赦天下。皇子济安才满月，熙宗就册立他为太子，这不仅反映着熙宗的激动心情，也说明熙宗与裴满氏的恩爱。但济安未满一岁就病死了，这对熙宗更加造成强烈的刺激。济安病重时，熙宗亲自到佛寺焚香祷告，痛哭流涕，并赦免五百里之内的罪犯，以乞求上苍保佑孩子的平安。济安死后，熙宗亲至乌只黑水送葬，并命工塑其像于储庆寺，与皇后裴满氏亲手安置济安的塑像于寺中，熙宗家庭生活的美满时期也随着济安的死而结束。

皇后裴满氏由于熙宗的宠爱有加，逐渐确立起在后宫的专制地位，成为在朝中有影响力的女强人。裴满氏不断结交高层大臣，欲招揽自己的势力，掌控朝政，其权势最大时，据说宰相的任命都得经由裴满氏的同意。裴满氏当政一事在史书记载中仅寥寥几笔带过，但也可以看出女真女人的社会地位并不低。

1149 年熙宗派寝殿小底大兴国去庆贺兄弟完颜亮的生日，而裴满氏也附送了礼物给完颜亮。完颜亮小熙宗三岁，与熙宗为异父异母兄弟，可算是裴满后的小叔子。裴满氏越过熙宗给小叔子送生日贺礼，熙宗为此大怒，将侍者大兴国痛打了一通，并追回赐物。

裴满氏为自己引来杀身之祸的却是限制熙宗接近其他的妃子，专制后宫。史书中对此事解释为熙宗自太子济安死后，继嗣未定，欲继续生育子嗣，结果裴满后多专制，不允许熙宗与后宫嫔妃接触，熙宗非常郁闷，经常酗酒，酒醉之处，往往手刃杀人，结果在 1149 年甚至连亲弟弟胙王元也杀了，熙宗决定依女真人的旧俗收胙王元的妻子撒卯为妃。在做出这个决定以后，熙宗一个月之内一口气将皇后裴满氏及四个妃子都杀掉了。显赫一时的裴满后一朝身死丈夫手中，不久这位手刃妻子的丈夫也于宫廷阴谋之中毙命。

第四章
梦碎江淮：功过参半的海陵王

弑帝篡位成为女真帝国九五至尊的完颜亮，最终自己也落得个被杀的下场。"提兵百万西湖上，立马吴山第一峰"的统一梦，也随着他的死亡而烟消云散。这位颇有才华、更有雄心的皇帝，在史书中甚至都不能再拥有皇帝的称号，却充斥着他的荒淫故事。中国的正史居然以浓重的笔墨描写皇帝的后宫生活，海陵王究竟得罪了谁？帝国在他的执掌下，又究竟发生了何种变化呢？

血雨腥风中走出的"温情"皇帝

1150 年 1 月 9 日深夜，正在熟睡的金熙宗被殿外凌乱的脚步声惊醒，非常生气，对外大声呵斥。殿外突然静了一下，随后，殿门突然被人推开，几个拿刀的人一拥而入，直奔金熙宗杀过去。金熙宗惊恐之余，下意识地去摸平时挂在床边的佩刀，结果挂刀的地方空空如也，就在此时，一个人砍中了金熙宗，其他几个人接着一刀一刀地砍在金熙宗的身上，惊恐的金熙宗很快就倒在血泊之中。

见皇帝已经断气，众人长出了一口气，当场因皇位继承问题争执不下，最后一个名叫忽土的人厉声道："原来大家要立平章政事为帝，现在还犹豫什么！"听罢此言，众人如梦方醒般，目光都转向一旁的完颜亮，将他拥上皇帝宝座，跪拜称臣，金帝国第四任皇帝完颜亮就此登基了。

完颜亮去世后，也是靠政变上台的金世宗完颜雍剥夺了他的皇帝名分，称他为海陵王，历史学家因此习惯称之为金海陵王，而金朝的史官则称其为海陵庶人。

海陵王完颜亮，字元功，本名迪古乃，1122 年出生，是宗干的次子。其生母大氏是渤海皇室的后裔。

完颜亮 3 岁的时候，比他大 3 岁的金熙宗完颜亶与母亲被收继到宗干家，从此两人就在一起学习生活。完颜亮自幼受到宗干家庭良好的儒学教育，与金熙宗一样精通汉文，且能吟诗。作为当年权倾朝野的宗干的儿子，自然也从父亲那里继承了强烈的权力欲。1135 年，看到与自己一起长大的哥哥成为皇帝，身披冕服威风地接受群臣朝拜的时候，完颜亮就立下了要做皇帝的决心。

完颜亮曾与好友高怀贞讲起，他年轻时就有三个志向：一是要"国家大事皆自我出"；二是率领军队征伐他国，捉拿他国的君长问罪于庭前；三是尽得天下美女。这位皇帝的传奇一生基本与这三个主题纠葛在一起，但其悲剧性的结局却为后人唏嘘不已。

但是无论从女真旧继承法还是从中原王朝传统的皇位继承制度来说，完颜亮都没有继承皇位的资格，他注定不可能有当年宗翰等人将他哥哥完颜亶推上宝座的理由，充其量也只有在扇面上书写"大柄若在手，清风满天下"以铭志。

这个雄心勃勃的年轻人，依照宗室制度，年满18岁要出来为官，他选择了跟随叔父宗弼外出打仗。由于他身份高贵，一开始就有了奉国上将军这一较高品级的武将官衔，宗弼也很照顾他，任命这个年轻人为行军万户。4年之后，也就是他22岁的时候，金熙宗又加封他为龙虎卫上将军，任命他做中京留守。完颜亮已经升至三品官，作为中京留守，他也是名副其实的封疆大吏、方面大员了。

据史书记载，完颜亮在中京任职期间，善于以权势压人，以统治手腕强硬著称。也是当他在中京期间，结识了好友萧裕，萧裕深知完颜亮的心思，在聊天时经常劝他早图大计，篡位夺权，并表示："先太师（宗干）德高望重，天下人心所向，如您真的要成大事，我愿竭力效忠。"从此，萧裕成为完颜亮篡位阴谋最积极的支持者和最重要的谋士。

作为皇帝的弟弟，在经历了地方上的锻炼后，完颜亮被顺利地提升到中央任职，于1147年被任命为同判大宗正事，同年11月就被提升为尚书左丞，身居宰相之列。

当时的政治情况是，皇后裴满氏外结大臣，干预朝政，而宗室宗敏、宗贤等人都位居宰相之列，与后党势力形成明显的对立，而此时的熙宗已经嗜杀成性，对朝政也不再关心。完颜亮借此机会，内与裴满氏结成同党，外则广泛培植羽翼，力图占据政府机构要职，在中京与完颜亮意气相投的萧裕也被提拔为兵部侍郎，入朝为官了。

完颜亮虽然竭力揽权，但对熙宗仍然表现出忠心耿耿的样子。一天，完颜亮与熙宗谈起他们的祖父创业艰难的情形，说到感人处，完颜亮呜咽流涕，熙宗对他大加赞赏，认为他忠心可嘉。很快，在1148年完颜亮升任平章政事，同年11月成为右丞相，1149年又兼任都元帅，3月拜为太保，领三省事，身兼将相，可以说地位达到一人之下、万人之上了。

完颜亮的表面文章做得非常好，上对皇帝表现得非常忠心，下对掌权的裴满后、宗敏、宗贤等人尊敬有加。在生活上则非常低调，家中生活简朴，妻妾仅三人，出门也没有皇帝兄弟的张扬气派，一副老实巴交的样子。而在暗地里，他却在利用手中的权力极力拉拢权贵子弟，以培植自己的势力。就在这个敏感的时期，发生了裴满后单独给完颜亮送生日贺礼的事情，使熙宗对完颜亮大为不满。

1149年4月，因发生灾变，熙宗命令翰林学士张钧起草罪己诏，张钧的草稿中有"惟德弗类，上干天威"，"顾兹寡昧眇予小子"等字样，熙宗不太理解，萧肄为他解释道："弗类是大无道，寡指孤独无亲，昧是不懂人事，眇指什么也看不见，小子是婴孩之称。这是汉人弄文辞辱骂皇上。"熙宗听后大怒，张钧被截去手足，处斩，因有人报告说张钧是受完颜亮指使的，熙宗一怒之下，将完颜亮贬到行台尚书省任职。但完颜亮走到良乡附近的时候，熙宗又改变了主意，召他回上京，仍然让他做平章政事。不过在经历了这场变故之后，完颜亮深切地感觉到，自己虽然位极人臣，身为宰相，但还是朝不保夕，随时可能面临杀身之祸，因此更加紧了他的篡位阴谋。

抱有推翻皇帝之心的不仅是完颜亮一个人，左丞相唐括辩、右丞相秉德都有此意，两人要废熙宗的消息传到完颜亮耳朵里，他没有将两人缉拿治罪，反倒主动与两人联络，共约推翻熙宗。唐括辩与秉德最初都因要推常胜、阿懒为帝，争执不下，完颜亮见状，十分不悦，跟唐括辩说："这两个人都不够资格，如情不得已，舍我其谁！"于是完颜亮这几个人通宵达旦讨论废帝计划，但是隔墙有耳，护卫将军特思很快将这件可疑的事情报告给熙宗。熙宗大怒，杖责唐括辩，大骂道："你跟完颜亮有什么密谋，想把我怎么样！"熙宗也开始对完颜亮越发不信任了。

1150年1月9日晚，完颜亮联络熙宗身边的侍卫长以及侍者为内应，带领唐括辩、乌带、秉德、李老僧等人闯入熙宗寝殿，刺杀熙宗。就在熙宗的尸体旁边，完颜亮的同伙将他扶上宝座，向他行三跪九叩大礼，立其为帝。

接下来，完颜亮及其同伙就在宫中商议如何处置朝中掌权的宗敏、宗贤等宗室大臣。第二天天亮，完颜亮等人就以熙宗的名义召集大臣开会，假称要讨论立皇后之事。

之前，因杀了弟弟胙王元，熙宗按照女真人接续婚的旧俗纳弟媳撒卯为妃，不知出于什么原因，熙宗对撒卯极为宠爱，竟要立她为皇后。为达到这个目的，熙宗不仅杀掉了皇后裴满氏，而且还杀死了地位高于撒卯、有资格成为皇后的四位妃子。虽然清除了来自内宫的障碍，但是熙宗立撒卯为皇后的主张却受到元老重臣的激烈反对。完颜亮等人假称讨论立后问题而召集大臣，因此各位元老重臣不假思索，立即赶来，他们都是想要对熙宗的这一行为进行劝阻。

宗贤一进宫门就被埋伏在四周的士兵拿下，不容分说即被处死。宗贤一直到临死时都以为，是熙宗坚持要立撒卯为皇后，因此才要处死他这个激烈的反对者的。

唯一对此事表示怀疑的可能就是宗敏。当他得知召他进宫的不是熙宗而是完颜亮时，宗敏已经预感到有什么事情发生了，心中充满了恐惧，不想上朝。可是，后来即位被称为金世宗的完颜雍劝他说："他现在召叔父您前往，如果您不去，日后还怎么与他见面呢？"宗敏也觉得有理，完颜亮毕竟是皇帝的弟弟，也是一个他们不易招惹的人物。

完颜亮的死党乌带劝他说："宗敏是太祖的儿子，辈分较高，又位高权重，如果他有异议，会对众人有极大的影响力，必然要杀了他。"于是完颜亮命亲信侍卫仆散忽土去朝堂杀掉宗敏。宗敏有一身好武艺，但手中没有兵器，只能在大殿内规避躲闪，连中数刀之后，惨死朝堂。其他大臣都已经吓呆了，在完颜亮等人的屠刀威逼之下，跪拜称臣。

完颜亮在宗敏的血泊之中任命与他同谋的秉德为左丞相兼侍中，左副元帅；唐括辩为右丞相兼中书令；乌带为平章政事，掌握了中央政府的行政权力；忽土为左副点检，阿里出虎为右副点检，职掌皇宫守卫；大兴国为广宁尹，控制上京城的军队。虽然这些人的职位不是最高的，但个个身居要职，将完颜亮严密地保护起来。同时，身处京城的贵族大臣们家小的性命也在这些人的掌握之中。与完颜亮同谋之人大多非完颜氏贵族，地位不高，依附完颜亮执掌要害部门，这也开了金帝国的先河。勋旧贵族的地位进一步受到压制，连当时地位最高的领三省事完颜勖都不得不对完颜亮效忠，这还不算，完颜亮已经盘算好要有计划地从肉体上消灭这些贵族了。

当时在朝中有势力的大家族有太宗、宗翰及斜也一系的子孙。虽说熙宗时代宗磐、宗翰等人的势力已被剪除，但是他们的家族没有灭门，后人仍然享受宗室贵族的待遇，很多人在朝中担任大官。在熙宗末期，太宗一系甚至重新回到权力中心，其中太宗的儿子宗本、斜也的儿子宗义成为影响完颜亮专权的眼中钉。死后被贬谥为"海陵王"的完颜亮在刚刚篡位时，为了取得女真元老重臣们的认同，不得不保留宗本等人在朝中的地位，宗本则由原来熙宗时代的太保、领三省事，升为太傅、领三省事。在1150年，也就是完颜亮称帝的第二年，开始对宗本等太宗子孙开刀了。

完颜亮诛杀大臣的手段很简单，就是"欲加之罪，何患无辞"，为了剪除威胁其专权的贵族势力，他不惜采用罗织冤狱的形式。而参与其中的自然是当年对海陵王献计的萧裕。萧裕诬陷秉德在赴任行台尚书省之前，曾与宗本相约，内外呼应，准备造反。完颜亮即以此为借口，假装召宗本、宗美等人进宫打马球，伏兵杀死两人。

但完颜亮也自知，没有二人造反的证据，自然无法令众人心服，于是萧裕又胁迫宗本的挚交尚书省令史萧玉，罗织出一连串宗本有反心的故事，萧玉经不住威逼利诱，昧心地当着朝臣的面复述了宗本造反的故事。随即完颜亮将宗本、秉德等人的罪状诏告天下，并派人到上京、东京、北京、汴京等地同时动手，捕杀唐括辩、东京留守宗懿、北京留守卞及太宗子孙 70 余人，宗翰子孙 30 余人，其他宗室贵族 50 余人。这样一来，太宗吴乞买、宗翰两大家族都惨遭灭门之祸。

5 个月后，海陵王又展开了第二次屠杀，这次屠杀的对象是阿骨打胞弟完颜斜也的家族，以及金初名将撒离喝。斜也家族的代表是宗义，当时任平章政事。撒离喝是金初与阿骨打起兵的功臣，时任陕西最高军事长官。

海陵王上台后对撒离喝颇为忌惮，将他调到东路的开封，与自己的亲信挞不野共事，并暗中命令挞不野排斥撒离喝，以剥夺其军权。此后，海陵王又命令挞不野陷害撒离喝与宗义，传播撒离喝与宗义串通造反的谣言。有人在授意之下，称截获撒离喝给他的儿子——时任御史大夫的宗安的家信，据说是宗安误掉在宫外的。这封信以契丹小字书写，大意是撒离喝与朝中的宗义、谋里野等人串通，要在开封发动兵变，杀掉挞不野。接到举报和伪造的信件之后，海陵王马上在上京逮捕了宗安、宗义等人。

在狱中，宗安经受住酷刑，誓死不承认强加给他的罪名，而宗义等人在酷刑之下被迫屈服，宗义无奈地说："我们是不能活着出去了，还不如早点承认，省得多受苦！"宗安说："现在我们不能洗清冤屈，但在九泉之下当有冤对，我们不能屈服啊！"最终这些人以及他们的家族全部被以谋反的罪名处死。在这次大屠杀中，还株连了谋里野、撒离喝子宗安、太祖阿骨打妃萧氏、任王偎喝，以及魏王斡带之孙活里甲，被杀的斜也一族子孙达百余人，谋里野一族子孙 20 余人。同时又派人到开封捕杀撒离喝全族。同属勋旧功臣的完颜勖见如此之多的老友故人都惨遭灭族，自恐也难免一劫，便申请退休，以保全身家性命。金初随阿骨打走出山林的各大权势家族至此基本都覆灭在金帝国的皇权手中。

海陵王采取残酷的手段铲除了与皇权比肩的勋旧贵族势力，朝中剩下的大多是出身相对低下或与他一同发动政变的人。海陵王依靠这些人上台，但也担心他们有朝一日将别人推上宝座，所以对于这些人，一旦觉察其稍有异动，便找借口加以诛杀。前面提到的唐括辩、秉德，因为他们在谋划政变之时对立海陵王有所犹豫，就被与勋旧贵族一起杀掉了。萧裕是海陵王年轻时的挚友，也是他的忠实追随者，海陵王登上帝位之后，一直对其信任有加，以至于有人告他谋反，海陵王把告状的人杀了，也不信萧裕能谋反。但萧裕职掌宰执重权，专权霸道，多有人不满，海陵王出于保护萧裕的目的，将萧裕的一些亲戚远放到地方当官。萧裕却心头不安起来，以为海陵王怀疑他，为了保住自己的性命，萧裕决定铤而走险，联络以前的契丹官僚，要推举辽天祚帝的后人做皇帝。同时也派人联络握有重兵的西北路招讨使萧好胡，萧好胡则直接派人将此事密报给海陵王。

海陵王找萧裕询问谋反的原因，萧裕直截了当地说："陛下以前有事都与我相商，但这次将我的亲戚调任外地做官之事却不让我知道，而且您弟弟经常说我专权，处处提防我，恐怕是得到您的授意了吧。以前一起共同举事的唐括辩等人都被你一个个杀了，我害怕也像他们一样，谋反也是为了自保啊！"

完颜亮慨叹道："朕为天子，要是真的想杀你，就是你的亲戚都在朝中为官，我就杀不了你吗？你确实误会我了。我与你关系一向不错，虽有死罪，但可饶过你性命，只是你不能再做宰相了，你去为祖先守墓吧。"

萧裕此时悔恨不已，已无颜再活在世上，决定以死成全海陵王的权威，以威慑对海陵王不轨之人。他慨叹道："太宗皇帝的子孙都死在我的手上，我现在死已经太晚了！"

海陵王哭着送萧裕出门受死，同时用刀划破左臂，将血涂在萧裕脸上，说："你死后应当明白，朕实在是没有怀疑你的心。"

这仅仅是当时残酷的政治斗争中的一个"感人"故事，萧裕成为树立海陵王权威的牺牲品。海陵王靠阴谋上台，对下属自然也疑心颇重，动辄杀人，这也助长了当时官场诬陷告密的风气，冤狱接连不断，萧裕等亲信的悲剧也是祸源于此。

海陵王时代充斥各种赤裸裸的政治阴谋，圣王忠臣的标准形象在这个时代不复存在，海陵王处理与大臣的关系主要靠的是廷杖与屠刀，以前的君臣及亲戚关系的温情脉脉的面具被彻底撕下，露出的是一张张狰狞的面孔。然而就在这种接近凶残的政治高压之下，以皇权为核心的中央集权体制却在海陵王时代最终确立起来。

迁都燕京：帝国盛世的奠基者

海陵王完颜亮曾颇为自信地对臣下说："我虽然有贪恋声色犬马的毛病，但在我掌权的日子里，宰相敢胡乱提拔人吗？当官的敢随便收贿赂吗？老百姓对当权者有怨言吗？"海陵王这样的自信，是与他在血腥屠杀当权贵族同时所进行的一系列改革分不开的。

海陵王通过政变夺得最高权力，实现了他梦寐以求的志向，也很想有一番作为。上台伊始，他下诏颁布施政政策："励官守、务农时、慎刑罚、扬侧陋、恤穷民、节财用、审才实。"同时鼓励官员们可以直接向皇帝陈述朝政得失，军民要务，如有价值，则采用，如不得当也不怪罪。

从后来的各项措施来看，也基本是围绕着他所提出的基本原则出发的。大体上在政治、经济两大方面都有比较大的改革。

在政治方面，主要是继续健全发展熙宗时代创立的官僚制度。熙宗时代，制度初创，许多位置是为贵族子弟专门准备的，人员臃肿，效率低下，而且勋旧贵族多位居三公，领三省事，掌握政府的权力，掣肘皇权。海陵王经过一系列清洗后，进一步改革官僚制度。1156年，将熙宗时代被架空的中书、门下两省去掉，只设尚书省。尚书省设尚书令，为全国最高行政长官，设左右丞相、平章政事等职，是最高中央行政人员。对于军队系统，将原来位高权重的都元帅一职废除，改设枢密院主管军事，归尚书令领导，这就限制了军权。像以前宗翰、宗弼掌兵称霸一时的事情不会出现了。对于地方而言，1150 年，海陵王一上台，就废除了行台尚书省，将政令统一于中央，对河南地区采取直接统治。1151 年，又将原来地方的贵族官万户取消，由中央直接任命州县官员管理地方。

海陵王大规模地整肃官僚队伍，改变了原来熙宗时代官员有名无实、职责不明的情况，明确了各部门的职守，上至尚书令，下至各级官员，都有确切的职掌，史书中称"职有定位，员有常数"。官员的待遇、行事规格也被"标准化"了，各级官员有了相应级别的印信、俸禄，爵秩方面都有了明确的规定。同时详细制定了吏治的相关准则，要求官员做事讲求效率，不可懈怠，无病不得称疾不治事。同时加大了对官僚队伍的监督力度，将御史台这一监察机构规范化。1151 年，海陵王就曾与御史大夫谈道："你等多徇私情，我没听到过你弹劾谁，我不喜欢这样。自今日起，百官如有不法者，即使位高权重，必当报告我。"1157 年又设登闻院，鼓励其他人检举不当之事，经登闻院审理后交由御史台处理。御史台监督百官的作用在海陵王时代得到充分发挥，甚至官员称病请假，都要由监察御史与太医一同探视，如有说谎者则严惩。

在加强对官员的监督的同时，也明确了对官员的奖惩制度，做事出差错的往往在朝堂之上就要吃板子。朝官吃杖罚是金朝一个独特的现象，无论多高的官员，如有错误，在朝堂之上基本都有过挨板子的经历。海陵王也曾自傲地对臣下说："朕对你们很够意思了，如你们有错，我不会罚得让你们不得翻身，但会赏赐廷杖以示惩戒，之后还是我的爱卿。但如有大错或有造反之心，我有死罪等着你们，你们看着办吧。"

官僚队伍的规范化，必然导致行政效率的提高，帝国的运作进入了正常化的轨道。

怎样能够保证下属对皇权的忠诚，是困扰金初三代皇帝的问题，在海陵王这里似乎找到了答案。以往勋旧贵族势力强大，对皇权构成极大威胁，他认识到这一点，不惜采用血腥的肉体消灭办法来消除这些威胁。在这一过程中，海陵王所依靠的力量并不是同样拥有贵族地位的人，而是非女真族官员或者地位低下之人，如：萧裕是奚人，唐括辩是非皇室官员，等等。这些人如不依靠皇权，难有上升的机会，因此，他们与海陵王的利益是一致的。如果这些人身居高位有反心，因为他们没有家族背景，海陵王也容易收拾这些人。所以，海陵王时代所任用的高官多是非宗室亲戚之人。

海陵王曾经下诏说："国家立法，贵贱平等，怎能因为近亲权贵而变呢。"海陵王任用大批汉人、渤海人、契丹人为官，打破了熙宗时代中央政府女真官员占多数的情况。

政治稳定也带来了经济的发展。史书中记载，完颜亮是很讲求财用的人，切实履行了他所宣称的"务农时"。他继续实行熙宗时代的南徙女真人（包括契丹、奚人）至中原的政策，并在中原实行扩地。所谓扩地，就是对中原的各色土地进行普查，将官府所能掌握的土地分给这些南迁女真户，让他们安稳地生活在中原。1156年，海陵王派遣刑部尚书纥石烈娄室等人分别到大兴府、山东、真定等地进行土地普查工作，以落实这一政策。但从后来看，这项政策对南迁的女真人的生活并没有多大促进。同时，海陵王注重兴修水利，治水田。鼓励民间自行兴办水利事业，在这些措施的鼓励之下，金代的农业从战争的创伤之中逐渐恢复过来，并开始向好的方向发展。

值得一提的是，海陵王时期开始开矿铸造货币，设置铁监与交钞库管理经营货币，女真人开始有了自己的货币流通。虽然史书对经济社会问题记载较少，但从蛛丝马迹中可以得知，金代的中国北方经济得以恢复和发展，盛世气象也有所展露。

海陵王为世人所称道的壮举之一就是迁都燕京，此后，中国的政治中心就再也没有长期离开过这里，到了元代这里称大都，明代则称为北京。一般来说，海陵王迁都被历史学家看成是要与女真旧势力彻底决裂，才将国都由过于偏北的女真发祥地上京，迁移到位于帝国中心的燕京。因此，在迁都后，海陵王下令拆毁了上京城的城墙及城内主要建筑，让周边的百姓在这里开垦耕种，其目的就是彻底打消女真贵族重新迁都回上京的念头。

从当时的局势来看，女真人灭辽平宋，已经占领了燕山南北和华北大部分地区，上京作为政治中心确实显得过于偏远，而且上京所处的地区虽然是女真人的发源地，但却是金帝国统治下经济文化比较落后的地区，定都于此已经远不能适应帝国发展的需要，海陵王的迁都无疑是明智的政治举措。在金世宗即位后，对海陵王的政策多有变更，也重新修建了上京城，但也没有迁都回上京。

但是，有很多女真贵族是不理解甚至是不愿意迁都的。海陵王为迁都一事已经酝酿了很长时间，1150 年正式将此想法带到朝堂之上供朝臣讨论。众人围绕此事展开了激烈争论，右丞相梁汉臣说："上京气候太冷，不适合做首都。而燕京气候冷热适宜，做首都比较好。"礼部尚书萧玉则坚持上京是龙兴之地，国家龙脉之所在，不能放弃。兵部侍郎何卜年则认为："北番上都，黄沙之地，非帝居也。"支持者有，反对者也大有人在，海陵王鉴于此事关乎国运，也没敢当即决定，又过了一年才下令迁都。

1151 年海陵王下诏宣布要迁都燕京，随即派遣张浩、张通古、蔡松年等人调集近 120 万人动工修建新首都。新城的建设是在辽南京城的基础上向东、西、南三面扩展而成，并参照了北宋都城汴京的规划修建的。当年，工程还没结束，海陵王就迫不及待地将帝国政府迁到新都，而新城的整体建筑是在 1153 年才告完工。此后又在大房山修建皇家陵墓，将太祖、太宗的灵柩从上京迁到这里安葬，随后大批女真贵族南迁。至于首都的整体搬迁至 1157 年才接近尾声，就是在这一年，海陵王命令已改称会宁府的原上京摧毁旧宫殿、诸大族宅第及储庆寺等，"夷其地而耕种之"，今天的黑龙江省阿城地区又变成了东北的荒凉地带。

金的中都城位于今北京城区的西南部，呈长方形，由外城、皇城、宫城三部分组成，历经800余年，如今只剩三处夯土城墙残存，我们已无法见到当年金帝国新都的风貌。

据考古学者研究，皇城大致位于中都城内偏西南处，周长9里，有4门，东为宣华门、西为玉华门，南为宣阳门，北为拱辰门。皇城的中央为宫城，皇城南门宣阳门内，正中是御道，御道两侧是千步廊，西千步廊之西是中央六部所在，东千步廊之东为太庙。宫城是海陵王仿照北宋汴京宫城建造的，为了逼真，动用工匠将汴京宫城上的可用部件全都拆下来，用于中都宫城的修建。宫城的布局可分为中、东、西三部，主要宫殿在中轴线上，中路的南端是应天门，应天门内有一个小广场，有左、右翔龙门通往东西路。应天门正北为大安门，大安门里则是宫城中最宏伟的大安殿，殿内陈设豪华，中间宝座用"七宝"装饰，后为金龙屏风，殿顶也有金龙盘旋其上，大安殿后有与之相同的香阁作为便殿，皇帝常在此单独召见臣下议事。在营建中都时，海陵王还将宋都城汴京的园林艮岳中的假山石搬到中都用于皇家园林的修筑。

金帝国将首都坐落于此，可以说是海陵王对于金王朝的极大贡献，后来的皇帝利用中都附近便利的交通与物流成功地维持了庞大帝国的运转。同时，各地区与首都的联系也不必再像以前那样长途奔波了，节省了财力和时间。最重要的是，金帝国以往对燕京以南地区的统治往往由于政治中心过于偏北而显得力不从心，甚至不得不通过扶植傀儡政权，或是设立行台尚书省等办法加以解决，这给帝国南部的稳定带来隐忧。海陵王时代能够废除行台尚书省，对河南一带采用中央直接统辖，可以说是得利于迁都的。迁都对于女真人而言，则是进一步与汉族地区相融合和发展的过程。海陵王就此成为中国历史上第一个建都于今天北京的皇帝。

中都的建设其实是海陵王时代帝国行政区划建设的一项而已。在确立中都的同时，也确立了五京之制。五京是以燕京（今北京）为中都，汴京（今河南开封）为南京，原辽中京大定府（今内蒙古宁城县大明镇）为北京，辽阳府（今辽宁辽阳）为东京，大同府（今山西大同）为西京。同时全国共设 19 路，即会宁府路、东京路、北京路、临潢府路、大名府路、西京路、中都路、南京路、咸平路、河东南路、河东北路、河北东路、河北西路、山东东路、山东西路、京兆路、鄜延路、庆原路、熙秦路。原住各路的诸京兵马都部署司改为本路总管府，五京之外共设 14 总管府。京、路之下又设州、县，从而形成一套完善的地方管理体制。

对分布在各地的女真人，则利用猛安谋克组织加以管理，猛安相当于防御州，谋克相当于县，其长官分别称猛安、谋克。猛安的职能是负责训练士兵，劝课农桑，与州级地方官的职能大体相同。这样就形成了具有女真特色的地方基层组织，与汉地的州县制共存。

金帝国的疆域在金熙宗时代形成，而在海陵王时期基本确立下来。即金的北部疆域是西从贝加尔湖东到外兴安岭至鄂霍次克海，东与高丽交界，西南与西夏交接，而南部则与南宋划淮河为界。

虽然海陵王死后被贬为庶人，遭到金皇族的鄙弃，但他所确立的官僚体系及制度却为后人全盘接受，成为帝国制度的根基。根基之上则是皇权的强大，权力欲得到满足的海陵王还会怎样度过他的皇帝生活呢？让我们换一个视角来看看海陵王和他的女人们。

桃色新闻：贬损对手的上佳武器

海陵王完颜亮被后人所声讨的一大罪状就是淫乱。

海陵王大肆屠杀勋旧贵族的同时，也想按照女真人收继婚的旧俗，将他中意的妇女赦免，纳入后宫，也想要通过这种手段，将那些他平素想亲近却有碍于体统而不得其便的贵族女人弄到手。海陵王中意的女人数量太多，连他自己也觉得不好直接下手，便示意萧裕等臣下先提出这个建议。

但萧裕劝他说："现在诛杀宗室过多，朝野内外已议论纷纷，再做这样的事岂不是过分？"海陵王听后十分生气，但也不好当面发作，便命令徒单贞传话给萧裕说："必须由萧裕开口请求皇帝办理此事。"而且含蓄地威胁萧裕："此事皇上心意已决，你再反对恐怕不好吧？"萧裕听出其中的威胁，不敢不从，无奈地说："皇上一定要这么办，那就听皇上的吧。"在后来的朝会上，萧裕果然公开请求海陵王将那些被杀宗室的妻女纳为后妃，海陵王自然很痛快地答应了这种"请求"，将很多宗室女人收进宫中。这些海陵王收入宫中的女人，论亲戚关系，大多都是海陵王的婶婶、姑姑或姐妹。

按照女真人接续婚的习俗，男人可以娶自己过世的父辈及兄弟的妻子为妻，海陵王的父亲宗干就娶了自己兄弟宗峻的妻子，也就是金熙宗的母亲。可是海陵王的这种做法已经与女真人的传统婚俗存在着本质的区别，是以女真人的传统为掩饰以达到满足自己淫欲的目的。打着收继婚的旗号被海陵王纳入后宫的有宗本之子莎鲁剌之妻、宗固之子胡里剌之妻、胡失来之妻及纥里之妻，这些人按亲属关系都是海陵王的嫂嫂或者弟妹，还符合收继婚的习惯。但海陵王也将宗敏之妻阿懒纳入宫中，并封为昭妃，这却是他的婶婶了。后来大臣们激烈劝谏，认为宗敏是海陵王的长辈，这么做不合适，海陵王才不得不让阿懒出宫。

被海陵王纳入后宫的还有宗望之女什古、宗弼之女蒲剌和习捻、宗隽之女师姑儿，这些都是他的亲叔伯姐妹，还有宗本之女莎里古真及其妹余都，是他的再从姐妹，还有宗磐的孙女，这是他堂兄之女，是他的堂侄女，这些亲属关系，就是按照女真人的旧俗，也是不可以通婚的。

海陵王的姐姐宣庆公主所生的女儿义察，从小在宗干府中长大，成年后长得亭亭玉立，海陵王对她早有非分之想，但是海陵王的母亲大氏训斥他说："义察是你亲甥女，你是她的舅舅，从小看着她长大，舅舅就像父亲一样，这样荒唐的事决不可为。"海陵王暂时没敢动手，等到大氏去世之后，则逼迫义察离婚，将其收入后宫。像义察这样的亲戚还有很多，海陵王大多以各种借口将女眷的丈夫调离首都，然后找机会将她们招入宫内玩乐。

海陵王以皇帝之尊要求这么多的贵族妇女入宫，毕竟有些不合礼制，于是他就以皇后徒单氏的名义请王公大臣的妻子进宫，美貌的就留下来逼奸。徒单氏对海陵王的嗜色之癖早就多次劝阻，但并无成效，索性徒单氏也就装作没看见，但知道海陵王竟然以自己的名义去骗人，十分生气。她跟海陵王说："你尽管可以选美，希望不要用我的名义宴请贵妇，这事传出去我岂不是成了帮凶！"海陵王听罢大怒，大喝道："你要做皇后，就得当这个帮凶，不然就别当皇后！"

对于海陵王看上的女人，无论她的家世如何，都要占有，为了占有，轻者逼迫离婚，重者将女方的丈夫杀害，再将其带进宫。崇义节度使乌带是帮助海陵王发动政变之人，乌带之妻唐括定哥长得美貌出众，在海陵王即位前就曾与海陵王私通，据说是定哥的女仆贵哥给穿针引线的。每年元会生辰，在丈夫派人贺寿的同时，定哥也要派贵哥问候海陵王。

1152年，海陵王思念定哥，按捺不住，一天他派人传话给唐括定哥："自古天子亦有两后者，能杀汝夫以从我乎？"意思是说若能杀夫进宫，便封你为皇后。唐括定哥派人传话，口气颇为感慨地说："年轻时不懂事，办了错事，现在已觉得可耻，而且儿女都已长大成人，怎么还能做这样的事呢。"而海陵王却派人恶狠狠地威胁唐括定哥："不杀你丈夫，我就杀你全家。"唐括定哥没有办法，趁乌带醉酒之际，将其勒死。乌带刚下葬，海陵王就将唐括定哥娶进宫中。第二年，封为贵妃，大为宠幸，甚至要封她为后。但没过多久，海陵王又看上了别的女人，将定哥忘到脑后去了。

一天，孤单的定哥在楼上看到海陵王与别的妃子同辇从楼下经过，悲愤的她大骂海陵王，被骂得一脸通红的海陵王低着头装作没听见，躲了过去。帝王视女人为自己的财产，他可以随意更换，但却不得他人染指任何一个女人。定哥在家时也不是安分之人，曾经与一个叫阎乞儿的家奴私通，进宫之后也不时地送些衣物给阎乞儿，后来她受到海陵王的冷落，想招阎乞儿入宫。阎乞儿偷偷进宫后，身穿女侍的衣服，每天与定哥约会，晚上再混在宫女中出宫。结果被女仆贵哥告发，海陵王遂将定哥、阎乞儿一干人等全都处死。

悲剧不仅发生在唐括定哥一人身上，礼部侍郎萧拱，是金初名将萧仲恭的儿子，本与皇帝内宫毫不相干，但1150年的一天，海陵王命令他去汴京将自己妻子的妹妹耶律弥勒接到宫中。途径燕京，时任留守的萧仲恭看到耶律弥勒，觉得她已经不是处女了，忧虑道："皇上必定怀疑萧拱，我儿性命不保！"萧拱也没有在意，径直将弥勒送到宫中，果不出所料，海陵王发现弥勒非处女之身，怀疑到萧拱头上，当夜即找萧拱责问，当然没有下文，但萧拱终究因此被贬到山里做低级官员，不久海陵王找个由头把他杀了。弥勒则被赶出宫，不久又招至宫内，又利用弥勒将她的姐姐，当时已被海陵王"送给"萧文的择特懒引进宫里。

可能最愤懑的男人当数唐括石哥的丈夫秘书监萧文。唐括石哥是唐括定哥之妹，海陵王看上石哥之后，则向萧文家表示必须把唐括石哥休掉，萧文一开始不答应，而海陵王又使出威胁的伎俩表示如不从将"别有所行"。迫于威胁，萧文不得不亲自将唐括石哥送入宫中，临别时两人相拥恸哭相别。此时，正赶上海陵王迁都燕京，遂将石哥带到燕京。不仅如此，还将萧文招到便殿，让石哥当着前夫的面表演低俗的戏文，很快石哥被封为丽妃。但海陵王也并不"亏待"萧文，将萧拱的妻子择特懒送给了他，结果没过多久，又将择特懒从萧文身边抢走。萧文可以说是欲哭无泪了。

昭妃蒲察阿里虎，是驸马都尉没里野的女儿，刚开始嫁到宗磐儿子阿虎迭家，后来阿虎迭被杀，再嫁宗室南家。南家的父亲突葛速为元帅都监，在南京任职。当时海陵王还在宗弼手下做事，也在南京，并想娶阿里虎为妻，但遭到突葛速的拒绝。等到海陵王上台不到三天，就将阿里虎娶了过来，封为贤妃，后又升为昭妃。

阿里虎入宫之后意志消沉，经常酗酒，逐渐失去海陵王的宠幸。但她与阿虎迭生的女儿重节却成为海陵王的另一个宠幸对象，阿里虎得知后羞愧难当，骂重节道："他是畜生，你也不知羞耻，如今母女共侍一男，真让我羞死了！"海陵王知道此事后自然十分不高兴，后来阿里虎在宫中受冷遇，想起对不起前夫，遂派人将一些衣服送给前夫的儿子，结果被海陵王发现，要不是其他人求情，差点杀了她。

经过多重打击，在宫中独居的阿里虎后来与一个叫胜哥的宫女经常同床而睡，这可能是金朝史书中唯一的同性恋记载吧，称这两人"如夫妇"。结果被一个叫三娘的厨娘发现，状告海陵王，海陵王没放在心上，但是不久，三娘就被阿里虎杀死灭口。这件事触怒了海陵王，他怎能允许有人打击向他告密之人，这等于是挑战他的权威。碰巧赶上海陵王儿子光英出生，他在这个月忌讳杀人。最恐惧的莫过于慢慢等待自己的死期了，阿里虎每天不吃不喝，焚香祷告，乞求逃过一劫，等到一月过后，使者过来杀她，这人已经委顿不振，跟死人没什么区别了。

耶律察八，曾与护卫奚人萧堂古带订婚，未及成婚便被海陵王看上，招进宫中。察八未曾忘怀与萧堂古带的感情，秘密派侍女送给萧堂古带几个软金鹌鹑袋。此事透漏风声，传到了海陵王耳朵里，他又派人询问在外地的堂古带核实，堂古带自然以实相告，没想到这样反而害了耶律察八。一天，海陵王率众妃登上宝昌门楼，对众妃说："今后谁要是对我不忠，在外面偷情，下场就像她一样。"随手抽出腰刀将耶律察八砍下城楼，众人吓得面如土色。

海陵王不仅如此要求众妃，而且还怕宫中的侍卫、仆人与嫔妃偷情，所以制定了一系列规矩。其中包括，当海陵王与嫔妃们玩乐时，先把一件东西扔在地上，令近侍们环绕一周盯着东西看，有环顾周围者，杀无赦。宫中的男性侍者若向嫔妃们看上一眼，就要被挖去双眼。宫中男子不得独行，必须四人以上方能外出，这还不算，后面还要有一人持刀监视，行动时必须按照规定路线，不遵守此规定者则斩杀之。此外，太阳下山后，有下殿堂台阶者杀，对告发者还有赏钱 200 万。如果真的遇到海陵王最不愿意看到的男女相遇的情况，男女两人先报告者赏三品官，后报告者死，如果同时报告则两者皆无罪。

如上诸事记载于元朝人所修的《金史》之中，可能这是史官所树立的典型之一，而这个典型即为荒淫残暴的君主，其手下皆是阿谀奉承的小人形象。

虽然海陵王在私生活方面确实比较淫乱，但应该说，《金史》的记载可能有夸大失实的一面。其主要原因是，金世宗取代海陵王成为皇帝不是经过合法的正常程序，而是自立为帝，取而代之。因此，世宗在位期间极力宣扬海陵王的丑事，以证明自己取代海陵王是打倒了一个昏君，是正义的，在此期间编写的有关海陵王的史书自然不会很真实，对其缺点显然会有所夸大。

金末元好问的《遗山集》中记载了金代贾益谦对此的评论："大定三十年，禁近能暴海陵蛰恶者得美仕，史臣因诬其淫毒骜狠，遗笑无穷，自今观之，百可一信耶？"认为海陵王这些罪行皆是推翻他的金世宗完颜雍鼓励海陵王的近侍用放大镜寻找出来的，很多是捕风捉影而发挥出来的。而且史官也不吝惜自己的批判之能，对海陵王的官内事情加以淫荡化，可见海陵王成为历史上的一大残暴君主有其政敌渲染的成分。上文中有些事情可以权作茶余消遣的谈资，并无一定的历史真实感。

我们早已无法分得清其中的历史事实与虚构的界限，不过无论海陵王这些事迹是真还是假，其间都显现了皇权的强大与恐怖。与其尝试辨别帝王逸事之真伪，倒不如去体会海陵王时代的一些特征与问题。海陵王时代是帝国的上升时期，各方面的事务在海陵王一代都得到发展健全，也是靠政变起家的金世宗完颜雍虽然将海陵王废为庶人，但却全盘接受了海陵王确立的制度，这也是不争的事实。然而，海陵王的一切行政努力最终都是为了一个梦想，就是一统天下，成为正统皇帝。

祸起萧墙：狂吞热豆腐后的悲惨结局

在海陵王经过多年的经营后，金帝国呈现出盛世的迹象，国家政治稳定，社会经济从战乱中得到恢复，而此时，海陵王终于到了要实现他的最后一个愿望，即做天下一统的皇帝的时候，他要将宋、西夏、高丽等国全部纳入自己的掌握之中。

海陵王对汉儒中流行的"华夏尊贵，夷狄卑贱"的观念非常反感，一次，他对完颜宗秀、蔡松年说："我读《鲁论》，读到'夷狄虽有君，不如诸夏之亡也'，非常不喜欢这样说，我觉得这是以南北民族划分，与其同类的则为华夏，这岂不是贵彼而贱我。"

海陵王平时喜好读史书，每读到载记时，便会大发牢骚，认为这种将北方民族君主的传记放到与中原大臣同等地位的写史体例是非常荒谬的。他认为自己虽然不是汉人，但地位要比向金朝称臣的宋朝皇帝更为高贵。他也经常斥责汉族文人将汉人建立的王朝视为正统，而将少数民族建立的政权视为"僭伪"的看法，他认为，不论民族成分如何，能统一全国的就是正统的皇帝。显然，仅仅从他这种政治理念出发，海陵王也一定要进行统一中国的努力，他需要证明自己是正统的皇帝。

在与大臣张仲轲讨论《汉书》时，海陵王曾自豪地说："汉的疆域不过七八千里，而现在我国则有幅员万里，可谓大矣！"张仲轲看破海陵王的心思，便说："本朝疆土虽大，但天下有四主，南有宋，东有高丽，西有夏，若能将其统一，才是真正的疆土广大。"此话说到海陵王的心里了，自然十分高兴。而当时的事实是，诸国之中，宋的势力最为强大，所以海陵王自然首先考虑的是要灭亡宋朝。

1150年6月，宋朝派参知政事余唐弼、保信军节度使郑藻等前来祝贺海陵王即位，余唐弼等人回宋时，海陵王特地将宋徽宗生前用过的一条玉带交给余唐弼，让他转交宋高宗，并传话给宋高宗说："这条玉带是爱卿父亲经常佩戴的，现在赐还于你，使得爱卿如见父亲，这样也不会忘记朕的心意了。"张仲轲则十分不解，跟海陵王说："此为稀世珍宝，不是能轻易赏赐的东西。"海陵王轻描淡写地说："江南之地，以后当为我有，只不过是将它放到外府而已。"由此，朝臣们都认识到海陵王有起兵灭宋之心。

一些善于逢迎之人得知海陵王有南下并宋之意后，都极力迎合。梁珫对海陵王说："宋有叫刘贵妃的美女，资质艳美，西施、华蕊这些美女都不能相比。"并劝海陵王去攻打宋朝，夺取刘贵妃。海陵王信以为真，甚至在宫中为刘贵妃准备了寝宫，以便他南下灭宋夺取刘贵妃之后使用。

1159 年，海陵王派几位最负盛名的画工混在去宋朝临安贺正旦的金朝使团中，为他描绘江南临安吴山、西湖的山水风光，后来，这些画家作了一幅题为《临安图》的画卷，并将南宋词人柳永写的《望海潮》也抄上了。

《望海潮》词浓墨重彩地铺叙展现了杭州的繁荣、壮丽景象：

东南形胜，三吴都会，钱塘自古繁华。烟柳画桥，风帘翠幕，参差十万人家。云树绕堤沙，怒涛卷霜雪，天堑无涯。市列珠玑，户盈罗绮，竞豪奢。

重湖叠巘清嘉，有三秋桂子，十里荷花。羌管弄晴，菱歌泛夜，嬉嬉钓叟莲娃。千骑拥高牙，乘醉听箫鼓，吟赏烟霞。异日图将好景，归去凤池夸。

海陵王经常观看这幅画，并反复吟咏柳永的这首词，对南宋都城杭州的繁华与西湖美景充满了向往。海陵王又将此画制作成自己寝宫的屏风，并在吴山山顶添画一个骑马的人物。海陵王在上面题诗一首：

万里车书一混同，
江南岂有别疆封。
提兵百万西湖上，
立马吴山第一峰。

后来有文人认为，海陵王完全是因为看到西湖的美景，读到柳永词中对杭州繁华景象的描写，才起了征服南宋之心，"遂起投鞭渡江之志"。然而政治却不是文人的几点臆断能解释得了的，这些所谓的《临安图》、图上题诗都是海陵王在慢慢打造朝中的侵宋舆论氛围，以达到整齐人心的目的。

为了造势，海陵王还利用女真人的传统巫术思想去迷惑众人。一次，海陵王带人去途你山打猎，他对群臣说："朕小的时候练习射箭，到一门辕下，默默祈祷说：'如果我以后大贵，就让一支箭射到门脊上。'那一箭果然射到门脊上。后来我做中京留守，曾经在此打猎，还没等合围，我就默祷道：'我如果能当上皇帝，百步之内就能抓获三只鹿。'于是果然抓获三只鹿。我又祷告说：'若我能统一海内，当再打到一只大鹿。'于是真又抓到一只大鹿。"这些话无疑在告诉大臣们，要攻打宋朝是上天注定的，如不攻打宋朝，就是逆天行事。

1157 年的一天，他把吏部尚书李通、刑部尚书胡励、翰林学士萧廉叫来，煞有其事地说："昨晚我梦到两个青衣人称上帝宣朕。我于是骑上我的'小将军'随之而行，一出门就感觉踏空而升。转眼间到了天门，我随着青衣人就进去了，只见里面宫殿美丽，等到进殿，我跟随下跪，只见一个青衣人宣召说：'天策上将，令征某国。'我接受命令而出，上马前行，突然遇到一群望不到边的凶猛士兵，我弯弓射了一箭，众兵将齐声大喏以应此箭，突然被这一'喏'声惊醒，而大喏之声仍油然在耳。我立即派人去马厩，发现

'小将军'大汗淋漓，又取箭袋检查，发现也少了一支箭。我非常奇怪，是不是上天要假我之手将宋朝灭亡呢。"接着他又神秘地对大臣们说："此事你知我知，不可外泄！"李通等人何等聪明，自然明白皇帝的心理，不可外泄是假，要大肆宣扬才是真。

经过长时间的舆论准备及国家改革，海陵王自认为已经具备了南下攻宋的条件，于是在迁都中都后，他又要迁都南京（今河南开封），以便指挥军队。1157年5月，海陵王将吏部尚书李通、翰林承旨翟永固等人招至薰凤殿，对他们说："我要迁都汴京，将官室重修，以便发兵江南，一统海内，诸位看如何？"李通、敬嗣晖等人早就明白皇上的意思，当下表示赞同："这正符合天意，不可违背。"而翟永固等人认为，现在战争创伤还没有完全恢复，无法调集人力重修汴京，且宋朝每年按约如期纳岁币，无借口发兵攻宋。海陵王听罢非常生气。

但是除了翟永固等人外，仍有很多大臣反对，其中不乏高官，如纥石烈良弼。但一意孤行的海陵王已经听不进任何劝谏了。出使过宋朝的使臣魏子平委婉进谏道："江南之地低洼潮湿，夏天要热死人，怎么能与大名府相比？"海陵王听出他话中隐含的意思来，愤怒地将其骂走。御史大夫萧玉上疏道："长江天堑隔断南北，跨过长江乘船作战不是我军的长处，还请皇上三思。"结果萧玉遭到一顿痛打。

萧玉还是比较幸运的，太医祁宰则招致杀身之祸。一天，祁宰利用给元妃看病的机会向海陵王进谏，说开国时像宗翰、宗雄那样的智勇双全的名臣都不能灭亡宋朝，何况现在并没有这样有才能的人，此外，宋人没有违约，师出无名，而营建中都、南京，大量调发徭役，民怨沸腾，人心不齐，因此，现在不利于金朝大举攻宋。海陵王一怒之下处死了祁宰。

但是，海陵王怎么也没想到，他的嫡母皇太后徒单氏也反对发兵攻宋。

徒单氏是海陵王父亲宗干的正室，他的亲生母亲大氏在世时非常尊敬这位徒单氏，但海陵王始终不服气自己的生母位在徒单氏之下。虽然表面上他很尊敬徒单氏，骨子里恨不得徒单氏早早死去。此次徒单氏苦口婆心地劝说海陵王放弃发兵的打算，海陵王心里更加不快。碰巧赶上一件事，让与徒单氏貌合神离的海陵王找到了借口，大将仆散师恭在奔赴西北边疆时，过来与徒单氏告别，结果被人告密于海陵王，海陵王就认定二人打算勾结造反，于是命令大怀忠、虎特末等40人将徒单氏及其左右十多个人全都杀死，徒单氏的尸体被焚化后撒到花园的水中。

最令朝野震动的是，海陵王的皇后徒单氏与太子完颜光英也劝阻海陵王不要发兵，海陵王竟然也要杀他们，皇后和光英连忙跑到宫中躲了起来，才保住了性命。诸多事端，诸多悲剧都没有挡住海陵王南下攻宋的决心，朝中再也没有人敢说话了。

海陵王也在寻找攻打宋朝的借口。1158年宋朝出使到金朝的贺正旦使者孙道夫等人准备向海陵王辞行时，左宣徽使敬嗣晖对孙道夫说："回去告诉你们皇帝，你们侍奉上国多有不诚，我们有边民逃入你们领土而迟迟不肯遣还，此外你们还在边境地区盗买马匹备战。你们这样对我国，我国岂能无备，想要打你们易如反掌。"1159年正月，海陵王又去宋金边境的榷场，为攻打宋朝寻找借口。1161年6月迁都南京，并于这年在高景山等人到宋朝祝贺宋高宗生日时，海陵王告诉他们："你们见到宋朝皇帝，要当面斥责他焚烧南京宫室，边境地区买马，以及招纳叛亡等事情，并要说明索取汉、淮之地。放心，宋朝皇帝定不敢为难你们。"这些话已经很明白了，说宋朝不讲信用，要其割让长江以北的土地，这已经是对宋朝的最后通牒。

积极进行对外活动的同时，海陵王一直在马不停蹄地备战，迁都燕京本身就是一个战略准备，将帝国中心迁到燕京易于控制南下攻宋的大后方，可以从容地调度资源与军队，可谓是一举多得。在做好战略后方的准备后，更需要有充足的兵员与物资。所以提前把民间五年的税收征收上来，还巧立名目增加税收，把国家总动员的负担全部转嫁到老百姓头上。此外，1159年，海陵王在全国范围内征调20岁以上50岁以下的男子全部入伍，这一年的3月又派人到各路总管府督造兵器，同时命令各地贮藏的兵器一律送到中都。8月在全国范围内征调军马。第二年又签发各路汉军，准备作战。

金朝有如此重大的军事行动，宋朝不是一点不知道的，通过每年频繁的使节往来，宋朝出使人员早已向宋高宗多次汇报说金朝有"败盟"的可能，要求宋高宗早做准备。早在1158年，孙道夫使金回国后，就向宋高宗汇报说"金人有窥江南之意"。宋高宗还不相信，疑惑地说："朝廷待他不薄，金朝能以什么借口出兵？"孙道夫回答说："海陵王是杀死父兄而即位的，起兵难道还需要什么理由吗？"

1159年的使节回来后也说金朝要起兵攻宋，宋高宗怀疑起来，在金使施宜生出使宋朝时，派他的好友张焘为馆伴使接待施宜生，张焘从中套话，施宜生碍于朋友面子，又不好直说，趁其他人不在时跟张焘说："今天北风真大啊！"又取了一支笔说："笔来，笔来（谐音意为必来）。"张焘则将此情况密奏宋高宗，请早做准备。但宋朝主和、主战两派争执不下，直接影响到宋朝对诸多情报的反应效率，直到金使高景山等人下最后通牒时，宋高宗才有些着急，急招主事人员商议对策，最后决定准备抵抗，但仍希望能使海陵王放弃攻打宋朝的打算，因此派徐嘉等人到金南京开封，以贺迁都为名劝说金人罢兵，结果被拒之门外。

很快，1161年9月，金军在南京誓师，海陵王率领近60万大军，分兵四路，对南宋发动全面进攻。西路军是由河中尹徒单合喜与张中彦率领的5万大军，自凤翔大散关出兵攻打四川之地。太原尹刘萼和仆散乌者率领10万东路军自蔡州（今河南省汝南县）出兵，攻打今天湖北一带。工部尚书苏宝衡为浙东道水军都统制，与益都尹完颜郑家率领600多艘战舰自山东半岛出胶州湾，从海路奔袭宋都城临安。海陵王亲自率领20万大军自南京攻打寿春，以期直趋宋都城，与水军会合。其中以武胜、武平、武捷三军为先锋，徒单贞率2万大军入淮阴。皇后、太子光英留守南京，以尚书令张浩、左丞相萧玉、敬嗣晖辅助太子处理政务。

面对金军的进攻，宋朝急忙调兵遣将北上迎敌。任命吴璘为四川宣抚使，负责川、陕防务，命令成闵为荆湖制置使，率3万人驻武昌，防守长江中游，命老将刘锜为淮南、江南、浙西制置使，节制诸路兵马，负责防守江淮，抵挡金军主力。

在宋军此种布防之下，金朝西路军受挫，停滞不前。金朝中路军开始出师顺利，但是在襄樊一带受到宋军的顽强阻击，结果宋军趁机攻占蔡州、新蔡（今河南省新蔡县）等地，中路的金军也没有达到预期的战略目的，只能与宋军对峙。宋朝又派李宝等率领120艘战船在胶西陈家岛（也称唐岛，今山东青岛市西南薛家岛镇附近）海域埋伏，截击金朝水军。李宝采取火攻，大败金军。苏宝衡所率领的金朝水军几乎全军覆没，完颜郑家等将领被杀，至此，从水路奔袭临安的计划宣告失败。

唯一顺利挺进的是海陵王亲自率领的中路军，负责抵挡这一路金军的宋朝老将刘锜虽然骁勇善战，但当时年老病重，已不复当年之力。受命之后，急忙带病从镇江北渡长江，进驻扬州，派兵北上进驻宝应、淮阴等地布置防务。10月初，刘锜赶到淮阴，金军也抵达淮河北岸了。但因宋将王权畏缩不前，致使金军从容渡过淮河，南下长江。在淮东的刘锜处于被动状态，不得不退守镇江，构建长江防线，企图以长江天堑抵挡金军主力。

面对主动后撤的宋军，金军自然一路顺利地抵达长江北岸。在进军沿途，海陵王严令士兵不得扰民，而且到处宣传"大金皇帝仁德，不用害怕，百姓可以各安其业"。而且海陵王也亲自到被攻占的宋朝城中安抚百姓，并对人说："现在不会让我的士兵损坏你们的财产，若我的士兵杀一个南民，那我就杀掉那个士兵。"还有记载，在水口镇一个金朝士兵放火焚毁了一间民房，马上被处斩。很多惧怕金军的老百姓躲在山中，听说金军军纪严明，并不扰民，也都重新回到家里，当时宋朝文人用略带嫉妒的语气记载这些人"与贼买卖，如同一家"。海陵王甚是得意，似乎他那一统天下的抱负马上就要实现了。

在海陵王率军风光地进取长江之际，金帝国内部的种种隐忧却始终挥之不去。1160 年，金朝在西北契丹人中间大规模征丁备战，但契丹人害怕青壮年男子被征之后，容易遭到蒙古人的袭击，因而请海陵王不要征发此地的契丹人，但金朝不管具体情况如何，强行征兵，引起契丹人为主的游牧民的大规模叛乱。而在东北咸平府（今辽宁开原北老城镇），谋克括里也起兵攻占韩州、柳河等地，兵锋直指东京。虽然海陵王得知北方大乱，但是他还是决心攻宋，另调集大军去镇压契丹人的叛乱。

而最让海陵王头痛的是，就在他一路高奏凯歌之时，留守东京的完颜雍于 1161 年发动了东京政变，改元大定，宣布海陵王的数十条大罪，并将其贬为庶人，后又率众进入中都以掌控大局。

后方被反对派占据的消息马上传到了前线，海陵王此时已经坐立不安了，为了稳住军心，他故作镇静。李通则给海陵王出主意说："家住辽阳附近的燕北诸军可能有异心，先派他们渡江，之后焚烧战船使他们没有后路，只能向前冲杀。然后您再挥师北上，平定叛乱。这样南北皆可平定了。"海陵王急匆匆地采纳了这个建议。

金军最后决定在采石渡口过长江，此战无论对于海陵王还是宋高宗，都是决定命运的关键一战，而往往这样的战场最容易成就逆转乾坤的名将。可惜的是，采石场之战的名将没有出现在金军阵营中，而是在宋军阵营中，此人在战争之前还是一个默默无闻的文职官员，凭借这场采石之战声名鹊起，他的名字叫虞允文。

就当金军兵至采石渡口之际，宋朝朝野上下一片哗然，军队士气低落，宋朝廷不得不罢免不抵抗将军王权的建康府都统制一职，由李显忠接任。虞允文本是被派往芜湖犒赏军士，并监督王权向李显忠交出军权的。谁知虞允文到了采石，才发现王权早已跑到临安，竟无人镇守此地，到处都是江北溃败下来的散兵。此时金军大军临江，情势危急。虞允文决定以文吏之职将溃兵集结起来，凑了1.8万人，在宋朝大军到来之前，他率领这支残兵抵挡金朝大军。当地士兵见到有了主心骨，也纷纷表示"既有主帅，请死战！"虞允文利用采石附近的地形将士兵、老百姓布置在各处，以期节节抵抗金军的进攻。金战船质量虽不如宋军，但数量庞大，宋水军以极大的代价勉强稳住阵脚。同时，涂县的民兵又用战船冲击金战船，金军抵挡不住而被迫撤退。第二天，虞允文又派盛新率领水军攻击长江北岸金军的渡口，利用霹雳炮等火器轰击，将金军的战船悉数焚毁。此战以水战为主，宋军虽然不算大胜，但在战略上可算是决定性一战，虞允文也就此一战成名。

海陵王见渡江不成，便率军奔往扬州，准备从瓜洲（今江苏扬州南运河入长江口处）渡江。此时的金军士气低落，已不比起兵的时候，许多士兵纷纷想停战回家，完颜雍在后方政变的消息也在军中传开，偷偷溜走的士兵不在少数，甚至有将领带部队成建制的抗命北上投靠完颜雍。最令海陵王恼火的是，各地州县官归附完颜雍的消息也不断传来，黄河以北已经完全脱离海陵王的控制。这下海陵王前有宋军，后有政敌，他由原来要一统江南，现在变成了要灭亡宋朝，占据半壁国土再图打算。

宋朝得到金军要从瓜洲渡江的消息，派虞允文率军增援，与原镇江驻军杨存中、邵宏渊诸部共 20 万大军在瓜洲渡附近构筑防线。在江北瓜洲的金兵看到宋军的楼船，知道渡江无望，有一将领当场跪下劝说："南军有备，不能轻视，愿陛下在扬州驻军，再图进取。"海陵王大怒，喝道："你想蛊惑我军心！"随即将此人鞭笞 50 下。之后，海陵王命令心腹率神果军扼守淮河各个渡口，凡北上逃跑的金军一律处死。同时下令，若军士逃跑则杀军官，军官逃跑则杀将领。海陵王自以为稳定后，命令各处屯驻瓜洲的金军三天之内必须全部渡江南攻，违者斩首。

此时军中的各级官兵都十分恐惧，也不知道哪天就被砍头，只想赶快活着回家。尤其是浙西都统制耶律元宜，他的军队已逃亡过半，海陵王还警告他第二天亲自点兵，如果少一个人必定杀无赦。

有人向耶律元宜提出："前有大江，后有淮河渡口的监视，根本跑不了。听说辽阳新皇帝即位，不如共举大事，然后北返投奔新皇帝。"这就是暗示要发动兵变杀掉海陵王。此建议得到众人的同意，于是耶律元宜决定次日黎明护卫军换防时动手。

可是海陵王身边有 5000 "硬军"，所谓硬军，就是由海陵王挑选出来的最精干的士兵组成的侍卫亲军，战斗力较其他部队更为强悍。这无疑成为兵变部队头疼的问题。有人出了一个调虎离山之计，跟硬军士兵说扬州东面不远的泰州城里有很多宋人留下的财物，现在正无战事，如去抢掠会大有收获。硬军将领一听十分高兴，经海陵王同意后，连夜离开扬州东去，海陵王失去了最可靠的保障。

1161 年 12 月，就在硬军离开的次日凌晨，耶律元宜、耶律王祥、唐括乌野、徒单守素等人乘海陵王贴身侍卫换岗之际，率军冲进海陵王的大营。此时海陵王尚未起床，听到声音之后，以为是宋军打来了，急忙穿衣披甲，这时一支箭飞入帐中，海陵王一看不禁一怔，脱口道："这是我的军队！"近侍大庆国劝他赶紧逃走，自知深陷叛军无处可逃的海陵王惨笑一声，仗剑欲出帐战斗，却被迎面而来的乱箭射穿，倒在地上，之后被叛变士兵活活勒死。叱咤风云而又为后人褒贬不一的海陵王享年仅有 40 岁。

耶律元宜自任左领军副大都督，派人到南京将海陵王的皇后徒单氏和太子光英杀死，引军退兵三十里，并派人与宋朝约和。这场为满足一个皇帝野心的战争就此草草收场了，而金帝国则迎来了一代盛世的曙光。

第五章
大定之治：是辉煌，还是回光

在长达 30 年的统治时间里，金世宗以骄人的政绩向世人充分显示着自己的政治才能，女真帝国也走向鼎盛。中国北方自大唐王朝瓦解以后，第一次呈现盛世景象，金世宗甚至被捧为"小尧舜"，他篡位登基的劣迹往往被忽略了。随着金世宗精心培养的太子先他而逝，皇位继承人问题成为大金帝国挥之不去的阴霾。金世宗的改革是兴利除弊，还是饮鸩止渴，成为一道难解的百年谜题。

接收旧臣：险中求胜的完颜雍

在海陵王南征之际发动政变的，就是被后人称为"小尧舜"的金朝第五位皇帝完颜雍，庙号金世宗。金世宗女真名乌禄，父亲是当年接任宗望担任东路军统帅的宗辅，祖父则是金朝的开国皇帝阿骨打。世宗母亲是渤海大族家的闺秀，姓李，自幼受到良好的家庭教育，对女真许多旧俗十分不满。宗辅死后，为了躲避按照女真人的收继婚旧俗改嫁给丈夫的兄弟，她回到老家辽阳，出家做了尼姑。

完颜雍 12 岁时，父亲去世，文化素养很高的母亲承担起了教育他的重担，少年完颜雍受到了很好的儒学教育，这为完颜雍称帝以后能够从容应对政务打下了良好的基础。1138 年，完颜雍 16 岁时，依照宗室惯例参军作战，在宗弼帐下任职，两年以后跟随宗弼参加了夺回河南、陕西的对宋战争，亲历了金军的顺昌大败。金宋签订绍兴和议之后，完颜雍回到首都任职，随后被授予光禄大夫、封为葛王，历任兵部尚书、会宁牧、中京留守等职。

在熙宗、海陵王统治时期，政治环境恶劣，为了保住自己的身家性命，完颜雍历练出老练的权变之术。金熙宗晚年常常无故诛杀大臣，完颜雍每天都是提心吊胆的，不知道哪天就会掉脑袋。完颜雍的家里有父亲当年攻宋的时候缴获的宋朝皇帝的玉带，完颜雍当作传家之宝来珍藏，而在当时的危机情况下，完颜雍的妻子乌林答氏劝完颜雍说："这东西不应该出现在大臣家里，还是献给皇帝，保证咱们的安全吧。"完颜雍十分舍不得交出去，但是思前想后，还是把玉带献给了熙宗，熙宗果然大加赞赏，对这个堂兄弟的印象非常好。熙宗末年，完颜雍还不时地讨好掌权的悼平皇后，虽然没有进入宰相行列，但在当时官员频繁更换的时期，他稳稳地坐住了兵部尚书的职位。

海陵王政变的参与者完颜秉德与完颜雍关系较好，海陵王称帝之后，乌带诬陷秉德的时候，曾说完颜秉德打算立完颜雍为皇帝。完颜亮自此对这个堂弟心存疑忌，想找机会干掉完颜雍。但是完颜雍处事谨小慎微，完颜亮抓不住他的把柄。尽管如此，他还是被下放，由京官会宁牧一直贬到济南尹。

　　乌林答氏多次劝完颜雍向海陵王进献礼物以表忠心，力图打消海陵王的疑虑。完颜雍就把辽的骨睹犀佩刀、吐鹘的良玉茶器等宝物全都献给海陵王。可是疑心很重的海陵王不会就此对堂弟放下心来，他想出了一个狠毒的办法，平时听说完颜雍的妻子乌林答氏长得美貌动人，好色的海陵王怎能放过这样的美人，他要求完颜雍把妻子乌林答氏献给他。这一来可以满足欲望，二来可以留作人质，考验完颜雍的忠诚度。

　　完颜雍的妻子乌林答氏是一个女中豪杰，她本想誓死不从，但是考虑到如果死在济南，正好中了海陵王的计，给丈夫加上抗旨不遵的罪名处决，如果是在中都附近自杀，既可以保存自己的名节，也可以保全丈夫。临走前，她嘱咐仆人要照顾好完颜雍，并且告诉仆人，现在宗室获罪往往都是仆人出卖，如果你们要诬陷主人，我变成厉鬼也不会放过你们。交代好之后，便随海陵王派的人奔往中都了。到离中都还有七十里的良乡驿站的时候，乌林答氏趁人不注意自杀了。完颜雍与海陵王多了一层夺妻之恨，只是位居人下，不得不低调处事。为了表示对妻子的怀念，完颜雍即位成为皇帝之后，一直也没有立过皇后。

　　为了防止完颜雍结成党羽势力，海陵王频繁地调动他，贞元年间完颜雍被调到西京当留守，三年后又被派到东京做留守，到1161年完颜雍干脆以"居母丧"为由躲到辽阳不问朝政了。他暗中利用自己母家渤海大族李氏的人脉，在辽东曷苏馆一带发展自己的势力，等待时机。机会终于来了，海陵王为了与宋朝开战，在全国做军事动员，使得全国人心惶惶，北方契丹人叛乱如火如荼地开展起来，咸州一带也有叛乱发生。

海陵王为了应付北方的烂摊子，不得不让完颜雍重新担任东京留守，但对完颜雍十分警觉，派高存福为副留守监视完颜雍的一举一动。此时的完颜雍在东京有田万顷，家人奴仆几千人，足以坐拥一方了。他虽然身在东京，但时刻紧盯事态的发展。咸平的括里叛乱声势浩大，要围攻东京城，完颜雍将婆速路（今辽宁丹东附近）赶来的完颜谋衍部与东京守军集结在一起，镇压了这次叛乱。完颜雍利用这次东京附近的叛乱，合法集结人马，扩充军备，为日后政变做好了准备，跟随完颜雍镇压叛乱的人，后来成为完颜雍起事的核心力量。

完颜雍的舅父李石因病告老还乡，到东京找完颜雍，正好赶上镇压叛乱，成为完颜雍的重要帮手。

完颜雍稍有风吹草动，高存福等人就向海陵王报告，这时，因为完颜雍打造了几十副盔甲，他们就报告完颜雍有谋反的企图，密谋除掉完颜雍。结果消息败露，完颜雍很快就掌握了高存福等人的动向，与李石等人商量，决定先下手为强。1161年9月，在李石的策划下，以讨论备"贼"为名，召集官署到清安寺开会，当场捉拿辽东推官李彦隆、副留守高存福等人，随后彻底肃清了海陵王在东京的耳目。

南下征宋的金军早就对海陵王的血腥政策强烈不满，纷纷溜走投奔完颜雍。沿途喊："我们要上东京，立新天子啦！"10月，又有南征军完颜福寿所部、完颜谋衍所部近3万多人投靠完颜雍。完颜雍就在辽宁的渤海、女真人的"劝进"之下，在东京登基，年号大定，谥号金世宗。海陵王得到这一消息后，一拍大腿，感慨道："我原想灭宋之后，就要改元大定，天意啊！"

金世宗一即位，就发布了海陵王的17条罪状，主要是戕害宗室，劳民伤财，兴无名之师等内容。金世宗谴责海陵王天怒人怨，众叛亲离，说自己为众望所归，将带领人们脱离海陵王的暴政，为自己成为名正言顺的皇帝提供了合法的说辞，在舆论上夺得头筹。

金世宗在称帝之后，除了积极接纳主动归附的官员、军队，还四下派员到各地招抚为海陵王效力的女真贵族官员，让他们转而投向新政府。如命令完颜阿鲁瓦带着他的亲笔诏令，前往河北劝说阿鲁瓦的叔辈、海陵王的重臣、中都留守兼西北面都统完颜毅英投奔自己，毅英最终率3万人向世宗效忠。随后让他派人招抚陕西统军徒单合喜，又通过徒单合喜招降了河东（今山西）、河北、山东诸路州镇。又以新归附的各女真军作为与海陵王对抗的筹码，布置在各个战略要地。

同时，又派人到各地去帖发告示，宣传新政府的政策。这种做法很快取得了成效，1161年年底，阿琐、完颜璋杀同知中都留守事沙离只，掌控中都政权，派人向金世宗上表称臣。借此机会，金世宗决定离开偏处一隅的东京城，前往中都，利用中都城位居中心，便于掌控局势的优越状况进一步巩固政权。就在完颜雍向中都迁移之际，耶律元宜杀掉海陵王，率军归顺金世宗，金帝国已在金世宗的掌握之中了。

但这并不意味着危机的结束，北部的契丹人叛乱愈演愈烈，已经有威胁东京的态势，而且南部的宋朝在听说金朝的变故之后，也派军向北进攻，力图收回原来的国土。金朝内部则由于刚刚经历了政治地震，人心不稳，民不聊生，需要休养生息。可以说，刚刚接班的金世宗继承的是一个烂摊子。如何妥善地处理这些事情，成为摆在金世宗面前的难题。要收拾烂摊子，必须有可靠的人才保障，金世宗初掌政权，以宽宏开放的心态对待政府成员，留用了很多海陵王时代的官员。其中最有代表性的就是尚书令张浩。此人办事练达，深得海陵王的喜爱，世宗上台之后仍然用他，任命他为太师、尚书令，主持政务。而且世宗还任用了很多反对他但有才能的大臣，如白彦敬、纥石烈志宁等，后来都成为金世宗在位时期的名臣。这样就安定了大多数官员的心态。

世宗先后任命原临潢府尹晏为左丞相，兼最高军事统帅都元帅。原翰林学士丞旨翟永固为尚书左丞，济南尹仆散忠义为尚书右丞，利涉军节度使独吉义、户部尚书李石为参知政事，完颜元宜为平章政事，中京留守、西北面行营都统完颜毂英为左副元帅，完颜谋衍为右副元帅，高忠建为元帅左监军，完颜福寿为元帅右监军。新登基不久，世宗就已经得心应手地将国内政局摆平了，接下来又不得不面对海陵王时期因对外作战而留下的边患了。

为海陵王收拾烂摊子

中央政府军政两套官员已都齐备，有了相对稳定的官僚队伍之后，对金朝最大的威胁就是北部的契丹人叛乱及宋朝咄咄逼人的北伐攻势了。

1160 年，北部契丹反对海陵王的征兵政策，在译史撒八和孛特补的领导下，杀死金朝官员起事。后来得到位于金朝腹地的契丹人及东北契丹人的响应，迅速扩大到金朝北方地区，金朝派遣的仆散忽土等部队皆遭遇败绩，无功而返，统帅仆散忽土为此获罪被杀。

东北的咸平府谋克括里的叛乱也因此事而起，括里等人从山后逃归，但咸平府官员要捉拿他问罪，迫不得已的括里联合富家奴隶 2000 多人起事，后来慑于金世宗军队的威力，率众投奔撒八了。契丹首领撒八后来被窝斡所取代，在临潢府东南一带继续与金军周旋。金世宗在东京称帝后，为了稳住窝斡等人，派契丹人移剌扎八前往招降，结果移剌扎八看到自己同胞的军事强盛，以为契丹国家恢复有望，直接入伙了。

很快窝斡军围攻临潢府，世宗急忙派军营救，没想到窝斡军打的是运动战，一看金军主力打过来，立即向泰州移动，在路上漂亮地击败了追上来的金军。但是窝斡军的好景不长，金世宗又调集以完颜谋衍为首的大军在泰州、济州一带围攻窝斡军，经过长泺之战，窝斡军被迫西逃。完颜谋衍所部又穷追猛打，重创窝斡军，战略形势发生了质的逆转，金军掌握了主动权。1162 年，金世宗又派名将仆散忠义大举进攻，袅岭西陷泉决战彻底击溃了窝斡军，窝斡被迫投奔西夏。但是金军穷追不舍，9 月份窝斡被捕。

历时两年的契丹人叛乱，金朝镇压得十分吃力，余波持续了很长时间。金朝镇压契丹、奚人的手段极其残酷，往往男子全部杀光，妇女与儿童分给军士做奴隶。契丹人的叛乱具有反抗金朝暴政的性质，给金统治者相当大的震撼，此后的对宋战争中，金世宗再也没敢签发此地的契丹人从军南征，对契丹人的防范和管理成了世宗一朝头痛的问题。

金世宗在北部大力平定契丹叛乱的时候，江南的宋朝看准机会，也要"趁火打劫"。金军撤退的时候，宋军尾随北上，趁机收复了海、泗、唐、邓、陈、蔡、许、汝、嵩、寿等州郡。金世宗为了减轻国家压力，欲缓和对宋关系，命令金军沿途避免与宋军冲突。同年，金世宗派元帅左监军高忠建、礼部侍郎张景仁等出使宋朝，告知金世宗登基，并提出议和的要求。

自从皇统议和以来，宋朝皇帝一直以臣礼侍奉金朝皇帝，在国书中称臣，接受金国书时要亲自起立，对此宋朝君臣感到非常屈辱，这时候主动权掌握在宋朝手中，宋朝自然想利用这次机会改变原来的屈辱地位。所以宋高宗向金朝使节提出重划疆土、改变不平等的交聘礼仪、减少岁币等作为议和的条件。而金朝希望恢复双方在皇统和议中规定的状态，所以高忠建要求宋朝归还所占领的土地，当宋朝人坚持要金朝实行平等的外交礼仪时，高忠建虽然十分不满，但也没有办法。

1162年4月，宋朝派洪迈使金，以祝贺金世宗登位为借口到金朝商量和谈之事，洪迈等坚持使用对等交往之礼，惹得金朝人很生气，把宋朝的文书全都退了回去，执意要求其按臣礼上表。起初洪迈坚决不同意，但是金朝把他锁在使馆之中断绝饮食，还扬言要扣留洪迈作人质，在诸如此类的威逼利诱之下，洪迈被迫按照金朝的要求重新写出表章交上去，才得以回到宋朝。初步接触双方就闹得不欢而散，但也没有发生太大的冲突。

仅仅两个月以后，宋孝宗即位，这个皇帝不像他的前任宋高宗那样倾向于对金妥协，一上台他就对金采取了强硬态度，一面任用主战派大臣张浚等人积极备战，一面为岳飞平反，打击主和派势力。

金朝见宋朝不肯恢复皇统议和时期的状况，就派完颜思敬经略南边，将宋朝攻占的土地基本上都夺回来，但是仅限于恢复皇统议和时期的边界。金朝派使节到宋朝谈判，要宋朝承认皇统议和时期的边界。宋孝宗在主战派张浚等人的支持之下，决定以武力解决问题。1163年，宋孝宗任命张浚为都督江淮东西路兵马、开府建康，率领军队北上收复失地。而金朝已经平定了北方的契丹人叛乱，所以现在也可以腾出手来经略南边了。于是3月份向宋朝下了最后通牒，如果宋朝不同意恢复原来的金宋边界，就要武力解决问题。宋朝早就做好了战争准备，所以毫不理会。金朝见此状，便陈兵宿州和虹县等地，摆出大兵压境的姿态。这时候发生了让金朝出乎意料的事情，宋朝先发制人，突袭这些地区，一举占领了大片土地。金军统帅纥石烈志宁听闻大惊，急忙率1万多人赶赴前线，结果金军大获全胜，将宋军赶了回去。

金朝乘胜要求重新谈判，宋孝宗在震怒与无奈之中被迫同意与金议和，最后双方妥协，将原来金宋的君臣关系改为叔侄之国，宋孝宗称金世宗为"叔"，金将宋朝的岁贡数额较皇统议和时减少了10万，同时宋朝归还金朝海、泗、唐、邓四州，再割让商、秦两地给金朝。金朝则退还占领的土地，双方又恢复到皇统议和时所确立的边界。双方交换俘虏，但不遣返自愿叛逃之人。这次金宋间的议和，史称"隆兴和议"。此后世宗时代，双方再也没有过战事。金朝以对宋朝的让步作为筹码，对宋朝进行了心理安抚，但是对于土地则没有一分让步，基本达到了自己的战略目的，从容地在对宋战争中脱身。宋朝问题解决了，可是西北的边防问题仍然困扰着金世宗。

就在海陵王时代，北方契丹人叛乱之时，与金朝接境的草原上的鞑靼人也开始活跃起来，频繁扰掠金朝的西北边境，成为困扰金朝的一个难题。这里的"鞑靼"是对金朝西北边界沿线的蒙古诸部落的泛称，其中主要有阻䪁、广吉剌、山只昆等部。这些游牧人群利用骑兵战术，忽聚忽散，使得金朝军队常常拿他们没办法。熙宗时代，宗弼曾经率领从中原招募的弓弩手对付这些骑兵，不过当时被认为对付骑兵最有效的神臂弓手也无功而返。世宗在与宋朝议和之后，集中精力对付这些游走不定的游牧民族。不过，这些各自散居的游牧人群比世宗想象的还要难以对付，直到他去世都没有彻底摆平他们。

世宗时代，一开始对鞑靼人主要采取"减丁"政策，就是每隔若干年，派精兵到鞑靼腹地剿杀青壮年，减少其兵源。撤退的时候，再把小男孩抓回来卖给女真人做奴隶。后来有记载说宗叙北伐，纥石烈志宁代宗叙北伐，都有减丁的任务。残酷的减丁政策加深了鞑靼人对金朝的仇恨，为日后鞑靼的一支——蒙古灭亡金朝埋下了伏笔。

世宗后期，采用了修筑长城防御游牧民族的办法，在西北边境修筑起防御工事。金帝国这样耗费精力修筑的防御体系被历史学家称为"金长城"或"金边壕"，把它形容为 13 世纪的马其诺防线也不为过。这一防线是由壕沟、城墙与边堡组成的纵深防御体系。其结构是在外围挖一条 5—6 米宽的壕沟，壕沟之后则筑成一道 2.5—6 米宽的夯土墙。在墙外侧一般筑有烽火台和马面。所谓马面就是凸出于墙体外侧的一段防御工事，也被称为敌台、墩台、墙台，因外观狭长如马面而得名。马面的使用是为了与城墙互为犄角，消除城防中的死角，自上而下从三面攻击敌人。

关键的地方是，在外墙之内再挖 10—60 米宽的壕沟做内壕，内壕之内再筑宽 5—15 米的夯土墙。而且每隔 5—10 千米，都会设置边堡，即屯驻军队的要塞，这些要塞附近设有村寨，其间士兵轮番成守，并且在当地战守与务农相结合，形成长期的防御体系。这条防御工事耗费了金朝巨大的人力、物力，但最终世宗时代最后并没有形成完整的体系，而且由于当地风沙巨大，很多工事在章宗时代已经荒废，所以章宗时又一次大费周章地修筑工事，直至形成体系。金界壕的修筑虽然不能平息鞑靼人的活动，但也使得金朝国境能够暂时获得安宁，为恢复国内社会经济争得了时间。

汉化治国：大定治世的兴奋剂

世宗在收拾海陵王末期混乱的边境局势的同时，也逐步进行内政的改革和建设，而且取得了卓越的成就。在有关金世宗的历史记载中，最多的恐怕就是他的语录，所谓语录就是指他和大臣们的对话，以及他的施政意见，等等。透过这些文本，我们能够发现其核心问题仍然是国家政治经济的制度改革。很多学者都称金世宗时代是治世，这种解释也凸显了世宗时代的特征，与金初的战争与派系斗争的时代主题不同，金世宗面临的是让金帝国怎样富有活力地继续发展。其间可能没有精彩的战争史能够令人振奋，恐怕也没有复杂的权术斗争令人慨叹，但存留下来的世宗一系列精彩的话语可能会给我们某种思考。

金世宗是作为海陵王的反面而产生号召力的，所以他的很多政策都是与海陵王大相径庭的。海陵王对威胁皇权的宗室势力采取消灭的政策，而世宗则以对宗室优待礼遇著称。海陵王对大臣不信任，导致当时告密成风；而世宗则对大臣宽厚信任，从不信别人的诬告之词，而且对于曾经反对他的海陵旧臣采取宽容的政策，量才录用。海陵王时代的政策是严刑酷法，而金世宗时代则实行宽松的仁政。宋代思想家朱熹曾经评价金世宗在位期间"能遵行尧舜之道"，金世宗被中原人士称为"小尧舜"。

金世宗治国理念的核心内容就是"天德"，主张行事要修德以应天。他曾对宰臣这样说："天下大器归于有德，海陵失道，朕乃得之。但务修德，余何足虑。"海陵王覆灭不是因为别的原因，正是因为他失掉了德行，所以上天抛弃了他，而世宗得到天下，只要小心修德，自然就不会怕失去江山。治国也就是小心地修德，为此金世宗在治国策略上很多时候都是采取宽严相济的办法，即"德行并用""赏罚不滥"。这些治国理念仅靠皇帝一人遵守是远远不够的，为了践行其理念，金世宗引用古人的例子反复跟身边的大臣们强调这一点。如说到治国宽严相济的道理之时，他就对人举梁武帝太宽厚以至于纲纪大坏、失掉国家的故事。

金世宗认为要想"有德"，作为君王就应该积极纳谏，反对专任独见。他经常以海陵王为借鉴，说正因为海陵王专任而不肯听取别人的意见，而招之身死人手，一朝覆灭。所以他经常告诉大臣们："朕非常仰慕古代的圣贤帝王能够虚心纳谏，你们有意见就提，不要缄默不说话。"在大定时代，官场之内，互相攻讦之事基本消失而直言上谏之人的确多了不少。

世宗也注重听取朝臣之外的意见，一次用带有责备的口气对大臣们说："听说朝外之人抱怨奏事甚难，朕对其中有可行性的意见也不是不听，从今往后，你们奏报这些意见时不许有隐晦，朕是喜欢听的。"过了几天又强调："臣民上书，大多由尚书省处理而不上报，天下人岂不是以为我光听不做吗，这些上书要逐条报告给我。"有此理念，才有身为地方官的曹望之上书申述国政之事，整个帝国官僚集团形成了积极的参政之风。

为了成为有德之君，金世宗平时做事也十分低调节俭，远没有海陵王时代的好大喜功。1168年，金世宗对秘书监移剌子敬等说："朕害怕宫室费用使用过度，修建宫室，往往以削减宫人的费用为代价，最好不要再建了。"金世宗在宫廷建造上节俭，在生活细节上更是如此。据说金世宗的衣服有的穿了三年，褪了色也没有更换。侍臣们提醒他时，他却说："衣服虽然旧，但仍可以穿，何必更换。"平时吃饭时，仅有够一人食用之餐，一次正在进食时，有位公主过来看他，他竟没有多余的饭菜招待女儿。

金世宗也反对因自己的事情而扰民。一次，世宗经过集市，发现冷冷清清，就问管事的官员为什么如此冷落，没人做买卖，官员说因为皇妃刚去世，是在国丧期间。世宗听罢则说："因为元妃新丧，就不让人来做买卖，这怎么可以呢！"

金世宗晚年出行上京时，发现所过州郡大多征发人力大修驰道桥梁，对此非常反感。唯有一个叫刘焕的地方官仅派人平整了一下土地，金世宗非常喜欢，马上提拔了他。

金世宗时代，完全继承了海陵王时代确立的官僚制度，虽在此后有所损益，但变化不大。只是制定了一系列官僚的授职和管理规定，官僚制度较海陵王时代更为完备了。同时，以尚书令、左右丞相和平章政事为宰相，以左右丞、参知政事为执政官，作为中央决策层的宰执数量增多，更便于讨论问题了。

与海陵王注重官僚的公务能力相比，金世宗更重视官员的操行与道德水平，要求官员德才兼备，只具备吏员的文墨苛责的功夫是不称职的，他曾经说过："儒者操行清洁，非礼不行。以吏出身者，为政不务远图，只是以苛刻为能。"主张官员要有思想、有远见，有德之人要高于干练之人。他说："人之有干能，固不易得，然不若德行之士最优也。"而培养此种能力的办法就是按照儒家学说提高官员的素质。世宗时代曾经发生过鹰房出身的地方官员移剌延寿贪赃枉法的案件，世宗就以此案告诫诸朝臣要把"德"放在首位，像这种没有德行的人是不能担任地方子民的父母官的。他下诏对现任的所有地方官进行道德核查，如果发现素质低劣、毫无德行的人，即使廉洁奉公，也必须调离地方官之任。

以此为标准，金世宗非常注重对官员的选拔。他多次下诏要求各级官员举荐人才，而且对人才的需求也显得非常急切，有时指责宰相："你们不举荐人才，是因为你们怕被举荐的人胜过自己，抢走自己的爵禄。"

金世宗用人的特点是不拘资格，量才录用，如有才能，即使是刚刚当选的进士也会得到迅速提升。而且在郡守的考核中，即使资考没过，只要有才能，就会录用。正如他自己所说："所谓资考不过是用来检验平庸之人的，如果德才兼备，超乎常人，怎么可以拘于常例呢？"由此他不分贵族与平民、女真与非女真族，只要符合他的用人原则即提拔录用，活跃在世宗一朝的官员有汉人、契丹人、渤海人等非女真民族，海陵一朝的能人大多也被世宗留用。在世宗时代可以说是金朝能臣集中的时代。

不过，世宗也回避不了君臣权力矛盾的法则，作为一个经验丰富的政治家，他十分成功地解决了这个问题。对于朝臣的驾驭主要是对中枢机构的驾驭，当时中枢机构主要由追随世宗从东京起家的亲信及海陵王时代留用的精明强干的大臣掌握。第三部分则是海陵王时代被打击的贵族后代。世宗为了防范这些人结党营私，互相倾轧，往往不会让尚书令这一最高职位被一个人长期掌握，在世宗时代，这一职位甚至是长期空缺的。

有学者统计过，整个世宗时代，担任尚书令的只有张浩、李石、完颜守道，以及徒单克宁四人。其中张浩、李石因年老体衰基本没有参与政事，只是挂个头衔而已，而完颜守道仅在任三个月就因家属腐败被拉下马，徒单克宁则是因顾命之臣而临危授命的。世宗在位29年，期间有20年尚书令这个政府最高职位是空置的。皇帝把政府的日常大权包揽在手，下面的尚书左右丞相、左右丞等宰执官分掌其事，相互掣肘，很难形成与皇权对抗的势力。

金世宗对于官僚的管理较前面几位皇帝只有更严格而没有放松，他派人制定了法律化的官员任免规定，即所谓"迁授格"，而且对于官员的礼仪也有专门的机构来负责制定，即"详定所"。而且还制定了严格的官员考核制度，他说："随朝之官经常说自己经过一次考核就能胜任，这只不过是碌碌之人，自今以后，官员若公正勤廉则升用，若混日子，不必等到任满就让他回家。"

为了更好地对官僚进行管理，他将御史台的功能进一步加强。他曾对御史大夫说："御史台本来是区分正邪的，然而，我只看见你们弹劾百官的恶迹，从未荐举过任何人，难道满朝上下就没有一个贤才吗？"要求御史台在加强监察百官的同时，也要负责推荐人才。而且御史台官员的来源也与其他官僚不同，几乎全部来自通过科举上来的进士，他们个人素质高，业务能力强，符合世宗对官员的基本要求。金世宗利用这些人监督其他各级官员，在人事上能够保证官员的质量。这就使得各级官员的行政既有制度约束，也有灵活的升降制度，帝国的官僚群体比以往几代皇帝更为职业化、有效率了。

经过金世宗的继续改革，使始于金熙宗而确立于海陵王时代的帝国官僚体制臻于完善，国家的各项事业也稳步发展起来。

金朝基本上是一个农业帝国，农业是国家经济社会发展的基础，金世宗对农业发展非常重视。金世宗在战乱平息之后，将调发攻宋的军队全部复员归家务农，同时还命令官员招抚因战乱或逃避课役之人回家种田，并免除他们的罪名。由于世宗初期的战乱与后来频繁的灾害，使得脱离土地的流民、饥民增多，金朝政府经常要动用国家力量对其进行救济，使之安居乐业。1163 年，金世宗曾对宰臣提到，滦州的饥民四处流散，应当抚恤。把这些人移民到山西，命富人救济，并在沿途设点提供食物。1164 年，北京、临潢等路发生旱灾、蝗灾，朝廷立即出官粮赈济灾民，并为因灾害卖身为奴者赎身。诸如此类措施使得农业生产的首要条件——人，得以稳定。

解决人的问题的同时，土地问题也需要解决。金朝的土地主要有官田、贵族占田与民田三种，官田的来源主要是原来辽、宋时代的闲荒地，以及将民田括籍收官。贵族占田则是女真、契丹等贵族被迁到中原后，除了按人口从政府那里分得土地外，又采取各种手段兼并的官田、民田。这些土地有的充作牧场、猎场，也有的租给佃户耕种。土地兼并容易造成社会动荡，失去土地的农民往往成为社会不安定因素。金世宗在位时，对土地兼并与强占农田的行为进行限制。1187 年，由官方出面把官豪之家的非法土地，分给贫苦无地之人耕种。

金世宗本人非常注意耕地的保护，他经常视察京城附近的农业生产，有一次看见农田治理不善，就把当地的官员狠狠地训斥了一顿。他带人出去巡游时，对 2000 名扈从军严加约束，警告扈从人员，如有纵马践踏庄稼者要受杖责之罚，并且要按价赔偿损失。在鼓励农民务农的同时，还给他们减轻赋税，尽量降低农民的负担，使之能够安居乐业。基层民户稳定，国家才有安定可言，金世宗深谙此理。

农业发展毕竟与生产环境密切相关，当时金朝继承辽宋天下，其自然环境当然受前代人活动的影响。据学者研究，当时中国北方的水土环境已经破坏严重，对森林的过度砍伐，导致进入自晚唐以来的黄河的第二次泛滥期，黄河下游的频繁改道，泥沙的不断淤积，使下游很多地方的农业生产无法正常进行。到金代，流经帝国经济最发达地区的黄河经常改道，淹没周围的土地与人口，成为国家发展的不安定因素。1166 年和 1168 年，黄河又发生了两次大规模泛滥改道。为解决这一问题，金朝政府在黄河各段设立了 25 个埽，负责黄河的治理与防洪，其中 6 个在河南、19 个在河北，每埽设散巡河官一员。沿河上下又分为数段，每段都设巡河官一员，总领埽兵 1.2 万人。经过金朝政府的努力，黄河水患在金中后期得到了一定的控制。

在治理黄河的过程中，金朝政府注意到，治理河务往往对老百姓来说是一项沉重的负担，金世宗提醒官员："百姓凡有差先征调，官吏往往从中为奸，若不早做打算，而临机征发，则百姓就要增加十倍的负担，但所征之物反而腐朽不可用，损失是很大的。"要求在治河过程中尽量减少百姓的负担，提高官吏的效率。这一时期，金朝治理黄河的主要手段是加高加固两岸的堤防，使之稳定，但由于当时的技术水平有限，没能有效地阻止黄河的肆虐，一直到世宗的儿子章宗时代，金朝仍不得不每年付出巨大代价来承受黄河的压力。

金朝的水利工程重点在黄河，但是其他地区的农业水利也取得了很大成果，地方官员多建造灌溉工程，将河水引入农田进行灌溉，这成为考核地方官员的标准之一。

经过坚持不懈的努力，世宗末年农业已经有了相当大的盈余，世宗常自豪地对大臣说："前一年的收成能够使用三年，听说今年山西丰收，收上来的粮食能再用三年了！"章宗从世宗手中接过国家时，仓库中积蓄的粟有3786.3万石，米810万石，显然，金世宗在经济方面是成功的。

世宗重视农业发展的根本目的无非是增加收入，使得国家财政能够健康良性地发展。其实世宗时代的经济状况并不是人们所想象的那样繁荣，因为世宗在接手这个国家时，金朝的财政已经因常年的用兵而崩溃了。1163年时，国库仅有钱200万贯，连政府官员也只能领取半薪。世宗初年，仅对宋战争每年就要支出1000万贯之多，帝国政府不得不卖官鬻爵以图缓和财政危机。

世宗即位伊始，便开始检讨海陵王时期的经济政策，认为海陵王失道的主要原因是连年进行大规模土木工程和战争不断，使国库耗竭。为此，世宗制定了严格的财务登记制度，以便根据每年的收支状况调整经济政策，国家经济总的原则是国用不竭，同时还要减轻百姓负担。

首先需要解决的就是金融市场的货币问题。金朝的经济情况与其他朝代不同，官方铜制货币推行得较晚。以往主要沿用辽宋旧钱，而金朝极度缺铜，而且南方还有一个经济发达的宋朝不断吸引金朝的货币外流。所以，1154年海陵王设立交钞库，首先发行了纸币交钞，目的就是为了解决钱荒问题。1157年金朝才开始铸造正隆元宝铜钱，不过并没有彻底解决国家货币紧张的问题，连年的战乱反而导致金融问题更加严重。

世宗时代不断抛出国库中的铜钱，购买金银后收归国库，以国有物资和金银再参与市场流通的办法，解决市场钱荒的问题。这样的处理使国家增加了财政收入，贮备了大量的粮食。

为了解决因铸币而引起的铜荒问题，世宗鼓励铜的开采，经常通过尚书省派人到各地查访铜矿，也鼓励民间报矿。民间开采铜矿者所冶炼出的铜，由官府全数收购，不得在外私自流通，同时对开发者实行低税率，甚至是免税的政策，最大限度地鼓励铜的生产。

对于铸币则是采取国家垄断的形式，绝不允许私人铸币。在这一点上，金世宗与他的臣僚们达成一致，即认为民间私铸货币是导致国家经济混乱的根源，应当严厉打击。金朝设有专门的铸币机构，从海陵王时就设有宝源监、宝丰监等铸币机构，到世宗时又增设代州的阜通监、曲阳的利通监。但金朝始终有一个挥之不去的隐忧，即货币的原料稀少，铸造成本高于货币自身的价值，所以政府不得不经常到民间搜刮铜器。金朝对铜的控制非常严，民间禁止私铸铜器，凡有铜器必须经过官府的同意方能使用。鉴于此，很多大臣反对铸造铜钱，但金世宗认为铸造铜钱虽然开始耗费巨大，但以后于公于私都会有好处，因此坚持推行。由于世宗时代的努力，货币问题被控制在国家经济发展可承受的限度之内，但并没有彻底解决，到他的继承人章宗时代就又显露出危机了。

世宗时代实行的另一项经济措施就是对资产征收赋税，这里的资产主要指每户的土地与浮财，当时称为"物力"，征收的资产税则称"物力钱"。征收物力钱的基础是对各家各户的财产状况要有明确的了解，所以随之而来的是在全国进行大规模的财产清查工作，这在历史上被称为"通检推排"。所谓通检推排，就是由官府出面统计居民的财产，并作出相应的等级评定，作为征收物力钱与征发差役的根据。这项制度创始于1164年，即世宗大定四年。大多数情况下主要针对州县民户，对猛安谋克的普查仅进行过一次。这种改革的目的是要抑制贫富变更所导致的赋役不均的状况。金朝普查物力的范围很广，包括一切动产与不动产，在经过通检核定之后，如有产权的变更，所应承担的赋役也随时进行调整，所以这也成为当时进行财产转让时必须写进协议的问题。虽然各地官吏利用通检推排谎报物力以牟取私利的事情时有发生，但通检推排的政策却使得世宗时代的赋税统一为只征田税、户税与物力钱，改变了海陵王时代杂税繁多的局面，一定程度上减轻了民间的负担，促进了社会经济的恢复与发展。

稳定住国家基本经济命脉之后，对其他行业也采取鼓励的态度。金世宗主张政府不与民争利，"金银山泽之利，当以与民"。政府允许民间自行开采金银矿，官方则从中抽取二十分之一作为税金。1172年，又宣布对民间开采金银矿免税。

金世宗也对商税体制进行了整顿。在世宗初年，金朝设立的都商税务司在各地的商税院，对过往商人及货运进行掠夺式的盘剥，基本上与强盗没有什么区别。金世宗对这种状况采取了一系列措施，即位第二年就取消了各地的关税，1180 年又制定出商税法，金银取百分之一，其他物品抽取百分之三。

帝国在金世宗时代进入恢复期，影响经济发展的战乱、政治动荡都已不复存在，久经战乱濒于凋敝的市镇经济开始复苏。在经历了一系列改革之后，帝国的商业重新繁荣起来。中都是帝国的首善之地，商业自然十分发达，金世宗时代中都税使司每年税收额可达16 万多贯钱。北宋时代传统的商业中心也都逐渐恢复了活力，在东北地区的咸平、东京两地也都是商旅密集之地。当时的文人经常有诗文赞颂商业的繁荣，称富商大贾云集，商品鳞次栉比，市镇之中人烟鼎盛。后人也有诗形容市场的繁荣，刘迎所作的《上谷》描述的是山西一带的状况：

> 桑麻数百里，烟火几万户。
> 长桥龙偃蹇，飞阁凤腾骞。
> 传闻山西地，出入此其路。
> 源源百货积，井井三壤赋。

特别需要指出的是，榷场贸易在金代商业与贸易中占有特殊地位。所谓榷场贸易，就是由政府官方主持的边境地区对外贸易，不仅有固定的地点，而且有政府官员负责管理和征税。当时的边境贸易主要以榷场贸易为主。金对西夏的榷场在建国初期就已经设立，而设立对宋的榷场是在皇统议和之后，金宋双方设置的榷场共有十多处。这些榷场在海陵王时代因战争而基本关闭，世宗与宋议和之后，榷场贸易重新恢复起来。金向宋出售的商品主要有北珠、貂皮、人参、松子、甘草等，宋向金出售的商品主要有茶、象牙、犀角、乳香、檀香、丝绸等。金朝对往来交易的商品要征收入场税、一般税和两项税。世宗大定年间，仅泗州榷场每年的税收就有 5 万多贯钱，而秦州西子城榷场每年的税收也有 3 万多贯钱。

当然，金代还存在很多阻碍商业发展的问题。城镇之中有同业行会，其中商行的头人称为行人，引领垄断本行的业务并掌控小商贩。行会往往介于官府管理机构与普通商人中间，金朝的外交使节经常通过他们，将出使中获得的私赠礼物定价出卖。而一般商人除了受行会高层的控制之外，还要受到金朝政府权贵的盘剥。金朝宫廷所需的货物，往往强市于商行，各地的权贵也经常纵容家奴欺行霸市。这些现象的存在无疑对金代商业的发展起到负面的影响。

在世宗时代的政府一系列努力之下，金朝的社会经济逐步从先前的战乱中恢复过来，呈现出繁荣的景象，人口增长也达到整个金朝时代的最高峰。金世宗对此是很有成就感的，但他始终有很大一块心病横在胸中无法释怀。因为在声色犬马之间，女真人也逐渐失去了早年强悍质朴的性格，开始浸染上中原汉人的一些奢华的习惯，甚至有些基本的民族特点，如语言、骑射武功，都在退化。这些也迫使世宗不得不采取行动力图保持帝国统治民族的传统与特征，推行女真本位的措施自然提到议事日程上来。

女真本位主义：维系帝国血脉的无奈选择

经过熙宗、海陵王时代的改革，作为统治民族的女真人被大批迁移到中原地区，与汉人混居在一起，贵族阶层也开始沾染汉族的生活习惯，熙宗、海陵王本身就是最明显的例子。女真人正在逐渐淡忘祖先的生活方式，女真人的彪悍作风逐渐丧失，很多人成为坐食地租的寄生虫，最令统治者担忧的是，这些变化直接导致猛安谋克的战斗力降低。

一次，宋朝使者来为世宗贺寿，世宗让随身护卫与宋朝使者比试射箭，结果女真人护卫只射中 7 箭，宋朝来的使臣却射中了 50 箭。世宗见平时文弱的宋人都比自己的护卫强悍，不禁对此十分担忧，生怕祖宗开创的基业毁在自己的手中。

所以，终世宗一朝始终强调保持女真人的尚武之风，他以身作则，亲自参加传统的田猎与击球等活动，以示对女真军事训练的重视，而且从 1162 年起，他几乎每年都会出京打猎。有一次，汉官马贵中向他进谏不要玩物丧志，世宗回答道："祖宗以武力定天下，难道日久承平就应该忘了吗，皇统时代曾经废除此事，当时就有很多人认为不可，我也是亲历者。我这是在向人们提醒不要荒废习武啊！"

然而仅仅在上面做一个表率是不够的，更需要有不断的督促与制度化的命令来保证女真人不荒废武功。1177 年，世宗亲自主持女真的年轻贵族的射柳比赛，根据优劣各有赏赐。同时，世宗重点抓了西北边区的女真猛安谋克的军事训练，在招讨都监高通前往天德军上任的时候反复告诫他，若见到女真民众有下棋者，应当禁止，一定要倡导练习骑射，而且还要恢复女真人饮酒聚会后比试武功的传统。此外，世宗还通过尚书省正式下达命令，要求地方女真猛安谋克官员要督导自己的下属按时习武，不得怠慢。

但是很多女真人已经忘记了自己的语言与习俗，他们又怎能理解金世宗这番苦心的意义呢？金世宗为了让女真人自觉保存本民族的特点和生活习惯，颇费心思地采取了各种措施。1164 年设立女真译经所，将儒家经典用女真大小字翻译出来供人学习。同时设立各级女真学校，在京城有女真国子学，与国子学、太学共同隶属于国子监，是女真人的最高学府。在女真人居住的地域设立女真府学、州学。经过几年的发展，通过女真学校学习的人数日益增多，1169 年又在各地女真学府 3000 多人里选派出优秀者近百人，进京城的国子学深造诗、策。在此基础上，1173 年在中都闵忠寺首次举行女真进士科考试，录取 27 人，其中包括后来成为宰相的徒单镒等人。皇家近亲及执政官的子弟可以直接参加御试，后来增加乡试之后，改为可以直接参加会试。这种女真进士科的考试要求十分宽松，录取比例基本上是二取一。有特色的是，在考试中还要求考试射箭，以制度的规定来维系女真的尚武精神。1183 年，译经所进献女真语的《易》《书》《论语》《孟子》《老子》等经史著作，这些经典成为女真考试的主要出题范围。

平时，金世宗也告诫他的子孙："你们自幼学习汉人的风俗，这不如女真淳朴之风，至于不懂本族的文字语言则是忘本。"他非常喜欢看到自己的子孙能够学习女真旧俗，一次他的孙子也就是未来的金章宗用女真语请安，他十分高兴，大加赞赏。还要求他的侍卫必须用女真语说话，不得使用汉语，这些从小受到汉语教育的侍卫们不得不学习起自己的"母语"来。地方猛安谋克的子弟们必须学习女真语，否则不得继承封爵。女真人的标志姓氏也被禁止译为汉姓，宗室则必须用女真名，不得用汉名。

诸多举措都是对女真民族习俗特点的保护，对于金朝隆兴的上京，金世宗更是奉为圣地。海陵王为了破坏勋旧贵族势力，将上京地区整体摧毁，世宗时代，又动工重建上京城，以树立女真人的精神圣地。到晚年的时候，世宗终于达成了要去心中圣地一游的愿望。1184 年，60 多岁的金世宗巡行上京各地，参观祖先生活战斗过的地方，并且利用此次机会会见仍驻守上京的女真贵族与老人。

世宗在当地招待宗室男女老少的时候，激动地说："我每时每刻都在思念我的故乡，今天终于实现愿望了。大家要纵情畅饮，不要拘束于君臣之礼。我今天要一醉方休！"酒到兴处，金世宗说："我到上京已经几个月了，还没有听到有人给我唱女真歌，现在我给你们唱一个。"在场的众人都围着世宗听歌。世宗唱的是歌颂阿骨打等先辈创业艰辛的故事，同时还有对女真故乡的歌颂和眷恋。唱到"瞻恋慨想，祖宗旧宇，属属音容，宛然如睹"时，竟然泣不成声，周围的人也都被他感染得掉下眼泪。在上京，世宗还特地拜访了几位跟随阿骨打战斗过的老人，向他们寻访阿骨打的事迹。

尽管金世宗如此重视女真人习俗与民风的保护，但对女真人的生存真正产生威胁的还是原来女真人的基层组织猛安谋克的混乱。原有的猛安谋克制度可以保证每户女真人都有田可种，战时能够为国家作战，而发展到世宗时代，在中原生活的女真人之间产生了贫富分化，富者有奴婢上百人，土地无数，穷人则无立锥之地，只能靠租种别人的土地为生，这些自然是金世宗不能容忍的。

但要想改变女真人猛安谋克的混乱，必须手中掌握足够的资源。所以第一步就是利用国家权力，尽力控制更多的土地作为整顿的基础。金朝历史上著名的"括地"也由此产生。"括地"指国家对全国的土地进行普查，将长期被民户非法占据的官田收回。世宗说："女真民户从三四千里以外的家乡迁徙而来，却得到贫瘠之地，如果不给他们分配良田，时间长了一定穷困不堪。"金世宗是想利用括地征集到一批土地，再将之分配给穷困的女真人。事实上，"括地"在海陵王时代就已经开始了，但真正大规模实行却是在世宗时代。

政府括地的依据是依照土地持有者手中的凭证，如果无法出示合法拥有的凭证，这块土地就会被政府没收。而在实施的过程中，不法官员常常强夺民田。括地官张九思为了增加政绩，括地时不看老百姓的合法凭证，只要当地的地名与皇家沾点边，就当作是原来的官地括走。比如有叫皇后庄、太子务的地方，这也成为张九思括地的依据，理由就是此地名为官名，肯定是被当地人非法占有的，不管有没有合法凭证，全都收为官有。对于有合法凭证的土地的检查也是近乎苛刻的，如有任何一点纰漏都会被收为官地。有的人因各种原因，拿不出证据来证明是自家世代耕种的土地，这样的地即使有人证明也不行，都被收为官有。

曾有御史提出过合法民地被括之事，但世宗却对大臣们说，即使是有凭证之人，也要严加审查，他明确地讲："虽然称为民地，但没有凭据的，都收为官地有何不可？"乱括民地的现象还是没有改变，最后的结果是将很多汉人民户的土地剥夺过来，成为政府安置女真猛安谋克户的资源。深受其害的还是那些被剥夺土地的自耕农，他们唯一的生产资料被盘剥后只能成为流民，成为社会不安定的因素。总之，这种括地就是采取国家手段帮助女真人争夺土地，这也是女真帝国的特性之一。

在世宗心中，有一种接近乌托邦式的理想状况，就是女真人各自拥有自己的土地，计划是每个劳力五十亩。国家以最高土地所有者的身份，将括得的土地分配给无地、少地的穷困女真人，而对于拥有更多土地的女真富人，则将他们的土地数限制在一定数量之内，使女真人内部的贫富分化不致过于严重。为此，金世宗时代又进行了一系列调整，原来女真贵族从上京故乡迁入中原时，在新居住地保有土地之外，在上京仍然保留土地，但到此时，政府规定，女真贵族只能拥有一处土地。世宗就曾批评贵族："迁徙的宗室已给他们土地了，为什么不上交以前的土地，岂有占有两处土地之理？"

至于对女真人的赋役，仍然实行与其他州县民户不同的政策，即采用传统的牛头地制度。牛头地是女真人猛安谋克组织的基本生产方式，大体上每25人有耕牛3头，授地4顷4亩多，并按此标准进行征税。太宗时代正式确定女真户牛头税的征收标准，征收额是每年每一牛具征收1石，金源故地则是5斗粟。也就是说，不管这一女真耕种单位收获多少，都缴纳固定的税额，而且是按照生产单位耕具征收，并非按户征收。国家征收牛头税，主要用来支付猛安谋克的管理费用，以及用于防备凶年的储备。其征收标准较州县的其他民族的普通田亩税低很多，大概为普通田亩税的二十分之一。

不过，女真人的猛安谋克组织在和平时期是基层的生产单位，有战事时是金朝从事战争的主要力量，承担繁重的兵役。虽然赋税很轻，但战争却常常使迁居到中原地区的猛安谋克户破产。不过，一方面因为女真人农耕技术不如汉人，另一方面也是猛安谋克户逐渐沾染好逸恶劳的风气，很多女真人不肯再自己从事农业生产，而是将政府分给的土地转租给汉族农民，自己靠地租生活，自然入不敷出，这也是猛安谋克户生活日益贫困的原因之一。

世宗为了解决作为帝国根基的猛安谋克组织的危机，下令迁居中原的女真人必须亲自耕种所分得的土地，也要按传统实行大家族的聚居，以便可以互相帮助，共同劳动。为达到使女真人聚居合种的目的，由政府出面，为与汉人杂居的女真人置换土地。不过这种置换的过程，大多将贫瘠土地还给汉人民户，也是一次掠夺的过程。但是，金世宗的这些举措收效甚微。基层女真人的生活日益腐化，早已没有太祖阿骨打创业时的英勇尚武精神，世宗三令五申地要求自耕自种成了空喊的口号。由于金朝把这些曾经以作战为荣耀的女真战士，置于襁褓之中呵护，女真人早已由战士蜕变为寄生虫了。世宗的乌托邦式的村舍共同劳动、自食其力的理想，逐步被严酷的现实所击碎。

随之而来的则是作为军事基层单位的猛安谋克战斗力的削弱。可惜，世宗皇帝并没有看到女真人武力衰弱的根本原因，他充满希望地认为加强训练就可以恢复祖先的勇猛之气。他万万没想到的是，即使严令要求基层猛安谋克户经常习武，但在如此惬意的生活状况之下，女真人也只拿平时的"习武"当作旅游、游戏而已了。

金世宗时代是金帝国难得的和平时期，可能帝国前后近120年的时间，完全和平的时期就是在金世宗时代出现过，而且世宗采取各项措施，使帝国的社会经济从战乱中逐步恢复，甚至出现了繁荣，因此被史家称之为"大定之治"，或"大定盛世"。

不过我们也应当看到被繁荣所掩盖的种种社会危机，逐渐发展为帝国继承者章宗所面临的棘手难题，为帝国的最后灭亡埋下了伏笔。生长在和平环境、养尊处优的金章宗接手国家之后，不得不面对比世宗时代更加头痛的诸多问题，章宗可能不会知道，他正站在帝国命运的转折点上。

第六章
盛极而衰：走向定居的苦涩后果

养尊处优中成长起来的金章宗醉心文治，使女真人彻底摆脱了边鄙蛮夷的形象，但也被迫承受了文弱的命运。马背上打下天下的女真人，从马背上下来时还拥有什么呢？与此同时，北方草原上，另一个更纯粹的马上民族悄然崛起。

女真进士教育出来的文治皇帝

经历太多风雨的金世宗直到去世也没有再册立皇后，这个位置永远留给了当年为他自尽的昭德皇后乌林答氏。虽然妃嫔众多、子嗣繁盛，但他对昭德皇后非常忠贞，对昭德皇后所生的儿子完颜允恭，自然是宠爱有加。完颜允恭 16 岁时被册立为太子，成为法定的皇储。世宗对这个皇太子寄予厚望，找了很多名儒来培养他。允恭平时专心于学问，经常与诸儒生在承华殿讨论问题，有时读书至深夜，第二天向诸儒生请教不懂的词句之意。通过刻苦学习，允恭很快成为学富五车、能吟诗赋的人，每当世宗提问诸子时，都是允恭回答得最让世宗满意。

虽然完颜允恭擅长汉儒的文化，但他毕竟是女真国家的继承人，世宗也经常让他学习一些女真歌谣，以及祖宗创业的艰难往事，并教导他说："你们这一代人是学习汉人风俗长大的，祖宗们的语言和生活方式你们都忘了。我这样教你，是让你不要忘本，以后应当也教给你的子孙们。"

世宗对于允恭的生活也十分关照，每当允恭的生日，世宗都要亲临太子东宫为这个儿子庆贺，同时每年还要特地给太子巨额的生活费。

作为世宗精心呵护下的皇储，很早就在世宗身边学习处理政务。允恭平常做事稳重，谦虚，深得世宗的喜欢。1172年还代表世宗祭祀太庙，把祭祀祖先看作大事的金朝，这一举动也是向群臣昭示这位皇储的威仪。1184年世宗巡幸上京，索性将国务完全交给允恭处理，并制作"守国之宝"印玺赐给允恭，授予其对六品以下官员的任免权，全权处理平时的政务。

世宗临走前对允恭嘱托再三："我巡幸可能要待一两年，你守国就应该像务农种田、商人做买卖一样，可不能败坏父亲的产业啊！"又说："父母养儿，都希望老了以后有所指望。我留下太尉、左右丞相帮助你，他们都是国家老臣，有事可以找他们商量。政事没有什么难的，只要心无邪术，一个月之后自然会熟练的。"不久，父子洒泪相别。他们没有想到，这次短暂的离别竟会是两人的诀别。第二年，当金世宗还在巡幸上京的途中时，完颜允恭已因病在中京去世，享年只有39岁。

世宗得到消息后悲痛万分，但痛定之后却面临更为棘手的问题——谁来接任允恭为皇储。

允恭以外，最有资格继承皇位的是皇子永中，当时正在中都。而世宗心中对昭德皇后的情结根深蒂固，不希望让非昭德皇后所生的后代为帝，所以放着几个儿子不管，决定让允恭的儿子，也就是自己的孙子麻达葛为皇储。当然，金世宗的这一决定也符合中原历代王朝立嫡长子的传统，当嫡长子早逝时，按惯例就是由嫡长孙即位的，而麻达葛正是世宗的嫡长孙。

世宗马上派自己信任的儿子永功到中都保护麻达葛，而把让他颇不放心的永中调到自己身边，可见这位老人的苦心。帝国的未来发生了戏剧性的变化，转移到一个 20 岁左右的年轻人手中，这就是历史上著名的金朝皇帝章宗。

金章宗乳名麻达葛，1168 年出生，1186 年金世宗赐名为璟，是完颜允恭的嫡子。麻达葛的母亲是徒单氏，是海陵王时代的名臣徒单贞之女。说起麻达葛这个名字还有一段来历。1168 年夏天，金世宗到金莲川避暑，儿子允恭与怀孕临产的儿媳徒单氏都跟随前往，没过几个月，就在世宗巡幸的路上，徒单氏产下一子。世宗高兴得不得了，当下摆宴席庆祝，对周围的人说："我的儿子虽多，但皇后只有太子这么一个儿子。现在看到嫡孙又出生在麻达葛山，我以前就喜欢这里，就用这山给他取名吧。"

麻达葛 10 岁的时候被封为金源郡王，11 岁开始按照世宗给孙子定的标准课程，学习女真语言和汉文的儒家经典，与他的父亲一样，教授他们的都是饱学诗书之人。但略有不同的是，教授麻达葛的人在日后成为朝廷重臣，此人就是完颜匡。

完颜匡，女真名撒速，进士出身，原来是允恭弟弟允成的老师，听说此人的学问非常了得，允恭就把他选入宫中教授麻达葛。小麻达葛的课程主要有汉字课、女真小字，以及女真语。年纪稍大以后，又教他学习儒家经典。

与汉人老师不同，完颜匡作为女真人，对本民族的文化十分精通，所以由他来教授麻达葛，金世宗是非常满意的。身为人子又同时为人父的允恭，投其所好，令完颜匡作了一首歌颂世宗父亲宗辅业绩的诗歌，教给麻达葛。在1183年世宗的一次生日宴会上，允恭就让麻达葛吟唱了这首诗歌，世宗很惊奇，连忙问："你们怎么知道这件事呢？"允恭答道："我读了《睿宗皇帝实录》，知道了祖宗创业的艰难，也想让我的儿子不要遗忘这些事，就让完颜匡作了这首歌教麻达葛。"平时倡导不忘祖宗功业的世宗，见自己的儿孙主动学习祖宗事迹，不禁喜出望外，连声称赞，并让周围的大臣也要保持这一良好风气。这次宴会世宗十分高兴，连着让麻达葛唱了几遍，直到深夜方才散去。

世宗可能会认为自己没有选错继承人，允恭与麻达葛一定会继承他的意愿，继续将女真民族的传统发扬光大。但是事与愿违，日后即位的麻达葛确立的方针，与世宗的志向背道而驰。

在允恭病逝的第二年，麻达葛晋封为原王，判大兴府事，成为首都地区的最高行政长官，金世宗希望他在即位以前，先在这个职位上练习一下，可见世宗的良苦用心。世宗对他说："朕知道你还小，但是应该学习处理政务了，先给你一个京官做，历练一下，你要努力啊！"老皇帝知道自己时日不多，就更加急迫地要将麻达葛培养成合格的君主。

麻达葛在大兴府任职期间，世宗时常关注麻达葛的执政业绩。他得知麻达葛任上深得百姓欢迎，而且对事务处理得当，非常高兴。尤其是得知麻达葛能够用汉语和女真语两种语言处理官司之时，他非常欣慰地说："我将原王放在身边的大兴府，就是想让他能够亲见朝政大事，学习执政之道，他没有让我失望啊。"

1186年，麻达葛18岁，被赐名"璟"。5月就被任命为尚书右丞相，世宗要亲自指导皇孙处理政务了。在完颜璟担任尚书右丞相仅四天的时候，世宗就指点这位年轻的丞相如何胜任尚书省的工作，学习处理全国政务的方法，并告诫他，这与先前的一方京尹的执政方式是不同的。此后世宗凡遇事，必向完颜璟提醒为政之道。有一天，世宗对完颜璟意味深长地说："宫中有舆地图，看了便可以知道天下远近险要的情况。"这不仅仅是一种教导，也是对完颜璟成为一代明君的期望。然而，世宗似乎对何时册封完颜璟为正式皇位继承人犹豫不定，大臣徒单克宁看得十分清楚，他知道必须尽快明确继承人的身份，才能稳定朝廷政局，于是多次进谏请求尽快册封完颜璟为皇太孙，以正名分。

金世宗接受徒单克宁的建议，在这年11月册封完颜璟为皇太孙。世宗语重心长地说："你还年轻，但你是昭德皇后的嫡孙，而且为政能力不错，是一个可造之才，朕立你为皇太孙。朕奠定基业，你来守成，一定要修德行正，勿近邪佞，对朕则要尽忠孝之心，这样才能不失众望。"1187 年，19 岁的完颜璟经过隆重的册封大典，成为正式的皇位继承人，拜谢太庙与祖宗陵寝，接受百官的朝贺。培养了两代继承人的老皇帝金世宗也算完成了晚年的最后心愿，于 1189 年放心地离开了人间。

金帝国辉煌的大定时代宣告结束，完颜璟这位 20 岁的皇帝则带领金帝国进入了一个转折点——明昌时代。

老皇帝对年轻的金章宗唯一的希望就是，巩固他所创立的盛世局面，完成他所没有完成的事业。金章宗一代也基本上是按照其祖父的要求去做的，主要成就是推进了世宗时代的各项政策与改革，章宗时代是金帝国国家体制最为完备的时期。

金章宗时代出台最为频繁的就是法律规定。在其之前，金朝的历代皇帝就已经开始颁布法律，但始终存在着政出多门、规定混乱的局面，既有实行已久的唐律，也有皇帝颁布的制书，往往相互矛盾，使得各级官吏可以歪曲法令，随意处理案件。1190 年，平章政事张汝霖提出制、律混淆的问题，被金章宗采纳，遂即建立详定所，着手对法律进行修订与整理，力图统一律令，使国家法度有所准。

1192 年详定所官员进上《名例篇》以下各篇，但章宗没有马上通过，又让中都路转运使王寂与大理卿董师中重校。1194 年，详定所官员以现今制条为准，并参照前代刑书中适合当时状况的条目，依据律文进行补正，制定出一部法律，称《明昌律义》，又别编一部《敕条》作为补充。但并没有得到决策层的认可，大臣们普遍认为此律义还不成熟，需要修改。

于是，又命提点司天台张嗣等人为校定官，大理卿阎公贞等人为覆定官，对明昌律义进行重新校定，直到1201年，也就是金章宗泰和元年方才定稿，这就是历史上著名的《泰和律义》，于1202年5月正式公布施行。

《泰和律义》共12篇，即名例、卫禁、职制、户婚、厩库、擅兴、贼盗、斗讼、诈伪、杂律、捕亡、断律12律，共30卷，其中附有对法律条文解释的注和疏。《泰和律义》大多是以《唐律》为本增删修改而成，共有法条563条。与其一起颁布的还有《泰和令》20卷、《新定敕条》3卷、《六部格式》30卷，与《泰和律义》共同构成了"泰和律"。至此，金帝国的法律完全统一为"律、令、敕条、格式"的法律体系。泰和律是金朝最后一部成文法典，一直沿用到金朝灭亡，而且基本为元代所继承。在今天泰和律已经失传的情况下，历史学家们正是通过元朝的法律典章来研究和复原泰和律的。

除此之外，终章宗时代，每年都颁布相当多的皇帝法令，内容涉及社会、政治各个领域，其数量之多，在金朝可谓前无古人，后无来者。这使帝国的秩序在章宗时代更加规范化，入主中原的女真人经过近百年才摸索出这样成型的国家体制，实属不易。

立法的同时，章宗也不忘记对地方官僚的监管，即位当年，就依照世宗的遗愿设立九路提刑司。提刑司是金朝中后期的重要机构，它的权力不局限于监督刑狱，还包括督察各地官员的行政事务，以及"劝勉农桑"等诸多事宜。有的史学家将其称为皇帝控制臣下的特务组织，足见其权力之大、规格之高。1189年制定"提刑司所掌三十二条"，1192年又制定提刑司条制等提刑司行事的规则。提刑司的设立是在世宗时代廉问使者的基础上制度化而成。九路提刑司包括中都河东南北路、北京临潢路、南京路、山东东西路、西京路、河北东西路大名路、东京咸平路、陕西东西路。

金章宗非常重视提刑司官员的职能，在九路提刑司官员即将到各地赴任时，对他们说："建立官制，应当宽猛得中，凡是军民事务相牵连的，你们要评断解决。还要严加管束贵族部曲，使他们不要滋扰地方郡县。"1191年，又规定提刑官每15天入见谈话一次，章宗充分利用提刑官掌控各地方详情，以加强中央政府对地方的控制，这也成为皇帝在地方官员头上架设的一把钢刀，使他们的"小动作"收敛了很多。

章宗给提刑官的任务是"察老病不任职及不堪亲民者"，提刑司举报很多类似官员，但也举荐不少地方上的能吏。此外，还有对地方司法进行复核、对地方的农田水利问题的监管等诸多方面的事务，都在提刑司的权限之内。由于提刑司得罪的人太多，从这个机构设立时起，大臣对它的攻击就没有停止过。1192年，宰相提出废除提刑司的建议，金章宗却置之不理。直到1199年，完颜襄、完颜匡等朝中权臣提出废除提刑司，其理由是提刑司官员干扰地方政事，混淆上听，建议恢复派遣监察官员的制度。金章宗迫于压力表面上同意，但只是将提刑司改名为按察使司，换汤不换药，仍然沿袭了提刑司的大权。

章宗时代的法律规定多了，官僚集团也随之膨胀起来，为了完善政府体制，金章宗广泛设置各种机构。1199 年设立审官院，1206 年设立宣抚司，除此之外，又设内侍寄禄军、军器监、甲坊署、提举围牧所等机构。还设立驿站一样的机构称"递铺"，即在各个交通线上，每十里一铺，负责传递元帅府、六部公文及其他文件。在章宗时代，金帝国的官僚人数猛增，1207 年的统计数据是共有官员 4.7 万余人，比世宗时代多了 3 倍。

要维持这样庞大的官僚机构的运转，必须有充足的后备人才，所以章宗时代的教育与科举选士也发展到了高峰。章宗从即位伊始即大力兴办官学，1189 年就下诏兴京、府、节镇防御州设立学校培养人才，除世宗时代的 17 处学校之外，在节镇置学 39 处，防御州置学校 21 处，在校学生较世宗时代增加近千人。随后，章宗命令各刺史州兴建官学，县以下则自行设立学校。官办学校深入金朝的基层行政组织，金代的官学教育进入了鼎盛时代。

章宗时代的学校有一个特点，就是学校与当地的孔庙修建在一起，这与章宗崇尚儒学是分不开的，而与他祖父"女真为本"的方针显然不同。在广泛设立学校的同时，章宗也采取一定的措施以保障在校的老师和学生的基本生计，将一部分官田作为学田租种给平民，用这些土地所收的租税作为官学中的老师和学生的生活补贴，以此保证在校学生能够安心学习，不为生计发愁。

　　学员经过培养之后，参加科举考试，国家对其进行最后的选拔。由于考生不断增加，金帝国对科举制度进行了改革。首先，废除乡试，规定府试为五取一，增加辽阳府、平阳府、益都府 3 处府试地点，后又增加太原，共为 10 处。合格人数过多，原来的只要合格就能录取的制度，使政府无法消化大量的合格人员。于是，在 1200 年对录取人数做了限制，即"会试取策论、辞赋、经义不得过六百人，合格者不及其数则阙之"。1202 年，在经过讨论之后，又做了详细规定：策论三人取一，辞赋、经义五人取一。此外增加恩榜，即五次考试未中且年龄在 45 岁以上的人、四次考试未中而年龄在 50 岁以上的人，可以被录取。这样等于是放宽了科举的门槛，使得更多的人可以中举。

　　最后，对考试的流程做了规范，称作"定科举法"。对考试过程中的作弊问题，有明确的处理办法。规定府、会试，差军卒监考。每四人派一兵，并置一名军官负责弹压。殿试时，汉进士每人派一名亲兵，女真进士每人派一名弓弩手，且都用不识字者担任。如果发现雷同卷子，两人都要废黜。并且，对入场考生实行严格的搜身检查，后来有人认为有辱斯文，就改成考前沐浴，换统一提供的衣服上考场。女真人考试由汉人司处理，汉人考试则由女真人司处理，章宗时代的科举考试严过前几代。

　　同时，对考试科目做了相应的调整，原来专为女真人设立的策论进士科，章宗时代允许其他民族的人参加。策论进士每场只试策一道，限 500 字以内，而且能够直接参加会试与殿试，考试内容有策和诗，每科共试三场，策试用女真大字，诗用女真小字。

对于律科，即司法考试，在章宗时加试《论语》和《孟子》，目的是让这些只懂得法条的人"涵养其气度"。另外，恢复了海陵王时代所罢废的考试科目，如经童与经义科。尤其是经义科的恢复，使得人们对儒家经典更加重视。章宗还设立了制举科，包括贤良方正、直言极谏、博学宏才、达于从政等标准，命令各级官员、猛安谋克举荐。这一科主要是将原来的举荐人才制度化，凡是官员举荐人才属实，被举荐者就会由章宗亲自授予进士称号，并颁授官职。

金章宗时代科举制度的发展，网罗了一大批文人进入官僚集团，为统治层服务。但这并不是说由科举入仕就能位极人臣，达到权相之位。这个国家的统治层毕竟是女真人，其高级官员的选任自然以女真贵族为主。女真人的入仕途径有四条路：一是军功，二是依靠功臣家族入仕的门荫，三则是贵族的世袭官。这三条路皆为女真贵族、世戚、官宦子弟所把持，终金帝国时代，中央高级官员中依靠这三条路出身的占绝大多数。女真人入仕的第四条路就是科举，科举可以把出身平民的女真子弟吸引到官僚集团中来，进士出身的女真官员也不在少数。而汉人和其他少数民族则不能享受世袭特权，科举入仕是他们最重要的出路。但是与女真人能够飞速升迁不同的是，其他民族的进士必须逐级升任，要进入权力中心是非常困难的。

虽然金帝国的科举并没有改变多少官僚集团的权力结构，但是却通过科举培养了一大批著名文人，如赵秉文、元好问等，在金一代的文学大家多是进士出身。各级学校的兴办，也促进了儒学的传播，使得原来只会勇武作战的女真人也开始安稳地坐在书桌前诵读圣人之言。金章宗一代儒风盛行，章宗的辅佐重臣徒单克宁却对此担心："承平日久，今天的猛安谋克的武功已不及前辈，万一国家有战事，谁来保卫国家？学习诗词，遗忘武备，于国不利。"此言虽然有点偏颇，但可以看出，金帝国并没有在接受儒学与保持民族优良传统之间寻找到一个最佳平衡点。

金章宗似乎也注意到这个问题，继续实行世宗时代的某些政策，直至将之制度化。比如，禁止女真人改汉姓和学汉人装束。1200 年又制定"本国婚聘礼制"，即女真人结婚的规范礼仪，又下诏说"拜礼不依本朝者罚"。为了使女真人不忘武功，命令女真策论进士加试射箭，命令东北的女真人必须学习武艺，不得改变原来的民俗。但这些命令的力度，与章宗朝实行的尊儒崇文的政策相比，已不能同日而语，金帝国这只大船迅速地向另一头划过去了。

金帝国的皇帝从阿骨打到金世宗，每个皇帝都是在战争与动荡中历练出来的，而金章宗与他的前几任都不相同，他是在祖父与父亲的精心呵护、培养之下成长，自幼熏染的是儒家经典与琴棋书画，所以这位皇帝更像是一位文儒雅士，而非雄豪帝王。

章宗有多首诗词流传至今，多是对身边事物感怀生情之作，远没有海陵王诗作中的帝王之气。其中比较典型的是《云龙川泰和殿五月牡丹》：

> 洛阳谷雨红千叶，
> 岭外朱明玉一枝。
> 地力发生虽有异，
> 天公造物本无私。

此诗被认为是章宗的代表作，描写云龙川苦寒之地生长的牡丹花。章宗还有两首词作流传下来。

《蝶恋花·聚骨扇》：

> 几股湘江龙骨瘦，巧样翻腾，叠作湘波皱。金缕小钿花草斗，翠条更结同心扣。金殿珠帘闲永昼，一握清风，暂喜怀中透。忽听传宣须急奏，轻轻褪入香罗袖。

大多是描写宫廷中的闲散生活，语句轻佻，辞藻华丽，乃为娱乐而作。

章宗平时以收藏传世名画与书法著称，有专门用于收藏书画的七枚玉玺，为"秘府葫芦""明昌""明昌宝玩""御府宝绘""内殿珍玩""群玉中秘""明昌御览"。现今传世的很多名画都有章宗的印记，其中顾恺之的传世名画《女史箴》图上还有章宗的题记一首。元代文人陶宗仪称，金章宗的书法仿效宋徽宗的瘦金体，惟妙惟肖，足见这位女真皇帝的汉学造诣之深。

金章宗喜好诗词与儒学，这也反映在他的执政方针上。在他掌权的时间里，大力推行儒家思想。前代的熙宗、海陵王、世宗虽然也对孔子尊礼有加，但真正将儒家观念变成执政指导思想的还是金章宗。1190 年，章宗下诏重修曲阜的孔庙，并规定各地学校必须与孔庙修在一起。孔庙工程则从 1191 年开始，直到 1194 年完工，共兴建殿堂、房舍 360 多间，重塑了孔子及其弟子像。孔庙动工的同时，又赐孔子的直系传人衍圣公孔元措食四品秩，1195 年又赐衍圣公等人三献法服，以及登歌乐一部。还派人去指导孔氏子弟对孔庙的祭礼活动。1197 年金章宗以皇帝之尊亲自祭祀孔子，表示对儒家思想的尊重。在皇帝的提倡下，各地大修孔庙，原来毁于战乱的都重新修复，原来没有的则动工修建，全国兴起一片尊孔热潮。

金朝统治层所看重的是儒家思想对人的道德教化作用，即宣扬对君主的忠诚，对长辈的孝顺。章宗带头鼓励对君王效忠的死节行为，所谓死节就是为本朝牺牲生命的忠诚行为。章宗时代，外患战争不断，褒奖了一批为国尽忠的官员。其中比较有代表性的是在对宋战争中被俘的魏全。宋将让他骂金章宗，就可免一死，但魏全宁死不屈，反而破口大骂宋朝皇帝，最后被宋军杀害。得知此人事迹后，章宗追赠他为"宣武将军，蒙城县令"，封其妻为乡君，赐官舍三间，钱百万，他的儿子长到 15 岁时，可以以荫补为官。章宗还让史馆雕版印刷魏全的事迹，颁告天下，树立起一个忠君爱国的典型让国人学习。

对臣民的道德教化，除了忠君之外，另一重要的方面就是孝顺，章宗也是不遗余力地去宣扬这一道德规范。章宗首先以身作则，对于自己的母亲，每月都要拜见五六次，以行儿子的孝心。在母亲病重之时，则日日探视，直到深夜才返回。母亲去世后，每到世宗、母亲的祭日，章宗从不接受官员的朝贺。

皇帝作出行孝的表率，自然也要对国内的孝子进行表彰鼓励。《金史》中专门设《孝友传》，里面所列传之人多为官方树立的孝子典型。章宗时代，有棣州孝子刘瑜，他的事迹是家里穷困，母亲去世因无钱安葬，被迫将自己儿子当掉换钱安葬母亲。这样的人被章宗赐绢、粟，并旌表其家，向世人宣传他们的事迹。而且章宗认为孝子应当提拔做官，这样才能起到教化众人的作用。大臣们认为孝子大多质朴，不适合做政府事务，但章宗看重的更是表率作用，只要是孝悌之人，经过考查，能用即用，后来果真钦点了一批以孝闻名的人为同进士出身。

在这样的文化氛围之下，金章宗又将世宗时代由详定所制定出来的礼乐制度整理成书，名曰《金纂修杂录》。明昌五年又下诏采用唐宋礼制为准，设立机构讲议礼乐，1195 年派张暐编《大金集礼》，将有金一代的礼乐制度按照儒家理念整理成文，以供后人参照。这时的金帝国才可称得上是礼乐齐备。而制定礼乐，践行儒家理念的终极目的，实际上是要向世人表明，金帝国是中原王朝的合法继承者，尊孔尊儒是文化道德层面，政治层面上则是讲求“正统”。金在太宗时代就宣称“正统天下”，世宗时更宣称“我们国家绌辽宋之主，据天下之正”，大有将周围别的国家都称之为夷狄的架势。

但是，金的德运具体继承于谁，还没有确定。章宗就注意到这个问题，于是掀起了一场大讨论。1193年起，章宗命令都省台寺监七品以上官员上书讨论。其后，1199年12月、1200年2月，以及1201年又讨论了三次。这场讨论主要依据的是五行正闰说，其意见主要有三种。第一是金应承唐土德为金德；第二是金为木德，理由是金克辽，辽为水德，金自然接续为木德；第三则是土德，意为宋运已绝，应承宋运火德为土德。1201年，尚书省将以上讨论结果编成六册呈送金章宗，第二年决定金继宋德运为土德，因金不继辽统，遂罢修辽史。

这样，金帝国就自诩为汉唐宋等王朝的合法继承者。其实早在即位初年，章宗就将前代诸帝王供奉在庙中，三年一祭祀。同时将金开国功臣宗翰、宗雄、宗望、宗弼、斜也等人同配祀于武成王庙中，以示金开国功业与中原王朝等同。此时，金帝国对中华正统的认同成了官方的意识形态，儒学已成为这个多民族国家的坚强基石。

北方征尘的阴霾

金章宗是幸运的皇帝，他所接手的是刚刚经历过难得的和平与恢复的国家，世宗时代为他留下了一份珍贵的遗产。但他也是一个十分不幸的皇帝，因为当他在 1189 年继承这份遗产时，金帝国的灭亡者、蒙古人的天之骄子铁木真也被选为蒙古部的合罕，开始了称雄蒙古草原的步伐，不得不说为这个刚刚稳定发展的帝国平添了一层阴霾。

金帝国对西北蒙古草原上的诸部族始终没有成功地进行征服，来自草原的人群经常对金朝西北边境地区进行侵扰。为此，金帝国设立东北、西北、西南三个招讨司，专门对付金朝边境地区附近的"鞑靼"，但一直成效不大。为了防御西北游牧部族的入侵，自金开国功臣婆卢火时就已在泰州附近构筑防御工事。到世宗时代，国力强盛，在东北路与临潢路的边界地区，大规模地营建界壕与边堡，并调集附近归属于金的部族与内地屯田军驻守。但是边防工事的堑壕由于风沙过大，至章宗时代已经完全被填平了，效果不大。

在章宗时代，西北的边患更加严重了，此时让金章宗头痛的，还不是铁木真的蒙古部，而是与金帝国临近的，居住在今天克鲁伦河下游的呼伦贝尔一带的北阻鞑人（塔塔儿部），以及阻鞑以南今哈拉哈河以北的弘吉剌人等部族。金章宗即位当年，徒单克宁就向章宗建议加强对猛安谋克的军事训练，对西北的游牧部族用兵，可见形势不容乐观。由于当年的黄河决口，这个计划被搁置。

没过几年，章宗开始谋划对西北草原的战争问题。首先做的是，大规模地整修世宗时代的防御工事，但是由于修筑界壕、边堡耗费国家的财力物力，且让沿边地区的老百姓民不聊生，曾一度中断。后来在主战派大臣完颜襄等人的推动之下，又重新进行界壕的修筑工程。随即在与西北游牧部族接境的临潢府路、西北、西南三路大规模进行界壕的修建。为此，金帝国耗费数百万钱，投入了大批军队与劳力，成为帝国沉重的负担。不过史书称界壕建成后"营栅相望，烽候相应，人得恣田牧，北边遂宁"，这份惬意的感觉是在金章宗承安二年也就是 1197 年以后才会有的，因为在与西北部族进行大规模战争之后，才真正修成了界壕。

金章宗在启动修筑界壕的同时，就已经向这个多事地带调动军队了。1192 年增兵 1200 人构筑工事屯驻，1194 年开始做战争前的军事动员，命令宣徽使移剌敏、户部主事赤盏实理哥等人视察屯驻军，并实地探查防务报告给章宗。9 月，对 3 万多部族军进行动员，命令以上诸部，以及归顺于金的北阻䪁部族，于第二年在临潢府附近集结，准备对边境地区进行讨伐。

1195 年 5 月，金章宗任命左丞相夹谷清臣设府于临潢，指挥此次战争。夹谷清臣遣移里敏率领 8000 骑兵为前锋，夹谷清臣率主力 1 万人跟进。开始非常顺利，移里敏所部人马在前面攻破营垒14 处，缴获了大量战利品。但是，以帮助金军为名出击的北阻䪁部，派人抢夺了移里敏的战利品，随后不听夹古清臣的号令，发动叛乱，劫掠一番后逃离战场。金章宗对夹谷清臣的做法很不满意，命令丞相完颜襄取代他经略边境。

西北对游牧部族的作战成就了完颜襄的名声，他的个人传记中几乎所有的篇幅，都是在介绍他在外征伐作战的故事。1195 年 12月，完颜襄进攻弘吉剌部，率军开进大盐泺（今内蒙古乌珠穆沁旗额济纳尔苏木附近），与弘吉剌部展开激战。第二年正月，大盐泺驻军首领移剌睹兵败被杀，之后金军非常艰难地取得了大盐泺之战的胜利。

金军并不是与一个固定的敌人作战，他们的作战对象有很多独立的部族，平时聚散无常，并不与金军进行正面对决，等到金军松懈之时，就会发起进攻。对弘吉剌部的讨伐胜利不久，完颜襄又受命分兵东西两路向北推进，结果东路军完颜安国部在龙驹河附近（今克鲁伦河），被阻𪖤包围三天无法突围，而此时完颜襄率领西路军在另一侧，急忙率军疾驰增援，对敌军进行突击，夺得敌人辎重甚多。阻𪖤部被迫向克鲁伦河与斡难河之间的斡里札河退却，而此时正撞到蒙古部铁木真的势力范围之内，完颜襄则派使臣告知铁木真此次军队开进到此的原委，请求蒙古部帮助金军平灭阻𪖤部。

阻𪖤部，在蒙古人的史籍中称为塔塔儿部，铁木真的先祖俺巴孩和斡勤巴儿合黑汗，就是被塔塔儿人出卖给金朝而被残忍地钉死在木驴车上的，蒙古人对金朝与塔塔儿人都有深仇大恨。金朝对于草原游牧部族一向都采取离间之策，拉拢一方以打压另一方，法国学者勒内·格鲁塞称这种政策为"跷跷板游戏"，塔塔儿人强大起来，开始与金帝国作对时，完颜襄就拉拢与其有仇的蒙古部共同讨伐他们。铁木真虽然对金朝有深仇大恨，但此时并不具备与金对抗的实力，所以选择了与金人合作先平灭塔塔儿人。

铁木真联合克烈部首领脱斡邻勒，沿斡里札河而下，掩袭塔塔儿人，塔塔儿部首领蔑古真薛兀勒图不敢交战，退入森林砍树立寨以拒之。铁木真和脱斡邻勒发起进攻，最后攻入寨中，斩杀了蔑古真薛兀勒图，平灭了塔塔儿人，随后即将其中超过车轮高的男人全部斩杀，实现了俺巴孩汗死前的誓言。

完颜襄对铁木真与脱斡邻勒的表现非常满意，但对于当时草原上强势的克烈部更为殷勤，当即封脱斡邻勒为"王"，之后这个称号与原来已有的称号"汗"结合，被蒙古人称为"王汗"了。同时也册封铁木真为札兀惕忽里，以示奖励，不过此称号要比"王"的称号低很多。可见完颜襄并没有看得起这位蒙古部的首领，但他怎么也想不到，这位"札兀惕忽里"就是灭亡金帝国的成吉思汗，历史让这位金帝国最后的名将与成吉思汗擦肩而过。

金朝直到 1198 年以塔塔儿首领斜出的投降为标志，才基本解决了塔塔儿扰边的问题。

1196 年，一波未平一波又起。在北京（今内蒙古宁城）附近的契丹人特满群牧的陁锁、德寿带人攻占信州（今吉林公主岭秦家屯镇东新集城），发动大规模叛乱，号称有 10 万部众。此次叛乱让金章宗十分震惊，几乎要取消计划中的郊祀典礼，但完颜襄则十分有把握地跟金章宗说："陛下放心，我在郊祀之前一定能将叛乱平灭。"果真，完颜襄迅速派军平定了这次叛乱。

但是这次叛乱使得金朝对契丹人更加疑虑，而且在今天辽宁一带仍有契丹人在肆意劫掠活动，完颜襄为了杜绝这种疑虑，遂将契丹人组成的乣军迁移到中都附近，以杜绝边患。有人害怕契丹人会在天子脚下发动叛乱，而完颜襄认为契丹人也是金朝子民，只要好好抚慰，他们会感恩的。果然，很长一段时间这些契丹人没有再给金朝找麻烦。

就在完颜襄经略塔塔儿部接近尾声时，弘吉剌部也多次胁迫各部不时侵扰边境。金章宗这时启用了宗室子弟宗浩佩金虎符驻守泰州主持防务，同时又调发上京军队近万人增援。宗浩主张趁春末弘吉剌部马匹羸弱之际主动进攻，但完颜襄则认为弘吉剌部与塔塔儿部互相牵制，如果弘吉剌部被击溃，那么强大的塔塔儿部就没有后顾之忧了，对金军不利。对于这种论调，宗浩却不以为然，他对章宗说："堂堂大国，难道不能摆平小部，还得依靠别部吗？我请求先破弘吉剌部，然后提兵北上灭塔塔儿。"金章宗似乎认为他在说大话，因为当时的草原诸部族的战斗力已经让金帝国头痛不已，完颜襄的主意应是最节省成本的办法，所以略带不满地回复道："你要征讨北部，忠诚之意固然可嘉，但更要小心行事，不要事败而后悔！"但章宗还是同意了宗浩的作战计划，命宗浩率军出征。

宗浩也是金章宗时代的名将之一，是世宗时代都元帅完颜昂的儿子，章宗时任北京留守，后任同判大睦亲府事。他作战前先探查了对方各部的情况，发现合底忻部与婆速火部有所联合，与弘吉剌部不合，弘吉剌部害怕受到金军与二部的夹击，若稍加压力可能会不战而降。于是宗浩派完颜撒率领200人为先锋逼迫弘吉剌部投降，并告诫完颜撒说，如果弘吉剌部投降，就率领他们去攻打合底忻部，侦查该部的位置，然后引大军出动，一战必胜。果如宗浩所料，弘吉剌部投降。宗浩则命令完颜撒与弘吉剌的人马共1.4万人与他会师于移米河。但是由于宗浩派出的使者迷路误入婆速火部，使得两方没能按时会合。宗浩所率人马深入到忒里葛山，与山只昆部的两个属部石鲁和浑滩遭遇，将他们击败，俘获了大量战利品。结果军队到呼歇水时，合底忻部首领白古带、山只昆部首领胡比剌及婆速火部首领都请求投降，宗浩受降之后就将他们都释放了。

宗浩军遂以胡必剌等人为向导，进攻在移米河而不肯投降的迪烈土部，金军斩首 300 多人，缴获牛羊 12000 多只。而后，合底忻部、婆速火部复叛西逃，完颜撒与弘吉剌部的人马在窊里不水追上他们，将他们打败。婆速火九部死亡 4500 余人，在金军撤退后内附于金朝。

这次军事行动打掉了经常骚扰金帝国边境的几个部族，使得金帝国西部获得了暂时的安宁，但是来自草原游牧部族的威胁实际上却加强了。1206 年铁木真统一蒙古草原各部，称成吉思汗，虽然对金朝有深仇大恨，但慑于对金朝实力的畏惧，还不敢直接攻打金帝国，而是发动了对金朝盟友西夏的战争。金章宗不敢因保护西夏而与蒙古直接发生冲突，只能听任西夏被蒙古人侵略了。

回光返照式的最后大捷

就在金章宗对北方的蒙古人头痛时，南边的宋朝也蠢蠢欲动，要从金帝国的内外交困中分一杯羹了。就在 1189 年金章宗即位的时候，宋孝宗"禅位"于儿子宋光宗，偏安江南的宋朝也完成了权力交接。但这个新皇帝很快在 1194 年被权臣韩侂胄、赵汝愚推翻，另立宋宁宗即位，韩侂胄掌握朝中全权。就在此时，金朝面临内部的自然灾害、外部的游牧部族入侵，形势十分窘迫。韩侂胄见此情景，认为当下是收复宋朝失地的最好机会，通过率领军队北上，还能树立他在宋朝臣民中的英雄形象，于是他四处游说金朝已经走向衰落，宋人应当同仇敌忾，一雪耻辱，同时大力宣扬宋高宗时代抗金名将的英雄事迹，在镇江为韩世忠建庙，又封岳飞为鄂王，还削去秦桧的爵位，将其谥号改为"谬丑"，等等。一时国人群情激愤，大有北上踏平金朝一雪前耻的气势。与此同时，备战也在紧锣密鼓地进行着，宋宁宗下诏要求各级中央官员和诸路将帅积极推荐将才，并在各地动员大量军队，打造武器、车船，准备与金朝一决雌雄。

宋朝不断挑衅制造摩擦以寻找借口出兵，1200 年，宋朝的贺生日使赵善义与金朝送伴使争"下车处"时发生争执，用带有挑衅的口气说："你方为蒙国鞑靼所侵扰，还有闲心跟我较量，难道要我们举兵夹攻你们不成？"公然提出要发动战争。此后，出使金朝的宋使与金朝接待人员多有争执，不像以往那样和和气气了。

金章宗并不想与宋朝撕破脸皮，所以对宋朝的种种挑衅采取忍耐的态度，还告诫出使宋朝的使臣不要喝酒，办事谨慎小心。在 1203 年出使宋朝的使团成员近侍局奉御完颜阿鲁带发现宋朝有北侵的迹象，向金章宗做了详细的汇报，然而章宗以"生事"之名将完颜阿鲁带鞭笞 50 下，放逐外地做官了。此时，章宗仍然不想给宋朝任何出兵的借口，力图避免战争的爆发。1204 年宋使张孝曾在返回途中病逝，金章宗得知消息后立即派人吊唁，并赠绢、布各 220 匹，命人护丧归国。

金朝这方极力避免与宋朝发生冲突，而宋朝在使节挑衅之后，开始动用军队骚扰金朝的边境城市，制造摩擦，企图挑起战争。而此时金朝又抓获宋朝的间谍，从他的口中得知宋朝正在大规模备战，5 个月内将要出兵攻金。金廷被迫采取措施，命令平章政事仆散揆为河南宣抚使，集结军队准备防务，同时又命令枢密院向宋朝交涉，希望宋朝遵守誓约，不要违反协议。宋人谎称是边臣管理不善，为盗贼所为，一面加紧了边境的军事调动。正困于国内的灾荒与北边战事的金帝国已无暇他顾，对待宋朝不得不采取忍让的态度。金章宗在宋朝大兵压境的境况下，还向宋朝使臣表示他"委曲涵容"的态度，并希望宋使能够向宋皇帝说明金朝不想动武的意图，将边境的骚扰停止，重归和平。

但金宋之间的战争最终还是爆发了。1206 年三四月，韩侂胄命令宋军从宋金边界沿线的东、中、西三路方向对金朝展开进攻，由于当时宋宁宗的年号是"开禧"，所以此次战争被称为"开禧北伐"。

东路宋军郭倪所部抢先进攻，先后夺取金朝的泗州（今江苏盱眙县西北）、虹县（今安徽泗县）等地，中路军则攻取了新息（今河南息县）、内乡（今河南西峡县）等地。直到这时，宋宁宗在五六月间方才发布北伐之诏，正式对金宣战。

金朝在 4 月得知宋军大规模入侵时，即调动军队准备抵抗。在南京（汴京）设立行台尚书省，任命仆散揆领汴京行省事，统帅诸军进行抵抗。5 月得到宋皇帝的正式宣战之后，正式组建战时统帅部，仆散揆为左副元帅，枢密副使完颜匡为右副元帅，陕西兵马都统使完颜充为元帅右监军，知真定府事乌古论谊为元帅左都监，同时调集河北、大名、北京一带的驻军 5 万人屯驻在真定（今河北正定）、河间（今河北河间）、清（今河北青县）、献（今河北献县）等州，作为河南正面防御的总后备队。

金军部署如下：仆散揆坐镇汴京总控全局，右副元帅完颜匡负责中线作战，防守河南一带，通远军节度使胡沙，知临洮府事石抹仲温负责西线作战，抵挡来自四川方向的宋军，纥石烈执中等人负责东线作战，主要防区在山东东、西两路。金军连年在西北边疆征战，战斗力仍然十分强悍，而宋军自正隆议和以来，一直没有再经历战争，此时的将领大多靠资历与家世得以升迁，缺乏实战指挥能力，与当年的抗金名将如韩琦、吴玠等人不可同日而语。士兵承平日久，大多没有作战经验。

结果可想而知，作为防守一方的金军很快取得全线胜利，将宋军赶出金朝的疆土，随后金军马上对宋军展开全线反攻。反攻由仆散揆总负责，将 20 万大军分为九路，从东、中、西三线进军，又调集河南丁壮 17 万多人入淮，10 万人入荆襄，作为后备。

仆散揆率主力迅速渡过淮河，宋军何汝砺、姚公佐部被打得措手不及，溃逃而走。仆散揆乘胜攻取颍口、合肥等地。纥石烈执中则由清河口渡淮河，攻克淮阴（今江苏淮安市淮阴区），并围攻楚州（今江苏淮安）。完颜匡成兵攻占枣阳（今湖北枣阳）、光化（今湖北老河口市西北西集街）等地，并遣诸军在安陆、应城、云梦、汉川、荆山等地活动。西线军队则攻占了天水、西和州（今甘肃西和县西南）和成州，完颜充则攻占大散关、凤州（今陕西凤县东北）。12月，宋军四川宣抚副使吴曦向金军投降，金人封吴曦为蜀王。吴曦本是抗金名将吴璘的孙子，因为受韩侂胄的掣肘而不满，金人对他的要求就是按兵不动，事成之后整个四川都归吴曦统治。这样一来，宋军的西线全面瓦解，在东线防守的丘崇失去策应，陷入极其不利的境地。仆散揆则利用此机会迅速派兵抢占真州（今江苏省仪征市），歼灭宋军2万多人，宋军被迫退到长江以南。金重兵屯集在长江沿岸，大有并吞宋朝之意。

就在此时，金章宗命令仆散揆分兵驻守北岸要地，以长江北岸重兵给宋朝施加压力，迫使宋朝人答应奉表称臣，岁增贡币，惩办战争罪犯三个条件。实际上能看出，金章宗并不想再向南推进，他只想赶快结束战争，恢复到战前的状况，因为章宗心里十分清楚，金帝国最需要的是从战争与灾荒中休整，还不具备一举灭宋的实力。

仆散揆对章宗的心理十分清楚，在1206年年底，通过家住河南安阳的韩侂胄的族人韩元靓与宋军东线主将丘崇接触，试探和意，并将一封行省文书交给宋人。宋朝权臣韩侂胄见此状况也动了求和之心，于是密令丘崇派人与金军接触，但双方在惩办战争罪犯这一条上没有达成一致。因为金人执意要惩办挑起战争的"元谋之臣"，这是韩侂胄所不能容忍的，他一气之下将丘崇罢免，双方这次秘密议和宣告失败。

到 1207 年，金军统帅仆散揆病逝，宗浩接任他总管对宋作战，上任伊始又摆出要大举南进的姿态，韩侂胄等人被迫派人求和。此次是以宋军统帅张岩的名义派方信儒等人面见宗浩，宗浩则坚持增加岁币、缚送首谋、称藩、割地（划长江而治）等条件，方信儒不敢擅自做主，金人便让他回去请示宋宁宗。宋朝君臣经过讨论，只接受了前三个条件。于是在 1207 年 4 月，宋宁宗派遣方信儒拿着他的求和誓书面见宗浩，宗浩见金人的条件没有得到满足，大为不满。经过与金章宗协商后，宗浩表示，如果宋人称臣，则可对割地一事有所放松，但其余的仍没有讨论的余地，而且要求增加犒军费 1000 万两。方信儒回去后向韩侂胄一一奏明，但就是不敢说惩办罪魁祸首一条，在韩侂胄的再三追问下，才吞吞吐吐地说："欲得太师头耳。"气得韩侂胄将方信儒贬到地方去了。

韩侂胄见求和不成，还要拼死抵抗，但宋人早已不愿意为保住他个人的性命去打仗了。礼部侍郎史弥远等人在 1207 年 11 月调动禁军将韩侂胄杀死，之后派人通告金朝韩侂胄已死的消息，让还在金营的宋使王柟继续与金人谈判。此时宗浩已病死于汴京，完颜匡接任宗浩与宋使谈判。完颜匡见到宋人将韩侂胄的人头带来，非常高兴，当即决定还给宋朝淮南地区，同时将犒军钱降至 300 万两。

后来在宋朝的请求下，金章宗又做出让步，即将攻占的西部的大散关等险要归还给宋朝。

1208年4月，宋使将韩侂胄等人的人头交给金朝，随即金人在6月将协议归还的土地交给宋朝。七八月双方互换誓书，9月完颜侃到宋朝首都临安与宋人正式宣布议和成功。金宋关系改为伯侄之国，双方疆界维持在淮河与大散关一线不变。不过宋朝向金朝缴纳的岁币银绢要各增10万，同时还要交犒军银300万两。

在此次金宋大战中，金朝再次对宋朝保持了全胜的战绩，不过这也是金帝国最后一场全胜的战争。在国家还没有从灾荒、边患中恢复过来时，这场胜利的战争对金朝无疑也是灾难性的，使得金朝的元气受到极大的削弱，社会各个方面都出现了衰落的迹象，正如宋使在金国境内所看到的，是"饥馑连年，民不聊生"。金章宗在疲于应付南北的外敌时，也不得不对付国内更大的敌人——灾荒与经济萧条。

帝国斜阳：积重难返的汉化"恶果"

就在金章宗即位这一年，也就是公元1189年5月，黄河在1186年决口之后再次泛滥，淹过曹州。报告到章宗手中时已经是6月的事情了，金章宗十分生气，当即责备了相关部门："我听说5月28日黄河泛滥，而你们所上报的文字如此迟滞，水事是最紧急的事情，不可延误，若晚了则很难处理了。"

章宗对黄河决口如此敏感，正是因为在他之前的世宗时代，黄河已发生了五次决口，平均四年一次，不仅对沿河地区造成毁灭性的打击，也给这个刚刚恢复平静的国家增添了沉重的负担。章宗即位伊始遇到这样的事情，怎能不紧张呢？但这次决口的最佳抢救期已经过去，这时能做的只是事后的救济与整修。当年9月，章宗下令马百禄等人对受灾地区进行推排，即调查受灾人口，核减赋役税收，进行救济。在12月枯水期的修筑河堤工程中，章宗共动用民工608万人次，其中430万人次是征发当地的民户，而且在与征发地区相邻500里以内的州府，都要按照财产标准征收雇佣费。对于参加维修的工人给工钱150文，每天还给50文钱及一天所需的食物。调集的人力物力，可能要比金朝两次对外用兵耗费的国力还要多。即便如此，沿河被征发的民工因劳役过重，家破人亡的不在少数，所以逃跑者甚多，成为令主管官员头痛的问题。而且因为治河，在短期内需要的材料剧增，给沿河地区又增加了一笔不小的负担，国家与民间都深受洪灾的困扰。

尚书省后来讨论提出改革方案，建议以后凡有此类大工程，要事先预算好构筑堤坝取土距离的远近、堤坝加高的尺寸，公示给大家，不能临时增加百姓的负担。责令都水监在每年8月洪水高发期到来之前，核算物资所缺数目及第二年工程量的多少，报告转运司，由转运司安排百姓于冬天的三个月内分期缴纳河防所需物资。如汛情很大，情况危急，可以调用邻近堤防的储备物资，不足时再向附近州县购买。以上过程再派提刑司的官员监督，就这样制定出一套最大限度降低成本的办法。

国内外局势的严峻，使得民户的能力与原来规定的赋役产生差距，为了解决此事，章宗上台之后，将世宗时代的通检推排制度化为十年一次，以适应不同地区居民财产负担的变化。1197年进行了章宗时代第一次全国性的通检推排，原则就是对于贫弱及户绝者予以减免，对于新富者则增加物力钱的征收标准，力求各户所负担的物力钱及赋役强度与其生活水平一致。同时，还对推排范围做了限定，像农民备荒用的存粮就不算在内，以求保证民户的基本生存需要。另外还要求官员要考虑到民户的实际承受力，不必非得与上次推排的水平相同。这次通检推排是将全国分为13个转运司路，每路由一名转运使负责，进行普查，另外有一名按察使司官员作为副使负责监督。物力调查的依据是本家自行陈述，周围邻居作证，后由负责普查的官员核实、申报。1198年这次通检推排结束后，确定的全国物力钱是258.6万贯左右，比上次通检推排的定额减少了43.6万贯。

章宗还将通检推排进行发挥，即对于受灾地区随时进行推排，以便可以使真正受灾的民户免除原来的一些赋役，达到实际减轻民户负担的作用。1208年章宗又进行了他在位时期的第二次也是最后一次通检推排，具体过程与第一次相同。目的似乎很明确，就是通过通检推排，尽量减少民户不应该担负的赋役，章宗小心翼翼地维持民户生活的稳定，以确保帝国基石的稳固。

　　在当时灾害频生、粮食供给紧张的情况下，章宗为了平抑物价，预防粮荒，力图将世宗时代产生的常平仓制度化。1190年，御史官员上书请求恢复世宗时代的常平仓，经过三年的讨论酝酿，章宗于1193年颁布法令，正式宣布推行常平仓制度，并命令提刑司监督地方官员的实行。规定州府一级行政单位设立常平仓，在州府城60里以外的县城也要单独设立常平仓。2万户以上单位的常平仓要储备3万石的粮食，1万户以上的要有2万石，1万户以下5千户以上的单位要备1.5万石，5千户以下的则要备5千石。并将地方常平仓的建设纳入提刑司对官员考核的标准之一。在实行了两年后，尚书省奏报说："全国常平仓共有519处，存粟3786.3多万石，可供军队五年之用，米810余万石，可备四年之用，但国库中的钱仅剩3343万贯，只能够用两年的。钱既少，而且最近粮食丰收但米价仍然很贵，如果再出钱采购，恐怕导致米价腾贵，于民不利。"于是章宗停止了常平仓的继续储备，等官钱有剩余时再行支出。可见，国家财政的拮据迫使常平仓中途叫停。

　　其实，国家的财政一直是十分棘手的问题。不断增加的官僚队伍，连年的战争费用，治黄费用等，不断支出，而国家的收入却在不断减少。早在章宗即位当年，就有百姓刘完等上告，说自从设立钱监铸造铜钱以来，有铜矿的地方出产的铜虽然是由官府运输，但往往要老百姓承担费用。为此派人调查得出的结果是，民间对开采铜矿的某些做法十分不满，而开采铜矿的人又与官吏勾结，妄说百姓的房产下有铜矿，以此敲诈百姓。此外，冶炼工匠每天往往完不成 4 两铜的任务，不得不靠销毁旧铜器与铜钱来应付。阜通、利通两个钱监每年只铸造铜钱 40 多万贯，但一年的成本却达 80 多万贯。这样的弊病也说明了世宗的货币政策并不是十分成功的。章宗不久就将两个铜监废除，而钱荒的矛盾又出现了。

尽管尽量降低治理黄河的成本，但章宗时代的黄河决口仍不可避免地对社会经济产生了极大的摧残，同时，章宗进行的对鞑靼人及宋朝的战争也使得国库持续地向外支出巨额资金，致使章宗时代的社会经济步履维艰。这一系列的消耗又导致了金朝原有的经济痼疾——钱荒更加突出。世宗时代还能利用国库储备干预市场，但现在无论在民在公都没有充足的铜钱可供流通了。这就使得铜价奇贵，富有者则屯聚大量铜钱，使这一问题更加严重。

章宗即位后，便取消了交钞的使用期限，企图利用推行纸币来解决货币不足的问题。虽然其初衷是不让市面流通的纸币数量超过铜钱，但是由于国家财政困难，并不能控制正常的纸币发行量。实际上，市面流通的交钞数量远远高于铜钱的数量，使得交钞迅速贬值，流通困难。政府不得不采取强制措施保证交钞的流通，甚至给军队官兵支付交钞作为官饷。同时为了解决铜货紧俏的问题，章宗时代提出限钱法，规定官员百姓家依照财产多寡限制其存储铜钱的数量，最多不能超过 2 万贯，猛安谋克则依照拥有牛具的多少为准，每个单位最多不得超过 1 万贯。后来又撤销限钱法，企图以铸造铜钱来解决，不过也不了了之。同时严厉限制铜钱在对宋榷场贸易时流出，携带 3 斤以上者处死。但以上这些措施效果并不明显。

　　章宗时代总的货币政策思路就是"限钱重钞"，但仍然阻止不了交钞的贬值，所以不得不频繁变换货币，招致社会上的人心浮动，甚至有人在市面上表达不满，章宗得知后下令禁止谈论交钞使用的问题，违者以罪论处。章宗时代的货币政策呈现不稳定状态，也表明其经济极度不稳定，币制混乱也导致了经济的继续下滑。

　　经济不断下滑的同时也导致粮食的紧张，由于北方的粮食生产水平不能供养当时的人口，金朝决策者便想办法提高粮食产量，以求能够稳定经济。章宗时代以政府之力主要推行两种方法，一是区田法，一是推广水田。

　　"区田法"又叫区种法，指将每亩地分成若干区，对其进行精耕细作。这种办法主要在干旱地区推行，但因为需要消耗大量人力，成本过高，以往并没有得到广泛推行。但章宗时代由于粮食紧张，也不得不考虑用此法来提高产量了。他多次与大臣们讨论这个问题，大臣胥持国坚持采用此法，认为此法可以提高产量，迅速见效。而参知政事夹古衡认为，如果此法有益处，为什么古代没有坚持下来？且费功多，收获少，不见得可行。章宗对区种法始终犹豫不决，不过他更加焦急地想找到提高粮食产量的办法，所以在其他人推动下，于1194年正式宣布要求农民采用区种法劳作。并下令农田百亩以上，如滨河地区，必须种30余亩，无水的地区听便。当地的官员也必须劝导实行，至于推行情况如何也列入他们的年终政绩之内。后来的规定又具体到人头上：年纪在15岁以上、60岁以下的男劳动力至少种1亩，如果劳动力多的则要种5亩。

其实这种不考虑实际情况而下派硬性指标的办法，反而加重了农民的负担，尤其是征税的时候是按照政府认为应该能收获的标准来征收的，大多高出农民的实际产量，等于是变相加税。1197年，提刑官马百禄上奏，认为应根据实际情况来推行，不限田亩数，得到章宗的批准。1204年，尚书省也报告说强定指标难以见效，应当尊重农民土地的具体情况。实际上，这项区种法的推广在此后也就不了了之了。

章宗满怀希望推行的第二种办法就是推广水田，但当时的北方地区由于气候、频繁的洪灾，使得水田种植并不常见。不过水田的高产量确实对章宗具有很强的吸引力，他不顾一切地要求各地官员积极兴建水利灌溉工程，以图推广水田的面积。1195年规定，县官任期内有能增加百顷以上水田的，优先升官，谋克官所管屯田内有增加30顷以上水田的，赏银绢20两匹。各地官员为了增加政绩、早日升官，便拼命地改造自己辖区的水田及水利设施。不过章宗仍然犯了老毛病，仅从理想的情况出发而不考虑实际，导致很多地方破坏了正常的农业生产，致使良田荒芜。不过也有实行得好的地方，使得地方的农田得到更好的灌溉，官用民足。

对于水田的推广，章宗病逝前四个月还惦记此事，命令各路按察使司负责开发水田。金章宗可以说是较早摸索解决中国北方粮食问题的统治者了，不过这一问题直到明代引进了美洲的土豆等高产作物才得到一定程度的解决。

尽管章宗采取各种措施来阻止经济的下滑，但往往事与愿违，事情变得越发悲观，而章宗首先想到要重点救济的其实是享受优厚待遇的女真户。事情还得从 1195 年金军征讨塔塔儿等部不利说起，将帅们将失败原因归结到猛安谋克的女真户"屯田地寡，无以养赡"，士兵们家里生计没办法解决，自然在前线没有斗志了。而解决的办法仍然是世宗时代已经遭人诟病的掠夺式的"括地"，多数学者认为此次括地的残酷程度远远高出世宗时代。

1200 年，章宗命令宗浩等人在山东设立行台尚书省专门进行括地，这也是金朝唯一一次为进行"括地"而设立的中央派出机构，可见对其重视程度之高。结果是括地达 30 余万顷，在当时金朝土地紧张的状况之下，能得到 30 余万顷的土地，必然是通过剥夺民田获得的。括地时并不按照客观依据执行，规定有隐匿土地的没收充公，告发者还给奖励，实际上官方并不追查告发者的真实性，往往闻风而动，将很多所谓的"冒种官地"者的土地充公，弄得当时括地地区怨声载道，民怨沸腾。

而且此次括地又成为许多权势官僚借机抢占土地的好机会，章宗的老师完颜匡就借此机会大肆圈地占地，所谓"腴田沃壤尽入势家，瘠恶者乃付贫户"，很多女真普通家庭仍然没有得到这次专为他们"括地"的好处，依旧贫困。而且还造成了括地地区汉人民户与女真户之间的深刻矛盾，女真、汉户不和，在当时已经成为严重的社会问题。虽然章宗曾三令五申要求地方官员解决这个问题，但效果并不明显，反而仇恨的种子在不久生根发芽，最终出现了金末山东的红袄军起义。

章宗在位 20 多年，虽然极力要将世宗留下的遗产发扬光大，但怎奈力量有限，面临种种政治、社会危机，并没能有效地加以治理，使得金帝国进一步滑向衰落的边缘。金末政治上的很多症结也是由章宗时代演化而来的。

第七章
阴霾中的黄昏：内外交困的金王朝

金章宗宠爱一个名叫李师儿的妃子。这个名字与北宋末代之君宋徽宗的宠妓李师师极其相似的女人，也将帝国推向与北宋同样的命运。如百年前宋人无法抵挡女真人进攻一样，现在，女真人也抵挡不住来自北方的蒙古人的进攻了。是战？是和？金宣宗做出了令人瞠目的决定。

近侍权重：章宗时代的遗产

章宗皇帝在位 20 多年，经历内忧外患，但本人还算兢兢业业，勉强维持住了大金帝国的强国地位，不过给后面继承者留下的却是难以收拾的烂摊子，其中最严重的就是权臣擅权的弊病，这一弊病的肇端就是章宗时代宠幸的元妃李师儿及其外戚。

李师儿本来身份低微，因她的父亲获罪而全家被收为宫监户，成为皇宫的奴隶。世宗末年，李师儿入宫成为宫女。本来章宗是没有机会认识她的，但是机缘巧合，一天章宗问负责宫女培训的宫教张建，新来的宫女中谁学得最快，张建回答说声音清亮的人学得最快。按宫中规矩，宫教只能隔着帘子给宫女上课，看不到宫女的面容，所以张建只知道有一个声音很清亮的女孩最聪明，于是才有如上回答。章宗听罢非常感兴趣，派宦官梁道去查找这个女孩，才知她叫李师儿，而且长得非常美丽，很快章宗就将此女纳入宫中。

李师儿与其他妃嫔不同，她对诗词歌赋非常精通，写得一手好字，而且非常懂得人情世故。这几点正对嗜好文章辞赋的章宗的兴趣，而且章宗的正妻蒲察氏早亡，有这样一个贴心的女人在身边自然是十分高兴，他甚至有意册立李师儿为皇后。但金皇室的惯例是与徒单、唐括、蒲察、拿懒、仆散、纥石烈、乌林答、乌古论等部长之家世为婚姻，其他人是没有份儿的，更何况一个出身低贱之人。所以当章宗提出册立李师儿为皇后之事时，所有大臣都强烈反对，最后只能封李师儿为元妃。章宗终生没有立后，实际上也就是把李师儿当作真正的皇后来对待了。

按照规矩，李师儿为妃嫔，那么她的家族就都能得到册封，所以很轻易地摆脱了宫监户的身份，一跃而成为朝中的显贵了。已去世的父亲李湘被追赠为金紫光禄大夫，祖父及曾祖都被追赠官爵。还在世的兄弟们自然也入朝为官，李喜儿被赐名仁惠，被任命为三品的宣徽使，弟弟李铁哥被赐名仁愿，任近侍局使、少府监。这两个官职虽然并不是高阶之位，但都是皇帝的近侍人员，颇得章宗信任，往往重要、机要之事章宗都是委托他们两兄弟去办的。因此李氏家族在章宗时代权势日渐高涨，甚至可以掌控朝中官员的任免。

章宗时代的宰相胥持国，仅为经童出身，在章宗还是太子的时候，曾在东宫任小官，他知道章宗宠爱李师儿，便百般地向李师儿买好，进献房中之术，又买通李师儿周围的人，以图结交主子。李师儿也因地位低微，需要外面有人支持，所以向章宗极力推荐胥持国，于是胥持国在1193年被任命为参知政事，后又升任尚书右丞。李师儿与胥持国一里一外相互配合，成为章宗朝左右朝政的势力，时人评论章宗的政治是"经童作相，监婢为妃"，即指此事。

胥持国在朝中广泛培植自己的势力，当时依靠李师儿、胥持国的官员，如右司谏张复亨、右拾遗张嘉贞、同知安丰军节度使事赵枢、同知定海军节度使张光庭、户部主事高元甫、刑部员外郎张岩叟、尚书令史傅汝梅、张翰、裴元、郭郳，被人戏称为"胥门十哲"。这些人在朝中沆瀣一气，朝中元老大臣普遍不满这些人的行为，尤其是宰相完颜守贞对胥持国等人十分看不惯，多次在章宗面前以各种形式讽谏，提醒章宗不要亲近小人。而且完颜守贞喜欢招揽门人，其中著名的也有十个，称为"冷岩十俊"，与胥持国的"胥门十哲"相对。

完颜守贞素来与胥持国、李师儿等人不和，曾经建议章宗罢废经童科考试，以保证官僚队伍的素质，此话暗含着对胥持国的讥讽之意。胥持国等人自然是对守贞十分忌恨，终于在完颜守贞处理永中案的时候，背后乘机捣鬼，使得永中被下放到济南做官去了，曾经与完颜守贞有关系的董师中等人也受到牵连，被逐出中都。

完颜守贞为金初名相完颜希尹之孙，最后在济南落得郁郁而终的下场。1197年御史台弹劾胥持国结党营私，章宗在这些都是公开的秘密面前，不得不令胥持国致仕，但等风头一过就任命他为枢密副使，在北京辅佐完颜襄守边，可见对他的宠爱之心。不过鉴于朝臣的压力，章宗再也没敢让他回到中都，胥持国不久就死在了前线。

胥持国虽然倒台，但是并没有损伤到李师儿家族的势力。当时的伶人在章宗面前表演时曾唱道："汝不闻凤凰见乎……其飞有四，所应亦异。若向上飞则风雨顺时，向下飞则五谷丰登，向外飞则四国来朝，向里飞则加官晋爵。"这里所谓的"向里飞"是借"向李妃"的谐音，指官员投靠李妃就可以加官晋爵，可见当时李氏家族的权势是名闻朝野的。不过章宗听罢也只是一笑了之。身为近侍官员的李氏兄弟在章宗的信任之下，越来越多地承担起政府事务，逐渐以皇帝全权特使的身份出现在地方的各个场合。

1190 年，宰相完颜襄讨伐契丹人，章宗让他可以任意授任龙虎卫上将军即三品官以下的官职，完颜襄认为这是皇帝的权力，不敢接受，于是章宗干脆派遣李仁惠拿着空头任命书 170 多张到完颜襄这里代表皇帝"便宜行事"，此时的李仁惠似乎比完颜襄更有权力。1196 年李仁惠又亲赴边疆代表皇帝犒赏官军，当场授官 11000人，凡用银两 20 万，绢 5 万匹，钱 32 万贯。李仁惠官阶虽低，但却成为皇帝权力的延伸，自然要高人一等。

身份卑微的李氏兄弟频繁地活跃于金章宗时代的政治舞台，而以往的宗室权贵却黯然地退出了前台。金帝国的政治悄然地发生了变化，女真宗室贵族的势力逐渐被削弱，出身低下的、必须依附于皇权的近侍成为帝国晚期政治的主角之一，而皇帝往往依靠这些人掌握权力，监控大臣贵族。

皇帝身边的近侍局则成为与相权比肩的机构，李仁愿就是近侍局的负责人，这个原来隶属于殿前都点检的、负责转进文件的机构，在章宗朝发展成为皇帝的亲信机构，章宗宠幸的大臣很多都有在近侍局任职的经历，如完颜匡曾经是近侍局使，后来升任尚书令。

近侍局早在世宗时代就开始担当监视大臣的任务，负责将大臣们私下议论的事情上报给皇帝，甚至对监察机构也进行监视。因此，招来很多大臣的不满，早在章宗即位之初，声望甚高的老臣、太傅徒单克宁曾经进谏章宗说："陛下开始亲政，不应给近侍人员太多权力，请求纠正近侍人员权力过重的现象。"结果却被章宗杖责二十大板，足见近侍人员在章宗心中的地位。

不过，章宗时代毕竟是帝国的政治稳定期，近侍局与朝臣的矛盾还没有激化，但随着后来蒙古人的入侵，皇帝与近侍局、权臣的关系则变得越来越复杂，矛盾也越来越激烈了。

李氏兄弟掌管近侍局期间，朝臣对李氏家族的不满越来越强，直至流传开这样的话："内廷之事唯贵妃之言是用，外廷之事唯李喜儿李点检之说是从。"不少大臣忍不住直接向章宗进谏，1196年，宗端向皇帝进言说应当远小人，章宗后来问其他宰相宗端所说的小人是谁，董师中则直接说是"李喜儿辈"，弄得皇帝脸红一阵儿白一阵儿的，默不作声。章宗可能也觉得李氏兄弟有些过分，于是派李仁惠问宗端所上奏的小人是谁，宗端则理直气壮地回答为李喜儿（李仁惠），弄得李仁惠十分尴尬，战战兢兢地向章宗报告，章宗仅仅数落了几句，就没有了下文。类似的朝臣进谏告诫皇帝要警惕李氏家族的事情一直持续不断，但章宗对李师儿、李氏兄弟宠爱至极，无法割舍，所以李氏家族成为章宗时代政坛上的常青树，一直屹立不倒。

金章宗对近侍宠信有加的同时，对皇室亲王却十分猜忌和强硬。章宗刚刚上台，就陆续地将原来担任宰相、掌握京城军政大权的诸位叔父统统外放任官了。重要的是他颁布了各项制度性的禁令来限制诸王的活动。如1190年正月，颁布法令禁止在外地的诸位亲王游猎超过5天，2月又规定诸王游猎不得越出自己的猎场。6月又下令各王府的长史对诸王的家庭进行监督，若有亲王家人犯法，则拿长史问罪，原是亲王属官的长史这时成为皇帝派在诸王身边的监督了。这还不放心，1191年，又下令增设王傅、府尉官，这更是皇帝直接派到诸王身边的耳目，而当年又下令不许僧道人等进出诸王府。

金章宗表面上却对诸位叔父十分亲热爱护，时常嘘寒问暖，但外松内紧，这确是大家心知肚明的事情，世宗的几个儿子大多都很识趣，生活低调，生怕被章宗抓住什么把柄。此招要比海陵王时期对宗室的屠杀政策有效得多，从此以后再也没有发生过诸王兄弟之间的权力争夺，皇权又一次变得坚实起来。

不过皇权的稳固往往还是以流血为代价的，因为防范往往由猜忌而来，猜忌往往由小人煽动为缘起，章宗时代就发生了这样的悲剧。

郑王永蹈平素迷信方术，他的仆人毕庆寿请来的一批方士跟他说："大王的相貌非比常人，王妃与两个公子也是大富大贵之相。"而且又说其他的王都比不上郑王永蹈。永蹈听得十分高兴，马上又找人观察天象，来人说天象显示丑年有兵灾，属兔的人次年可收兵得皇位。此话显然是鼓动永蹈在1193年（癸丑）与1194年之间发动政变。迷信的永蹈自然是言听计从，开始谋划起来，派人到中都各处联系宫中之人进行准备。但是政变关键要有兵权，当时永蹈在河南任职，所以又通过各种关系拉拢掌握河南兵权的仆散揆，想与仆散揆结为亲家，仆散揆自然不会答应。终究纸包不住火，永蹈的仆人千家奴与董寿向金章宗告发了永蹈，而此时永蹈正在中都，被逮个正着。经过一系列审问之后最终定案，并且株连了一批人，被赐死的有永蹈、妃子卞玉、二子按春和阿辛，参与其中的公主长乐也被令自尽。同时杀蒲刺睹、崔温、郭谏、马太初等人。仆散揆虽然未参与其中，但是曾夸赞过永蹈，所以也被除名。消失已久的对于宗室贵族的恐怖政策似乎又回到了金朝都城，不到一年的时间里，又发生了另一起"谋反案"。

镐王永中是世宗的长子，世宗在位末年曾担任枢密使，掌控军权，章宗的父亲允恭为了不引起兄弟相争，曾经极力避免与永中的冲突，永中曾经做过一些违制的事情，都被允恭压了下来。后来允恭病逝，永中正在中都与年轻的章宗待在一起，世宗非常害怕永中要加害章宗，于是命令永中到上京觐见。这些事章宗都历历在目，于是即位伊始，第一件事就是撤掉永中的兵权，外放任西京留守。永中本是最有力的皇位竞争者，只因老皇帝世宗的偏爱，才将皇位传给他的侄子章宗。永中也因此成为章宗重点防范的对象，两人猜忌已久，自然有一点火星就能引发悲剧。

在永蹈案之后，章宗更变本加厉地打压永中，派人暗中监视与他往来之人，甚至一次河东提刑判官把里海私自拜会永中，因此招致一百大板，丢掉官职。永中愤懑不平，可也毫无办法，曾以年岁老朽，乞求退休养老，但遭到拒绝，章宗怕他脱离了自己的控制。

永中的舅舅是世宗时代的丞相张汝弼，此人在 1187 年就已经去世。他的妻子高陀斡一直将永中母亲的画像悬挂家中，日日祷拜，为永中祈福，希望他有朝一日能即位为君。1194 年，高陀斡因此事被章宗诛杀，章宗当即就将她与永中联系起来，但没有明显证据表明永中是幕后指使。这时，章宗安插到诸王王府的傅尉官员告发永中的两个儿子曾经有诋毁章宗的言论，随后，永中家的家奴德哥又告发永中曾经对仆人说过："我得天下之后，儿子就是大王了。"由此，永中也被加上了谋反的罪名。但因为他仅仅见于言辞，而没有付诸行动，因此比永蹈降一格处理，永中被赐死，他的两个多嘴的儿子也被诛杀。

当时朝廷中还有很多反对这样办的人，他们认为此案不至于要永中的性命，代表人物是完颜守贞、董师中等人，他们也因此受到牵连。完颜守贞被贬济南，同时推荐他的人也都受到处罚，受到牵连的官员不计其数。此后永中的诸子遭到禁锢，始终有兵看守，设官监视，而且家中长女鳏男不得婚嫁，直到金灭亡前夕方才解禁。

章宗时代对宗室诸王采取恐怖手段进行控制，结束了金代帝王直系子孙可以在朝中为权臣的惯例。世宗诸子在章宗时代也大多表现得庸庸碌碌，不敢显现能力，生怕受到猜忌而给自己招来灭顶之灾。

章宗对世宗诸子也就是他的叔父们严加防范，很重要的原因在于自己一直没有儿子，因此皇位继承者在章宗一朝就一直是个悬念。直到章宗临终前，才只有两个马上要生产的妃子。他十分不甘心将皇位让与他的叔父们，但也无可奈何，最后决定将皇位传给他的叔叔卫王永济，不是因为永济能力强，而是正相反，此人昏庸懦弱，易于控制。章宗将这个意见以遗诏的形式告诉李师儿与完颜匡，指望这两个实力派能控制朝政，好保证他未出生的两个孩子得以成人并在卫王永济之后继承皇位。1208 年安排好后事之后，章宗病逝于福安殿。

其实章宗走得并不安心，章宗逝世前两年，即 1206 年，铁木真统一蒙古诸部，称成吉思汗，对金虎视眈眈。章宗早已感受到来自草原的压力，但深陷于对宋的战争，无法调动军队采取主动，被迫任由蒙古军队袭扰西夏，章宗只能遗憾地在临终前告诫众人，要提早准备对蒙古的战争。而在他去世的那一年，方与宋朝结束战争进行议和。经历了一系列战争与灾荒的国家已经是一片萧条，内部蕴含着重重危机，可能章宗会很后悔将自己小心翼翼维持下来的国家交给一个昏弱之人，已经是外强中干的金帝国在他死后的第三年就开始在新兴的蒙古人的敲打下逐渐分崩离析了。

蒙古人的铁蹄：另一个马上民族的兴起

蒙古人一般被认为是活动于大兴安岭北部广大地区室韦诸部的一部，《旧唐书》中称之为"蒙兀室韦"，后又有盟古、萌古、盲骨子等不同的称呼。契丹兴起后，蒙古人逐渐附属于契丹，辽帝国建立后，成吉思汗的第十七世祖海都率领部众征服周围其他部落，成为鄂尔吉纳河以西草原上一支强大的势力，海都部向西南迁到克鲁伦河附近，与契丹人的控制地区直接接壤，并接受辽的封官，为辽镇守草原，同时也利用辽的声望不断进行扩张。

辽帝国末年，海都的曾孙合不勒汗即位。合不勒汗是成吉思汗的曾祖，他以古老姓氏奇渥温为号召，将分散的各个氏族统一起来，成为可汗。合不勒汗势力强大，对当时刚刚兴起的金帝国来说无疑是一块心病。为了解决这个问题，金熙宗要拉拢合不勒汗，遂在上京非常隆重地接待了他。

女真人与蒙古人都善豪饮，双方见面自然推杯换盏，十分豪爽，不过在心底，合不勒汗相当警惕，时刻注意金人在酒菜中是否下了毒，每次都以沐浴为借口，将吃过的食物吐出来，回去之后继续与女真人推杯换盏，金人则十分惊奇合不勒汗的酒量。一次合不勒汗喝醉了，竟然拽住金熙宗的胡子，金朝大臣哪肯容忍他这样，但金熙宗却一笑置之，仍给他很多赏赐，送他回去了。

合不勒汗一走，金熙宗就后悔了：放走了这样一个枭雄，以后必为金朝大患。于是，便遣使诏他回来。合不勒汗自知凶多吉少，逃避不去，结果争执几次之后，合不勒汗的部下将金使杀死，遂与金朝结了仇。

金熙宗于1135年派遣胡沙虎率军讨伐，合不勒汗避实就虚，将胡沙虎部在草原中拖得弹尽粮绝，被迫撤军，而在此时蒙古铁骑从四面而来将其大败。在中原连战连捷的金军在这里遭到了少见的惨败，金熙宗不得不变换策略，改用以草原上其他部落对付蒙古部的办法。

敌人的敌人就是朋友，在呼伦贝尔草原的塔塔儿人（北阻鞑）与蒙古部结仇，金朝人就支持塔塔儿人去攻打蒙古部。此时蒙古已是俺巴孩汗执政，一次他送女儿到塔塔儿住地的另一部落与之结亲，塔塔儿人在路上劫持了俺巴孩汗，将其押送金朝，金熙宗则将俺巴孩汗钉死在木驴车上。在俺巴孩汗临死前跟部众发下毒誓："即使五指磨光，十指磨伤，也要替我报仇！"

忽图剌被推举为可汗，他继承俺巴孩汗的遗命，率领部众不断地袭扰金朝边境，当时金朝都元帅宗弼亲自率军征讨，怎奈蒙古人的灵活战术，忽聚忽散，金军处处被动，最后无功而返。金熙宗被迫在1147年将克鲁伦河以北的27寨割给了蒙古，与其议和，金的边防线也从克鲁伦河后撤到大兴安岭，以后主要利用草原部落之间的矛盾来控制各部落了。而蒙古部则占据了克鲁伦河流域，此后这片土地就成了蒙古帝国的发祥地。

在忽图剌汗的征战过程中，也速该作战英勇，很快成为仅次于忽图剌汗的第二号人物，也就很自然地继承了汗位，也速该就是成吉思汗的父亲。也速该在位时期经常与塔塔儿人征战，一次俘获了塔塔儿人的两名酋长，正赶上他的妻子诃额仑生下第一个儿子，也速该遂以其中一个酋长的名字帖木真兀格给这个孩子命名，后来又称铁木真，这个孩子就是日后震惊世界的成吉思汗。

铁木真在 9 岁时，也速该与弘吉剌部的德薛禅定了亲，铁木真将娶德薛禅的女儿为妻，按照习俗铁木真要在岳父家住上一段日子。定亲之后，也速该在返回营地的路中途经主因塔塔儿人的营地，被塔塔儿人下毒，回到营地不久之后就撒手人寰了。他死后，蒙古部中的强宗大族俺巴孩汗一族的泰赤乌人抛下也速该的遗孀，整部人全都迁走。诃额仑一家孤儿寡母靠着挖野菜艰难地生存下来，直到铁木真长大成人。

从儿时艰苦生活过来的铁木真是一个非常英勇坚强的人，他继承了父亲的遗志，白手起家，经过一系列艰苦的战争终于统一了蒙古草原诸部。在 1206 年也就是金章宗的泰和二年，铁木真在斡难河源召开由诸部首领参加的"库里尔台"大会，被各部首领共同推荐为成吉思汗，意为"天可汗"，成吉思汗也随之颁布了称为大扎撒的法令，它实际上就宣告了蒙古帝国的建立。

金朝与蒙古人可以说是宿仇，所以处于南方的金帝国自然是成吉思汗对外扩张的首选目标。成吉思汗最初打探金朝的情报主要是依靠契丹人耶律阿海。耶律阿海是原来辽的贵族，祖父在金朝任桓州尹，父亲则在金尚书省任官，由于耶律阿海精通蒙古事务，所以经常派阿海出使蒙古各部。

早年，有一次在阿海出使克烈部时，与成吉思汗相识，两人一见如故，阿海遂向成吉思汗说："金朝武备松弛，社会风气骄奢淫逸，已经离亡国不远了！"一个金朝使臣对蒙古人说这样的话，成吉思汗不免有些戒备，告诉他，你如果想跟我干，请你拿出让我信任你的证据。果然，第二次阿海过来时，将他的弟弟留在成吉思汗身边作为人质，自己也留下为成吉思汗效劳了。自此耶律阿海追随成吉思汗南征北战，参加了统一诸部的战争，成为成吉思汗的亲信之一。

成吉思汗并不急于攻打金朝，因为金朝毕竟地大物博，综合实力远在蒙古之上，所以需要探听好其内部的情况。成吉思汗在金章宗末年以贡岁币为名亲自到金朝打探虚实，金朝从国家安全的角度考虑，并没有让他进入腹地，派卫王永济，也是后来的卫绍王，到边境地区的净州受贡，使成吉思汗的计划落了空。

卫王永济虽然性格懦弱，但也表现出上国的威严，身经百战的成吉思汗极其讨厌这个做作的亲王，拒绝向他下跪，扬长而去。永济气得回去之后就向章宗禀报，要求发兵讨伐成吉思汗，但因这年章宗逝世，永济等人忙于稳定政局，征讨之事也就作罢了。

1209 年，永济即卫绍王位的第二年，派人到成吉思汗处宣告新帝即位，成吉思汗问谁为新帝，答曰原卫王永济。成吉思汗向金朝方向唾弃道："我以为中原皇帝是天上人做，谁知原来是这等昏庸之人，凭什么拜他！"此后蒙古斩断了与金朝已经名存实亡的附属关系，正式与金为敌了。

成吉思汗决定首先从金朝西部的弱国西夏动手，并于 1209 年迫使夏主李安全纳女臣服。这样就砍掉了金帝国西方的屏障，形成了对金的战略包围。

1209 年卫绍王永济刚刚即位，他上台后做的第一件事并不是对蒙古采取防御措施，而是想着要把章宗为他设下的限制一一铲除。在外敌虎视眈眈的情况下，帝国内部的阴谋又再次拉开了帷幕。首先让卫绍王感觉到威胁最大的是还在宫女肚子中的章宗后代，1209 年 2 月他突然下达了一份诏书，说他对怀有章宗子嗣的两位宫女是如何地悉心照料，但是本该去年 11 月生产的贾氏已超过三个月了却还没有生产。而范氏本应在本月生产，太医仪师颜说范氏去年 11 月胎气有损，孩子已经保不住了，范氏自愿削发为尼。想到先帝的委托，不禁非常担心，章宗的在天之灵一定会保佑贾氏早生子嗣。接着卫绍王特地强调，害怕众人无端猜忌才下此诏说明的。

接着在 4 月份他又下了一道诏书，说近侍有人告发，贾氏怀孕是元妃李师儿等人策划的阴谋，将矛头指向当权的李氏家族。说李师儿在章宗病中与王盼儿及李新喜合谋，让贾氏假装怀孕，等到分娩时再找一个婴儿充作皇嗣。但章宗去世前，命令平章政事完颜匡提点中外事务，明有敕旨，并告诉众人说："我有两宫人有娠。"让众人加强守备，所以此阴谋没有得逞。

诏书还说，李氏经常命令女巫李定奴做纸木人鸳鸯符来诅咒被章宗宠幸的宫人，以求她们绝育。这些事情李氏已经招供，相关部门议定应当处以极刑。我念她侍奉先帝日久，欲免她一死。但王公百僚执奏坚持，只能赐她自尽了。王盼儿、李新喜各正典刑。李氏兄李喜儿，弟少府监铁哥依法惩罚，仍归复监户身份，于远地安置。贾氏赐自尽。

章宗的两个未出生的皇储与当权的李氏家族在卫绍王的两封诏书过后烟消云散，《金史》的编写者在此事后有评论说，当时并未有完颜匡提点中外事务的命令，可能是完颜匡为了夺定策之功而罗构的。其实在章宗去世之后，朝中的实力派就是完颜匡与李氏家族，完颜匡为了夺取朝中权力，必然会找理由将李氏家族打掉，此次正好也利用了卫绍王的心理，联合起来平灭了共同的政敌。没过几个月，完颜匡也去世了，朝中权力落到了卫绍王手里，可是他的这个宝座坐得并不舒服，因为他接下来不得不单独面对蒙古人的铁蹄了。

1211年，成吉思汗在克鲁伦河誓师，宣誓要为被金朝害死的先人报仇，正式宣布攻打金朝。6月份成吉思汗就率军越过沙漠来到为金朝守卫西边的汪古部，汪古部没有抵抗，反而热情招待，允许蒙古军队在此牧马休整。汪古部原是驻守在阴山一带的金朝糺军（部族军），替金朝监视大漠各部族的动向，其实很早以前成吉思汗就与汪古部结成姻亲同盟，共同进行统一漠北的战争，所以对于这次蒙古军队来攻金朝，汪古部自然就成为其向导了。金人对此事一直蒙在鼓里，仍然十分信任地将西北边陲交给汪古部把守，而且一直关注于临潢府及泰州一带的边防工事，没有想到危险是来自汪古部把守的这一方。

7月，蒙古军正式进攻，中路由乌沙堡进入金的领土，向宣德（宣化）、居庸关一带挺进，直奔中都。另一路则直接向西京扑去。金朝被打得措手不及，卫绍王连忙派西北路招讨使粘割合答求和，另一面紧急派平章政事独吉思忠、参知政事完颜承裕行省边地，组织抵抗。但完颜承裕的部队很快就被蒙古军队击溃，接着附近的金军屯驻地乌月营也被攻陷，金朝耗费巨大的人力物力修筑的界壕防御工事被轻而易举地攻破。

金军被迫退守野狐岭，卫绍王得知蒙古军突破边境防线之后十分震怒，命完颜承裕取代独吉思忠为统帅，派近40万大军据野狐岭天险防守。但成吉思汗避实就虚，分兵击退金军。承裕被迫从抚州一直撤到宣德州宣平县，据险与蒙古军展开会战，结果大败，承裕又逃到宣德，金朝腹地就完全暴露在蒙古军的眼前了。随后蒙古军由哲别率领南下攻占德兴府，10月就开到缙山县，前锋距中都只有180里了。另一路蒙古军则由术赤、察合台、窝阔台率领，经汪古部，越过界壕占领净州，又越过阴山从西面威胁西京，西京留守纥石烈执中见蒙古军杀到大惊，急忙率领7000人向东逃跑，留下抹撚尽忠守卫西京。

在哲别所部攻克居庸关后，成吉思汗进驻居庸关的龙虎台，命令哲别攻打中都，其他的蒙古军则四面出击劫掠地方。整个黄河以北的领土都受到蒙古军的攻击，但中都与西京等大城市因为城防坚固而没有被攻破。随着冬天来临，蒙古军尽数北退，金朝所丢失的土地又都恢复了，但蒙古军将金在云内设置的群牧监掳掠殆尽，还从其他各地掠走了大量物资，金朝损失巨大。此为蒙古第一次攻金。

从目的上看，成吉思汗此次没有要灭亡金朝的意思，一是试探性的进攻，二是掳掠财富，充实自己，这两个目的都已达到，蒙古军队就主动退回草原了。

没过多久，蒙古军毫无顾忌地进行了第二次更大规模的进攻。1213 年秋，成吉思汗再度沿原路进攻金朝，顺利地进到怀来（今河北怀来县东南怀来城），驻守于附近的完颜纲、术虎高琪被击败，金军被迫退到居庸关。在居庸关，金军以铁浇门，百里内布满铁蒺藜，蒙古军无法直接攻破。成吉思汗便留下哲别，自己带人向中都以南的地区掳掠，取得紫荆关大捷后，又继续兵分三路在金朝各地进行掠夺式的进攻。右路由术赤、窝阔台等人率领，沿太行山东麓南下，沿途攻城拔寨，打到黄河北岸，又绕太行山西麓北行，从山西一带向北扫荡。左路军则由哈撒儿率领，向东攻打蓟、平、滦、辽西诸地，而后北还。中路军由成吉思汗、拖雷、木华黎率领，席卷河北、山东广大地区。

此次大规模的进攻，金朝在黄河以北的领土只有中都、通、顺、真定、清、沃、大名、东平、德、邳、海州这 11 座城没有被攻破。尽管蒙古军主要采取流动式的劫掠，但是将金朝整个黄河以北的地方统治体系全部破坏了，造成的直接后果就是各地方武装的兴起，有的是在战乱中以求自保，有的是直接挑起叛乱的大旗，其中尤以山东的红袄军起义规模最大。在辽东，契丹人耶律留哥也叛变金朝，率领契丹军队归附蒙古人，成为蒙古经略东北的急先锋，女真人的发源地也处在蒙古铁骑的脚下。金帝国对整个黄河以北的地区再也不能恢复原来那样有效的控制了。

南迁偏安：寻找铁蹄下的世外桃源

　　蒙古人两次劫掠式的扫荡，使得原来勇猛的大金武士颜面扫地，在各地败退的散兵中，出现了这样一位女真将军，他在蒙古人面前闻风丧胆，没有开战已从西京逃跑，在路上丢下自己随身的 7000 士兵，只身跑到蔚州（今河北蔚县），却抢走当地官银 5000 两及各种财物，接着又抢了州县的马匹，私入紫荆关，将当地的涞水县令打死。他就是纥石烈执中，又名胡沙虎，是章宗时代有名的跋扈将军，曾经多次当面顶撞过章宗，还有抗命不遵的记录，可能因为他在对宋战争中表现得十分勇猛，在章宗时代两降两升，始终没有离开过政治舞台。

　　卫绍王即位时，纥石烈执中由知大兴府事改任西京留守的要职，1211 年，蒙古军第一次进攻西京的时候，就发生了前面所说的那一幕，他一直跑到中都，卫绍王没有因此事怪罪他，反而任命纥石烈执中为权右副元帅，权尚书左丞。

不过卫绍王并不喜欢纥石烈执中，只是因为他专横跋扈，卫绍王一时还不敢招惹他。纥石烈执中后来自己要求率 2 万人驻守宣德州，结果卫绍王只给了他 3000 人，没过多久，纥石烈执中又上书说要转移到南口或者新庄，因为如果蒙古兵来了肯定抵挡不住，所以要求退守，才能保全后方。卫绍王实在忍受不了这样一个将领，于是将他一贬到底。

1213 年，蒙古军的进攻日甚一日，而金朝又没有更好的将才可用，所以卫绍王又将其召回，赐金牌，任命为权右副元帅，率领 5000 人屯守中都城北。纥石烈执中没有认真组织防务，反倒与属下密谋造反。

蒙古兵逐渐逼近中都，卫绍王派人督促他赶快采取行动。正在玩鹰的纥石烈执中却怒气冲冲，用手中的鹰将使者打死，随后便对外宣称知大兴府事徒单南平父子造反，奉召讨伐，率军队攻入中都城中发动了政变，将卫绍王押送到外地，自称监国都元帅，又将左丞相完颜纲骗到中都杀掉，掌握了政权。

自知不能服众的纥石烈执中不知怎样才能稳固自己的地位，遂亲自登门向当时的丞相徒单镒请教，徒单镒为了保证金朝的稳定而不给蒙古人以可乘之机，默许了纥石烈之中的做法，劝他立章宗的弟弟完颜珣为帝，这就是金帝国的倒数第二任皇帝金宣宗。

9月，宣宗在纥石烈执中的要挟之下任命他为太师、尚书令、都元帅等职，在金朝历史上好像除了宗弼以外，没有第二个大臣掌握军政全权。同时任命术虎高琪为元帅右监军负责统率全军。此时成吉思汗则率军直奔涿州，大败术虎高琪。在战前纥石烈执中曾警告过术虎高琪，如失败则要他的命，术虎高琪害怕被杀，干脆率领军队攻入中都，又上演了几个月前纥石烈执中政变的一幕，将纥石烈执中杀死，术虎高琪自任左副元帅，控制军权。

成吉思汗正在南方率军掳掠，直到1214年方才回到中都北郊的大口（今北京市昌平区附近）。其实他对于蒙古军攻城的能力并没有多大把握，所以没打算攻占中都。于是他遣乙里只等人到中都传话说："你们的山东、河北郡县都已经被我们占领，你们现在所坚守的只是燕京，老天爷已意在亡金，我也把你们逼上绝路。我现在决定回师，你们还不赶快拿财物犒劳我们诸将士吗！"蒙古军兵围中都，宣宗召集尚书省官员商量对策，术虎高琪认为蒙军刚刚回师，士马疲惫，应当拼死一战，而都元帅完颜承晖则认为金军家属大多在外地，现在人心散乱，不可能有战斗力，应当为社稷着想遣使议和，退蒙古军之后再做打算。

于是，3月份宣宗遣完颜承晖为使者到蒙古营中请求和亲，成吉思汗手下众将都不同意，但成吉思汗表示同意，他对众人说："留这么座城给金人坚守自困去吧。"金人遂将卫绍王之女岐国公主及500童男童女、3000匹马进献给成吉思汗，完颜承晖则送成吉思汗出居庸关。当时在居庸关有地方土豪李雄等人招募的万余名抗蒙战士，准备中途袭击蒙古军，但承晖奉宣宗之命，传达命令说："南北讲和，不许擅自出兵。"

议和之后，金朝大臣普遍认为中都已经没有了坚守的价值，倾向于南迁开封。元帅都监完颜弼说："现在虽然议和，可万一蒙古军再来，后果将不堪设想。"主张撤退到河南，北以黄河为天险，西以潼关为屏障，帝国的安全似乎更有保障一些。徒单镒则不以为然，他说："御驾一动，则北路的领土都会失掉，现在已经讲和，应当趁此机会囤积粮草，组织军队固守京师，这是上策。南京四面受兵，最为不利。辽东根本之地，依山负海，地势险要，也应当备兵固守，可以留条后路，这是下策。"而大多数人跟完颜承晖的想法一样，胆小的宣宗也实在不敢再次面对蒙古军的进攻，于是不顾反对派的意见，于5月下诏南迁。

金朝动用了大车3万辆运送物品，一路浩浩荡荡，7月到达汴京。当年崛起于东北的女真帝国此时已失去雄豪之气，只剩下悲凉之感，关汉卿《拜月亭》中有词说："风雨催人辞故国，行一步一叹息，两行愁泪脸边垂。"正是当年金迁都景象的写照。

宣宗离开中都时命令完颜承晖与抹撚尽忠辅佐太子驻守中都，但很快就将太子招到南京，实际上等于放弃了中都，也等于放弃了金在黄河以北的领土。是年6月，成吉思汗正在鱼儿泺避暑，听说金朝迁都南京十分震怒，说道："议和了，还要南迁，岂不是对我有疑心，用议和来欺骗我！"随即遣使责问金人。

就在此时发生了一件令金、蒙双方都出乎意料的事情，负责守卫中都以南的契丹乣军发动了叛变，推举斫答等人为元帅，向中都攻去。完颜承晖听说后马上派人在卢沟桥附近阻截，但被击败，而契丹军亦以中都有备，不敢前进，派人向成吉思汗求援。

金、蒙双方马上就此事作出了反应，金朝派移剌塔不到中都去安抚叛变乣军，却没有成功。成吉思汗听说此事后，则立即派三模合拔都、石抹明安、王檝等人率军南下，策应乣军围攻中都。蒙古军围而不攻，反倒派人四下攻掠，将中都城彻底变成一个孤城。中都城内的完颜承晖将军务全权交给守城经验丰富的抹捻尽忠，做好一切准备进行防守，同时也命令附近的金军前来驰援。

不过，令守城者绝望的是周围驰援的金军马上被蒙古军打败，不能靠近中都半步。最糟糕的是在 1215 年正月，供给中都的唯一渠道京杭运河的门户通州，也被蒙古军拿下。刚刚从南方运抵此处的物资全部成为蒙古军的战利品，通州守将蒲察七斤也投降了蒙古军。被切断供给的中都城危如累卵，宣宗此时已无兵可调，不得不派民间组织的抗蒙义军去救援，但很快也被打散。不久，坚守了近半年的大金帝国的中都城被蒙古军攻破，丞相完颜承晖服毒自杀，抹捻尽忠率领残兵逃到汴京。金帝国的辉煌也随着中都城的灭亡而变成明日黄花。

在蒙古军围攻中都的同时，其他两路蒙古军也先后攻占了北京大定府及西京大同府，这年在东京辽阳府金朝将领蒲鲜万奴也宣布脱离金朝独立，至此金帝国已经失去了一都三京，在黄河以北的根基全部失去，仅在河北、山西剩下各自为战的诸路孤军了。

宣宗为首的中央政府偏安于开封，周边地区已被蒙、宋、西夏，以及各地风起云涌的地方武装所占据，大金帝国成为在中原的一片绝望的孤岛。成吉思汗攻灭金一都三京之后，派人以讽刺性的口吻命令宣宗，让他把剩下的河北和山东的城市也奉献出来，并且去掉帝号，只称河南王。宣宗自然不肯，仍然依托河南地区与蒙古继续周旋。然而偏安的小朝廷却朝政混乱，步履维艰。

南迁之时，宣宗命令被蒙古侵袭的河北各地的军队携家属跟随南迁，这样的南迁军户有几百万人，而且都是由国家出资供养。此外，其他的失业移民更是不计其数。宣宗为了维持其统治，对抗蒙古，不得不为北面迁来的军户提供土地、粮食等生活保障。而河南地区短期之内接纳如此众多的人口，不要说没有足够的土地供养，就是眼前的粮食供给已经无法解决。

金帝国丧失了大半江山，而南迁到河南地区的中央、地方各级官僚集团的人数反而上升，有人形容当时是官多兵少、兵多农少。这些人都需要河南土地上的百姓供养，而数倍于官僚军队的家属"无所营为，唯有张口待哺而已"，金政府不得不实行优军政策，即在资源紧张的情况下，优先保证军户的供应，而不管其他百姓的死活。

在加征赋税以供养南迁的部队及其家属的同时，还要让河南各地的民户承担沉重的力役，去修筑城墙和各种防御工事，为军队提供后勤保障，等等。在各地独立作战的官员也因筹措军饷，对当地百姓强征暴敛，情况大体上与河南地区差不多。百姓罄其所有，仍不能满足官府的横征暴敛，家破人亡、流亡他乡的比比皆是。为了保证收入不减少，政府又把逃亡者的赋税强加在未逃亡户上，由此引发新的流亡人口，步入一个走向深渊的恶性循环之中。

金末文人元好问作《修城去》诗，正是这一时期悲惨景象的真实写照：

> 修城去，劳复劳，途中哀叹声嗷嗷！
> 几年备外敌，筑城恐不高。
> 城高虑未固，城外重三壕。
> 一锹复一杵，沥尽民脂膏。
> 脂膏尽，犹不辞，本期有难牢护之。
> 一朝敌至任椎击，外无强援中不支。
> 倾城十万口，屠灭无移时。
> 敌兵出境已逾月，风吹未干城下血。
> 百死之馀能几人，鞭背驱行补城缺。
> 修城去，相对泣，一身赴役家无食。
> 城根运土到城头，补城残缺终何益。
> 君不见得一李勣贤长城，莫道世间无李勣。

战乱、官府的重压，造成土地的荒芜与人口的贫困，使得原本不堪重负的政府财政面临崩溃的边缘。河南的小朝廷不得不想办法筹措资金，无奈之下大量发行纸币交钞，使得原本脆弱的金融体系最终彻底崩溃。造成的直接后果就是通货膨胀，物价飞涨，原本已不堪重负的民户更加苦不堪言。

政治上，朝臣不断叛变与投降敌人，使宣宗加深了对大臣的猜忌与怀疑，更加依赖身边的近侍人员，从世宗时代发展而来的近侍局，成了与朝臣分庭抗礼的权力机构，不仅协助皇帝处理各项政务，还负责监视大臣们的一举一动。朝臣对此十分不满，有一次，大臣抹撚尽忠对宣宗说了大实话："近侍若只是用来服侍您的，可以只用本局人。但是如果让他们预政，就要从外面好好选人了。"这句话让宣宗感到不自在，他就说："从世宗、章宗朝开始就利用近侍探察外事，不是我的发明，要不是他们，官员舞弊营私、台谏（按，唐、宋侍御史、殿中侍御史与监察御史掌纠弹，通称为台官；谏议大夫、拾遗、补阙、正言掌规谏，通称谏官，合称台谏）渎职，我怎么能知道呢？"抹撚尽忠自讨了个没趣，红着脸下去了。

像抹撚尽忠这样拐着弯子要求更换近侍官员的人不少，一次宣宗按捺不住心中的怒火，对这些大臣也讲了"实话"："我现在不敢问你们这样的人，问你们外面的事情，什么都不知道，朕还能干什么，成天坐在这儿听任你们胡扯！朕以前有错误，你们不进谏，现在倒埋怨起我了，这是为臣之义吗！"

对近侍人员依赖的根源是对官僚的怀疑和猜忌，而近侍人员也利用这种依赖，做出很多危害大臣甚至是国家的事情。比较典型的是完颜讹可冤案。完颜讹可在凤翔一带抵抗蒙古军，近侍完颜六儿奉旨监战，六儿频繁干预完颜讹可的作战行动，引起讹可的反感，遂得罪了完颜六儿。六儿自然在皇帝耳边吹风说讹可畏怯惧敌，临阵脱逃，使皇帝震怒。等到后来讹可与比自己多数百倍的蒙古军苦战河中，兵败逃归时，就被杖责而死。

对于外朝官僚而言，早在宣宗即位之时，便有纥石烈执中、术虎高琪的政变发生，二人都是专横跋扈之人。术虎高琪在宣宗时期勾结高汝砺等人专权固宠，欺压朝臣，对凡不依附于己或者与自己有仇者，就向宣宗汇报说此人有才能，应当在河北前线效力，使其充当炮灰。而且往往操控对蒙古作战的很多决策，造成很大危害。

不过，其势力之强大，使得皇帝也得对他敬让三分。有一次，完颜素兰秘密地对宣宗说："术虎高琪本来没有威望，是因为怕死，才将纥石烈执中杀掉，是出于无奈之举，不是什么英雄行为。平时他嫉妒贤能，广树党羽，只知弄权，作威作福。去年书生樊知一对高琪说乣军不可信，恐生乱，他就将此人杖责而死。从此再也没有人敢说军国大事了。此贼扰乱纲纪，戕害忠良，还请陛下果断采取措施。"宣宗听罢，告诉素兰："朕徐思之。"并告诉他："此事不要跟任何人说。"

对于国策，术虎高琪主张屯重兵驻南京以自固，放弃其他的州县，这种消极的态度很快遭到朝臣的反对。但高琪势力强大，最后还是按照高琪的主意办了。本已财政困难的金政府大规模地修筑汴京的城防，高琪则自豪地跟宣宗说："陛下，蒙古军要打到城下，臣自当率兵将其击退。"宣宗带讽刺意味地说："与其让蒙古军兵临城下，还是不让他们过来为好。"

在这个偏安河南的小朝廷内部，皇权、近侍局与权臣政治错综复杂地交织在一起，使金朝内部走向政治、经济崩溃的边缘。就在黄河南岸的金朝内争不断的时候，蒙古军队又取得了新的战果，金帝国在黄河以北的土地已经四分五裂，成为各方势力频繁角逐的战场了。

封建九公：保卫河北的最后努力

在蒙古攻入金朝节节胜利的时候，边境地区为金人充当守边乣军的契丹人也蠢蠢欲动，金人为了防止契丹人叛乱，命令两户女真人夹一户契丹人居住，这反倒激起了契丹人的反抗。耶律留哥这个金朝北边千户，成为金朝东北部的契丹叛乱的导火索。

史书中对耶律留哥的记载并不多，只是说他见到女真人对他们契丹人严加防范感到颇不自安，于是逃到隆安（今吉林农安），聚众起事。不过其影响之大，却超出了史书的只言片语的记载。留哥以隆安为根据地，派人四处去招纳契丹人，结果没过多久，队伍已经扩展到 10 多万人。因其地在金上京附近，留哥害怕自己独臂难支，遂向西寻求投奔蒙军。1212 年留哥军找到正在向辽西地区扩张的蒙古军按陈部，双方在金山（大兴安岭某处）结盟。留哥所部契丹人就成为蒙古人攻打辽东的急先锋了。

1213 年，金朝以完颜承裕为元帅右监军，兼咸平路兵马都总管，率军 60 万讨伐留哥。成吉思汗得到留哥的报告后立即命蒙古军相助，大败金军。获胜后，耶律留哥自称辽王，建元元统。第二年，金宣宗又派辽东宣抚使蒲鲜万奴统兵 40 万征讨留哥，结果被留哥等人大败。蒲鲜万奴只好率残部退回东京（今辽宁辽阳），耶律留哥则占据咸平，并以此为都城。1215 年，耶律留哥率兵南下，攻破东京，驱逐蒲鲜万奴。

蒲鲜万奴败军又失地，但此时宣宗已经南迁，对于辽东的控制名存实亡。所以万奴在失掉东京不久，便召集辽东的女真部众宣布独立，国号大真，建元天泰。战乱中的东北地区竟然出现了一契丹一女真两个政权。契丹军不久因内部耶厮不等人变乱，夺取了耶律留哥的权力，自立抗蒙，遭到蒙古军及上京附近的金军的攻击，被迫向高丽撤退。所以蒲鲜万奴得以率军攻取辽东各大重镇，又发兵攻取婆速府及上京路等地。

1216 年木华黎率军进入辽东，万奴迫于蒙古军的压力投降了蒙古。不久蒙古军撤退，万奴则杀掉监军捏儿哥，率众向东部的曷懒路（今朝鲜咸镜北道吉州）撤退，脱离与蒙古的臣附关系。此时，木华黎正集中精力攻打中原，没有精力经略东北，所以蒲鲜万奴的政权有了生存空间。蒲鲜万奴频繁出动军队北上攻打金朝的上京路，1217 年与上京城内的官员里应外合，抓住上京的领兵元帅，夺取了上京守军的指挥权，控制了上京。自此，几乎整个女真的发祥地都在蒲鲜万奴的掌控之中了，金帝国也在此时失掉了世宗以来重视的根本之地。

此时蒙古对金帝国的攻略也发生了转变。1217 年秋，因成吉思汗要率军西征，所以将经略金朝全权交给木华黎，以金朝官号封之为"太师国王"，赐九尾白旗，使承制行事，统率全部攻金部队，下属有汪古、豁罗剌思、兀鲁兀惕、忙忽惕、弘吉剌、亦乞列思、札剌亦儿诸部军，以及投降的契丹、女真、汉族诸军，共十支。

木华黎得命之后，便在中都、西京二处设置两个行省，作为作战的指挥中心，分兵对金作战，一路以投降的刘柏林所部汉军为主，以西京（今山西大同）为据点，经略河东即今天的山西；而木华黎自己亲率主力，从中都出发南下经略河北、山东。此次作战重点在河北一路，而河东一路起到牵制金军的作用。蒙古军主力先后攻占大名府、益都等城，并攻占山东诸地。此次作战一改以往蒙古军流动剽掠的特点，每攻占一处不再杀人抢劫，而是派兵驻守，准备长期占领，所以在很多地方都出现与金军反复争夺的场面。

1218年，蒙古军攻占紫荆关，招降汉族地主武装张柔等人，随即命令张柔招集部曲家人为前锋，先后攻下雄、易、安、保等州，并且与河北地区代表金朝势力的地主武装武仙部展开厮杀，战事呈胶着状态。在山西方面，1218年木华黎在6月集中兵力于应州（今山西应县），出大和岭（今雁门关），南下攻占代州，9月攻下太原，金军守将乌古论德升自杀。随即兵分两路先后攻下平阳、汾州等80余城。金昭义节度使纳合蒲剌都、汾阳军节度使兀颜讹出虎、行省参知政事李华及行元帅府事完颜从坦战死。之后木华黎在平阳驻守蒙汉军队，力图控制此地区。

1219年，依附蒙古军的张柔击败武仙，攻占河北中山。山西方面，蒙古军攻占武州，一直打到金夏边境。在河北则攻破显州、绛州，兵锋直到河北与河南交界处。

1220年，木华黎所部重点攻击河北，并亲驻满城督战，劝降了武仙，由此，真定（今河北正定）、邢（今河北邢台）、相（今河南安阳）、卫、怀（今河南沁阳）、孟州等地相继被蒙古攻破。随后木华黎率军攻入山东，与金朝经略使乌古论石虎展开激战，占领黄龙岗，进围东平，至第二年攻破，以严实等人置行省开府东平，招抚山东各地区。1221年，攻破洺州（今河北永年县），在山西遇到完颜合达的抵抗。不过，这时木华黎已经攻占了70多城。迫使金军退守各地山寨，进行游击战，不时地骚扰大城市。

1222年木华黎在山西地区的行动，以剿灭各地金军山寨为主，蒙古将领石天应攻破金军在河东的唯一要塞河中府，但1223年，金将侯小叔聚众10多万反攻河中府成功，石天应战死，随后蒙古又发兵10万再围河中城，侯小叔战死。类似的双方拉锯战不计其数，蒙古军依靠集团优势，最终还是控制了河北、山东、山西的大部分地区，将金朝的抵抗力量压缩到极其狭小的区域。

1222年，蒙古军围攻河中的同时，开始从陕西向东进攻河南金廷的西大门京兆、凤翔一带，在此固守的是金朝精锐部队，由将领完颜仲元（郭仲元）、马庆祥等人防守，统帅京兆行尚书省完颜合达指挥。完颜合达与蒙古军交战多次，是金末的抗蒙中坚力量。10万蒙古军围困凤翔，数百里遍设营栅。金朝又遣赤盏合喜前往援助，金蒙双方展开数月的厮杀，使蒙古军损失惨重，无法攻破凤翔。

木华黎无奈地说:"我奉命征讨,不数年则占领辽西、辽东、山东、河北,先前攻打天平、延安,这次又攻凤翔不下,难道我命数已尽!"不出他所料,1223年3月,这位攻破金朝半壁江山的蒙古帝国统帅病逝于闻喜县。随后,蒙古军主力撤退,金军以陕西精锐为主力收复河东大部分地区。至此,蒙古木华黎征伐金朝结束,由于蒙古军主力尚在西方,给了金朝喘息之机。

在蒙古攻打金朝北方的时候,河北、山西、山东各地就已经有大批地方豪强聚众起事,有的是反抗蒙古侵略,有的是反抗金朝统治,有的是两方都反抗,还有的甚至投靠宋朝,诸如此类五花八门。蒙金双方都想拉拢这些武装,作为自己在黄河以北作战的生力军,所以在木华黎征讨金朝的时候,进行厮杀的双方基本上是效忠于两方的汉族地方武装。宣宗南迁以后,金朝已经没有能力统一组织大规模对蒙作战了,河北一带的抵抗大多是依靠城池,各自孤军奋战。金人册封大将在各地建立行中书省,组织当地军队进行抵抗,招抚各地的汉族地方武装为其卖命,抗击蒙军,这些人成为金军在河北、山西一带的主力。金人称这些抗击蒙古军的地方武装为"忠义之士",比较有名的有苗道润、武仙等人。

苗道润在河北家乡组织抗蒙武装,并主动到南京求官,宣宗痛快地封他为宣武将军、同知顺天军节度使事。苗道润率领所部转战各地,后来因功又升为中都路经略使。像苗道润这样的人并不在少数,随着金军在黄河以北地区的节节败退,大臣右司谏术甲直敦便提出将河朔地区的地方武装组织起来，抵抗蒙古军。宣徽使移剌光祖等人也赞同说："当招募当地有威望、能够服众者，授予他们一方全权；能控制道级地区者，就封他本道总管；能镇守州郡者，则给他州郡官。这样必能各保一方。"宣宗衡量各方利弊之后，决定给予各地的土豪武装以官爵和全权。

1220 年宣宗授予 9 个势力较大的地方武装首领以地方全权，称"各有封疆"，并封公爵，史称"封建九公"。他们是：沧州经略使王福为沧海公，河间路招抚使移剌众家奴为河间公，真定经略使武仙为恒山公，中都东路经略使张甫为高阳公，中都西路经略使靖安民为易水公，辽州从宜郭文振为晋阳公，平阳招抚使胡天作为平阳公，昭义军节度使完颜开为上党公，山东安抚副使燕宁为东莒公。这些人对自己所辖州县有设置官吏、征收赋税等全权，俨然一方诸侯，他们在对蒙古作战中起到了重要作用。但是这些人毕竟是非正规武装，各立山头，互不统属，有时因争夺地盘而互相厮杀，所以很容易就被蒙古军各个击溃了。

章宗末期，由于连年的对宋战争和灾害，山东等地的赋敛极其沉重，所以当时就有杨安儿等人聚众起义，但是很快就被招安。蒙古入侵后，金朝又加剧了对山东等地的搜刮以充军费，1211 年杨安儿、张汝辑等人再次起事反抗金朝，攻劫州县，杀戮官员，山东开始陷入混乱。1214 年，潍州的李全、李福，以及刘二祖、彭义斌等都纷纷起事，已达数十万人，大有摧毁金在山东的统治之势。

金军派遣精锐的部队"花帽军"前来镇压，"花帽军"都是由河北等地的汉人地方武装发展而来，首领就是效忠金朝的郭仲元。杨安儿等人退到登州等地，称帝建号，建元天顺，攻陷宁海、潍州等地，并以李全等人攻打临朐等地，但被金军仆散安贞所败。金军乘胜进逼登州等地，杨安儿等人被迫渡海逃跑，被船上的水手击杀落水而死。

随后，仆散安贞所部又乘胜镇压了刘二祖等人的部队。到1216年，山东各地的起义军基本被镇压下去，但此时宣宗已经南迁，金朝又在蒙古军队的打击下无法脱身。被镇压打散的山东义军又开始活跃起来，杨安儿的妹妹杨妙真与刘全等人召集人马，很快与李全所部结成一体，继续作战。另一支则是刘二祖死后留下来的，由霍仪、彭义斌率领，继续与金朝军队周旋。这时的队伍往往身穿红纳袄以便识别，因此被称为"红袄军"。

因无力继续镇压"红袄军"，金朝采取了招诱的办法，企图拉拢"红袄军"为己所用。这一政策很快取得了成效，红袄军首领张汝辑、孙邦佐、国用安、时青等人投降，金朝皆委任以官职，使之镇守山东。

此时，南方的宋朝也染指山东，招降了李全、石珪、彭义斌等人，李全接受宋朝的任命，担任京东路兵马副都总管之职，负责在山东用宋朝的名义召集人马，并带领军队攻城拔寨。在李全的努力下，益都张林、济南严实等实力派都相继对宋朝效忠。1219年山东有12州以上地区都在宋朝的控制下。李全等人在归附宋朝时，对金的招降嗤之以鼻，表示："宁作江淮之鬼，不为金国之臣。"但宋对李全等山东义军并不信任，也不提供支援物资，反而严令沿边各地不许收留山东义军。

很快，蒙古军在 1220 年也进入济南，使得本来就复杂的山东局势变得更加复杂。义军首领严实见蒙古军势力强大，遂以所控制的近 7 个州，30 多万户投降蒙古，金军的势力进一步受到打压。严实又以本部充当蒙古军的先锋，在 1221 年占领当时山东的中心东平，益都张林、石珪等人也相继投降蒙古。石珪被任命为山东路行元帅，与严实等人分别出击、抚定山东南北各地。山东形成代表宋的李全、彭义斌所部与代表蒙古的严实、石珪所部两大势力。但在蒙古的攻势下，彭义斌军败被杀，李全坚持到 1227 年，最后也投降蒙古。至此，山东的各复杂派系皆归于蒙古的统治之下。

就在蒙古人不断鲸吞蚕食金帝国半壁江山的时候，偏安河南的金朝廷再也无法聚集力量反扑蒙古，反而要向南抢占宋朝的领土作为补偿，这个奇思妙想还是来源于当权者术虎高琪，于是中国历史上奇怪的多国混战局面出现了，金帝国的半个身子陷进了崩溃的泥沼。

第八章

成也萧何，败也萧何：被南宋最后一根稻草压垮的女真帝国

女真兴起，对契丹充满怨恨的北宋主动与女真建立"海上之盟"；契丹最终为女真所灭之时，北宋也在女真人的进攻下土崩瓦解。当蒙古人对女真发起全面进攻之时，对女真有切齿之恨的南宋竟然又要联合蒙古人，百年间历史竟然上演了极其相似的一幕。喜欢读史和写史的宋人，为什么要重蹈覆辙？

两场错误的战争：精神紊乱后的狂躁

1217 年，金朝南京（今河南开封）的宫殿里面传出术虎高琪慷慨激昂的声音："现在宋朝背信弃义，侵略我国边境，是他们有错。如果他们先请和，才是合理之事，咱们怎么能主动找宋朝议和而向宋人示弱呢？恐怕卖力不讨好，反招来宋朝的侮辱！"这位权臣在发表"演说"，别的大臣自然大气也不敢出，唯有宰相张行信据理力争，历举世宗、章宗时代与宋朝议和的例子反驳道："与宋朝议和有什么失体统的地方？"术虎高琪阴沉着脸，转身对金宣宗

说："张行信所说的是当时的办法，现在的状况与当时不同！"

1217年正是蒙古木华黎率军大举进攻黄河以北的时候，也是金朝宣宗皇帝刚刚迁都南京两年之时，为什么这时金朝君臣不讨论防御蒙古军队，反而争论起与宋朝的议和问题呢？

其实早在1213年的时候，偏安江南的南宋朝廷就一直在关注蒙古对金朝的大规模入侵，同时宋宁宗下令边境严加戒备，生怕金朝混乱的局势影响宋朝的安全。10月，宋朝户部尚书真德秀出使金朝，到边境的时候，由于金朝中都被蒙古围攻而中途返回，他向宋宁宗汇报说"金国有必亡之势"，强烈建议宋朝停止对金国缴纳岁币，准备出兵灭金。

而乔行简分析时局后认为，新兴的蒙古势力太强，蒙古灭亡金朝以后，直接与宋为邻，对宋朝来说是非常危险的。金朝虽然是宋人的敌人，但是面对蒙古这一强劲的对手时，金朝可以成为宋人的屏障。所以乔行简主张，继续与金朝交好，按时缴纳岁币，以资助金朝抗击蒙古。但是朝中主战派占多数，支持乔行简的寥寥无几。金与宋有世仇，人们宁愿联合蒙古打金朝，也不愿意帮助这个衰弱的上国，尤其将领们跃跃欲试，甚至有人在边境地区已经开始挑起摩擦了。

宋宁宗最终决定采纳真德秀的建议，停止向金缴纳岁币。1215年3月，宋宁宗派使臣到金朝祝贺金宣宗生日的时候，试探性地提出减少岁币的数额，观察金朝的反应。这时，金朝正值国力衰竭之际，迫切需要宋人的岁币，于是金宣宗委婉地拒绝了宋朝的要求。

宋宁宗看到金朝拒绝减少岁币，干脆以无法运输为借口，停止向金人缴纳岁币，双方关系顿时紧张起来。

宋朝停止缴纳岁币，金朝的很多人非常不满。11月，一个叫王世安的人献策，建议攻取宋朝的盱眙（今江苏盱眙）和楚州（今江苏淮安市楚州区）。宣宗此时也很矛盾，于是就做出了一个模棱两可的决定，1215年任命王世安为招抚使，负责策反淮南地区的宋朝官员。金宣宗虽然对宋朝此种趁火打劫的行为十分生气，但金朝正处于危难的境地，宣宗还不敢公开得罪宋朝。

1217年正月，宋朝贺正旦使向宣宗告辞的时候，宣宗说："听说息州（今河南息县）南境有盗贼，这是宋朝饥民作乱，宋人没有理由进攻我们。"这明显是要把边境的摩擦压下去，表示金朝不想跟宋朝作对，语气比起章宗时代软了很多。而在场的术虎高琪坚定地主张，金朝迁都以后，失去了半壁江山，应该向南开疆扩土。其他大臣也迎合着说，金朝的军力虽然与蒙古交战有点吃力，应付宋朝倒是绰绰有余的。即使是眼下经济凋敝，国家民生痛苦，金朝人对宋人的优越心态仍然没有改变，一时群情激愤，宣宗也脑袋一热，改变了原来以和为贵的想法。

1217年4月，金朝以宋没有缴纳岁币为由，对宋开战。金朝出军以后，宋朝也很快做出反应，大批军马迅速发往边境。这次交战主要在襄阳、枣阳一带展开。金朝统帅完颜赛不仅在信阳杀了8000人，擒获了统制周光，还收获了数千马匹和500只牛羊；又在陇山、七里山等地击败宋军，接着渡淮河，以破竹之势夺取了光山、罗山、定城、攀城，围枣阳和光化军。完颜阿邻领军入大散关，攻打西和、阶、成等州，也一路顺利。可是不久就被宋军内外夹攻，抵不过越聚越多的宋朝军队，最终还是退回去了。

挫折使得金朝人的头脑清醒了很多，反对与宋朝打仗的进谏越来越多，金朝右司谏兼侍御史许古上奏认为这场战争金朝不能速战速决，要是长期拖下去，就会耗费原本也好不到哪儿去的金朝国力。这时蒙古的木华黎已经展开第二轮的攻势，金宣宗也不得不考虑实际情况，就让许古起草"通宋议和牒"。这却招至术虎高琪的反对，与主和派大臣当场争论起来，于是发生了本节开头的故事。术虎高琪将主和派大臣斥为"狂妄无稽"，极力主张继续用兵，没有多少主见的宣宗也依从了术虎高琪的意见。

11月，宣宗决定展开第二波攻势，下令防御蒙古的陕西驻军南下攻宋，陕西军队统帅胥鼎觉得这场战争不应该打，可是军令如山，所以他一边遵照军令行进，一边上奏请求停战。术虎高琪用一句"大军已进，不用复议"，将胥鼎的建议顶了回去。而此时北方蒙古军队气势汹汹地攻打山东，占领滨、棣、博、淄等州，这样形成了金朝攻宋、蒙古攻金的混战局面。

12月，金朝凤翔副统军完颜赟率步军和骑军1万人，向四川进军。1218年2月，攻破了宋朝的重要据点皂郊堡，宋军损失不计其数。随后在大散关与皂郊堡一带，金军与宋军展开了激烈的拉锯战。金军付出副统军完颜赟战死、伤亡众多的代价之后，最终稳定了大散关一带的战线，宋朝损失惨重。

此外在今天湖北襄阳一线的金军完颜赛不所部也率军进围枣阳等地，因为宋军的顽强抵抗，没有讨到任何便宜，大多溃败而归。在东线的纥石烈牙吾塔也只是在盱眙等地取得小胜，没有什么大的进展。而此时北方蒙古军队的压力越来越大，金军力已经十分吃紧，这时主和派大臣的声音又响了起来。1218 年年底，宣宗派使臣到宋朝讲和，而此时宋朝在战场上正处于上风，怎肯放过这次大好的复仇机会，所以求和使臣刚到边境就被赶了回来。

宣宗得知大怒，心想只有给宋朝人一点颜色看，才能让他们服软。1219 年 1 月，宣宗任命章宗时的名将仆散揆之子左副元帅仆散安贞为统帅，军分三路，再次大举南侵。左副元帅仆散安贞、右副元帅完颜赛不、元帅左都监纥石烈牙吾塔等率领东路军进攻淮南，元帅右都监完颜合达与完颜白撒等率领西路军进攻陕西，元帅左监军完颜讹可率领中路军进攻京湖。

仆散安贞率领东路军攻克安丰军、濠州、滁州、光州等地区之后，分军四处攻掠，甚至有数百游骑进入采石场的杨林渡，威胁建康，使宋廷大为震惊。宋朝被迫调动山东已归顺的红袄军领袖李全等人渡过淮河支援宋军，李全和季先等人抓住金军军力分散的特点，拟定周密的作战方案，全力攻击，在宋朝节节败退的紧迫时刻取得了胜利。这次鼓舞人心的淮东大捷，给宋朝打了一支强心剂。

1219 年 2 月，金朝中路军在元帅左监军完颜讹可的率领下，占领了光山县，围攻枣阳。宋朝将领孟宗政在率军坚守城池的同时，派人十万火急地赶往京师请求救援。京湖制置使赵方采取"围魏救赵"的战略，派遣统制扈再兴领军3万分攻唐、邓，以解枣阳之围。由于枣阳城防坚固，完颜讹可先后两次强攻都失败了，此时深入金朝唐、邓二州的扈再兴、许国二部回到枣阳，与城中部队合力攻击金军队。金军惨败，被迫撤退，宋军一直追到登州，将帅完颜讹可突围逃走了，宋军缴获大批粮食和器甲，胜利而还。

1219年1月，金朝的西路军攻克凤州，2月在黄牛堡再次打败宋军，接着连续攻破了武休关、虎头关、兴元府、大安军、洋州等地区。宋朝四川制置使董居谊闻讯后，不敢迎战，从利州仓皇逃走。宋朝都统张威部将石宣则不畏强敌，连夜赶往战场救援，在大安军打败金军，歼灭了金军3000精锐，迫使金军撤退。

金军在三条战线的失败，使金朝政府更加陷入困境，北方受蒙古的打击丧失土地，而与南方的宋朝想和不成，却连遭败绩，死要面子的金宣宗最后终于尝到了苦头，这时想起积极鼓动他攻打宋朝的术虎高琪，十分生气。碰巧1220年9月，宣宗的第二个儿子完颜守纯要揭发术虎高琪的罪状，秘密召集蒲鲜石鲁剌、蒲察胡鲁、王阿里等人准备暗杀术虎高琪，谁知风声泄露，消息传到了术虎高琪耳朵里，高琪则派人谋杀了守纯的妻子作为警告。但这事又传到宣宗那里，借此机会宣宗将术虎高琪诛杀。

后来金宋双方就在边境地区展开拉锯战，开始以宋朝进攻为主，同时宋朝也煽动在河北、山东一带的地方武装对抗金朝，使金朝在蒙宋的双重打击之下自顾不暇。1221年、1222年金朝曾经组织过两次反击，但都因为北方蒙古军队的压力而失败了。

可以说，这次金朝与宋朝都是在错误的时间、错误的地点，与错误的对手打了一场错误的战争。这也可以看出两个国家决策者目光短浅，没有做出深远的战略判断，这两个打了 100 多年交道的老冤家到最后葬送在蒙古军队的铁蹄之下的时候，才明白这场战争最大的赢家是谁。

当时多国鼎立的混乱局面中，西夏也开始对金起了异心。

西夏是党项族首领李元昊在 1038 年建立的国家，他的领土大概涵盖今天的宁夏和甘肃的部分地区。自从建国之后，西夏先后与辽、宋两大强国周旋，保住了自己的生存空间。金朝兴起后与西夏在 1124 年缔结协议，规定金向西夏"割赐"土地，西夏向金朝称臣。随后的近 80 多年的时间里，双方再也没有发生过大规模的战争。1205 年到 1210 年间，蒙古军队三次大举进攻西夏，西夏国王李安全派人向金朝求援，当时的金章宗却拒绝出兵援助，导致蒙军迅速包围西夏首都兴中府（今宁夏银川），迫使西夏纳女请和。蒙古军队撤退后的第二年，西夏就开始出兵攻打金朝的莨州（今陕西佳县），金、夏之间也就撕破脸皮，互相为敌了。

1211 年西夏李遵顼即位，继承了李安全的政策，继续派兵进攻金朝。就在当年，李遵顼派兵袭击金朝的东胜城（今内蒙古托克托），11 月又进攻金朝的军事要地平凉府（今甘肃平凉市）。1213年西夏进行了更大规模的攻势，攻占了金朝的保安州（今陕西志丹县），围攻庆阳府（今甘肃庆阳市），11 月则再次攻打平凉府，被金军赶走。西夏自知不是势力强大的金朝的对手，在 1214 年的时候派人到宋朝请求一起出兵攻打金朝，遭到宋军的拒绝。

当时遭到蒙古军队侵略的金朝并不希望在西北动兵，只是采取防御性的反击，后来实在是忍无可忍，才开始讨论对西夏的用兵问题了。1215年宣宗下诏讨伐西夏，但陕西宣抚使说边界地区因为西夏的连年攻击，已经无力征兵作战，所以当年的进攻计划流产。第二年金军开始主动出击，庆阳总管庆山奴、完颜狗儿等人率军对西夏的目标进行了攻击，但规模不是很大。就在1216年，西夏人又引蒙古军队攻打金朝的延安、代州等地，同时围攻金朝的定西城，将战争规模进一步扩大。

1216年年底，金宣宗见西夏开始联合蒙古对付金朝，感觉事态不妙，马上命令集结军队准备惩罚西夏。1217年金兵分两路出击，一路由左监军陀满胡土门、延安路总管古里甲石伦率领攻打盐、宥、夏州，一路由庆阳总管庆山奴、知平凉府移剌达不也率领攻打威、灵、安、会等州。西夏也分兵抵挡，双方出现了相持不下的局面，就在这种情况下，西夏以3万余骑随蒙古兵攻金平阳府（今山西临汾市西南）。金兵顽强抵抗，蒙古兵大败，西夏只得退兵，途经宁州（今甘肃宁县）遭到庆山奴的伏击，大败而归。

1217年12月，蒙古军队再次围攻西夏首都，国王李遵顼仓皇出逃，但是更加死心塌地依附于蒙古人。1218年5月又派3000多人引蒙古人由葭州进犯，遭到金军的沉重打击。不过金朝此时已经力不从心了，金宣宗要在这一年继续派胥鼎选35000名士兵西征攻打西夏，胥鼎认为此行是劳民伤财，军队还没有恢复战斗力，不能出兵。而此时，金朝又与宋朝开战，加上对北边的蒙古，已经是三面作战了，所以对西夏不得不转为守势。

1220年2月，西夏军队再次主动进攻金朝，金军则攻入西夏的宥州，围攻神堆府（今陕西靖边县西），缴获各种牲畜3000多头。8月的时候，金朝要求与西夏议和，但遭到西夏的拒绝，西夏继续对金朝进行大规模的进攻。1221年，木华黎率军进攻西夏的河西要塞，向西夏腹地挺进，李遵顼急忙派人设宴招待蒙古军队，还派5万人归木华黎指挥攻打金朝，自愿充当蒙古人的马前卒了。此后，几乎每一次在蒙古军于陕西对金朝的进攻中都能见到西夏军队的影子。

但还是有一次西夏被蒙古人抓住了小辫子，1223年的时候，李遵顼派步骑10万配合木华黎围攻凤翔府（今陕西凤翔县），受到金军的顽强抵抗，没有捞到便宜就撤军了。糟糕的是，这次撤军并没有跟蒙古军打招呼，所以在10月的时候遭到蒙古军的惩罚性进攻。在蒙古人的压力下，李遵顼只好让位给儿子李德旺。

李德旺上台后，改变了对蒙古的依附政策，派人与金朝议和，商议共同抵抗蒙古的侵略，1225年金夏双方约定相互支援，正式结束了双方间的战争。刚西征归来的成吉思汗听说西夏已经不再臣服蒙古，马上率军进攻西夏，并在1227年灭亡西夏。成吉思汗进攻西夏也是完成了一个大战略，就是要取道西夏的领土进攻金朝的西北地区，对金朝构成战略包围。

这一年蒙古军利用西夏土地为跳板，攻占了金朝的临洮等地，接着被金军杨沃衍部阻挡在泾州、邠州之间不得前进。1227 年 8 月间，无奈而焦躁的成吉思汗在清水县浑吉病逝，据说他临终前留下了这样的遗言："金朝的精兵在潼关，南边凭借山脉，北边可以依靠大河，咱们很难攻破。如果借道宋国，宋与金是世仇，必定能答应我们，到时就由唐、邓两州进入金朝，直捣大梁（金南京）。金人危急，必然从潼关调兵援助。他们以数万之众，千里赴援，必定人困马乏，毫无战斗力，到时就必然能战胜他们。"这个遗言成为日后蒙古灭亡金朝的基本战略，也决定了金、宋两个对头的未来命运。

成吉思汗去世后，诸王护送灵柩北上，对金朝的攻势暂时停止。随后的 1227 年到 1229 年之间，由成吉思汗的幼子拖雷监国，各方势力忙于汗位继承的问题，更无法集中全力进攻金朝，蒙古将掐在金朝脖子上的两支强悍的大手暂时松了一下，这片刻的机会却给金哀宗带来"中兴"的希望。

不争气的邻居：被迫南北两线作战的金哀宗

金哀宗完颜守绪是金宣宗的第三子，本名守礼，女真名宁甲速，是宣宗淑妃王氏，也就是宣宗皇后姐姐的儿子。由于皇后没有儿子，就把完颜守绪接过来，当自己的儿子养大，完颜守绪的生母也由淑妃升为元妃。后来这个皇后养子依照皇室惯例被封为遂王，担任当时金朝的枢密使，掌控军权。

在他之上有两个哥哥完颜守忠、完颜守纯，都是真妃庞氏之子。完颜守忠在 1213 年被立为太子，金宣宗南迁的时候将他招到汴京，但是这个太子不幸于 1215 年早亡。宣宗也想按照世宗扶持嫡孙的办法立守忠的儿子完颜鉴为皇太孙，这个皇太孙也没有章宗幸运，也于当年的 12 月去世。皇太孙完颜鉴死后，依次序应该由年长的完颜守纯成为太子，但是子以母贵，1216 年 1 月，完颜守绪被立为皇太子。

1223 年 12 月，金宣宗病危，旁边只有郑氏在伺候。金宣宗让她快召太子主持后事，说完就死了。当晚，皇后和庞氏到金宣宗寝殿问安，郑氏怕庞氏趁机作乱，骗她说，皇上正在更衣，请她到别的房间等候，然后急召大臣，传达遗诏。但是在太子完颜守绪赶到之前，完颜守纯抢先进宫了，等完颜守绪赶来的时候，东华门已经关闭。完颜守绪听说二哥在宫里，敏感地意识到大事不妙，就派枢密院官和东宫亲卫总领移剌蒲阿带 3 万多人在东华门外守候。安排妥当之后，敲门进宫，他进宫的时候，宰相把胡鲁已经把丞相高汝砺和完颜守纯软禁起来，完颜守纯被四个人看守在近侍局。完颜守绪在金宣宗灵前，奉遗诏即位，改元正大。

金哀宗即位的时候，国家正处在垂死的边缘，首要之急是保全国家。于是金哀宗决定用全部力量抗击蒙古，以维护国家安全。为了扭转颓势，金哀宗对金宣宗时期的内政外交政策做出了一些调整。金宣宗的时候，术虎高琪和高汝砺擅权，吏部侍郎蒲察合住残酷苛刻，朝中大臣对此人积怨已深，但是惧其势力而不敢站出来指责。金哀宗即位后马上贬蒲察合住为桓州刺史，贬左司员外郎泥庞古华山同知桢州军州事。这些措施得到了朝野的拥护，曾经受到压抑的大臣们互相祝贺，如过节般热闹。高汝砺是当时公认的宣宗时代的奸臣，但是金哀宗以守先帝法的理由，没有动他，不过不久高汝砺就死了。把胡鲁对金哀宗即位有功，被金哀宗视为忠厚之人，任命他为平章政事。

金哀宗对百姓也格外爱护。有一次，一个穿麻衣的男人在承天门外，又笑又哭的，守城的士兵觉得奇怪，就问缘由，这人回答说："我笑是因为将相没人，我哭是因为金国要灭亡了。"士兵觉得战备时期这事非同小可，马上报告。群臣要求用重罪处罚这个胆大妄言之人，金哀宗却对大臣说，应该鼓励百姓直言，不要怪罪这个人。法司就以君门不是笑哭的地方为由，打了此人几下后放他走了。金哀宗即位的第二年，汴州闹饥荒，金哀宗每天吃一顿饭，与黎民百姓同甘共苦，获得了民心。

金哀宗领导的属于抗蒙的战时政府，所以军事是他一切工作的重心。宣宗时代金军已经被蒙古军打得支离破碎，原来的军队编制已经不能进行有效的抵抗了。于是哀宗任用了很多抗蒙有功的将帅掌管军务，任命赤盏合喜权枢密副使，以枢密副使完颜赛不为平章政事，权参知政事石盏尉忻为尚书右丞，起复致仕官张行信为尚书左丞。任命颜合达权参知政事，全权负责当时西大门京兆、河东两路（今陕西、山西地区）的防务。又为抗蒙而死的将佐13人建立褒忠庙，以鼓舞士气。

哀宗在各地挑选精兵组成中央直辖的机动部队，分为六支，每支部队由作战经验丰富的都尉统领，人数为数万人左右，称为都尉军。都尉军由枢密院直辖，战时可以随意派遣到各地作战，哀宗几乎将所有希望都寄托在这支军队上了。

1223年前后，正是蒙古木华黎去世，而成吉思汗还没有回师的时候，北方各地蒙军的势力受到极大影响。原来被蒙军打散的黄河以北的诸路"游击部队"又开始活跃起来，重新攻打各地的城市，像河东的河中府（今山西永济蒲州镇）就被收复，其他的土地也都旋得旋失。而在河北地区，金朝"九公"之一的武仙重新活跃起来，杀死蒙古军汉人将领史天倪，夺回战略要地真定（今河北正定），但很快被蒙古军史天泽部击败，武仙被迫回撤汴京。金哀宗知道武仙所部是难得的生力军，复封武仙为恒山公，置府于卫州。

在这种形势下，哀宗于1225年4月，又起用已退休的老将胥鼎为平章政事，行省于卫州（今河南汲县），利用他的声望召集各地散兵，凝聚力量，支援河北军队抗战。

胥鼎最大的功劳可能就是为哀宗招募到一支精锐中的精锐了，他从应招而来的人中挑选精锐组成一支军队，这支部队中大多是回纥、乃蛮、羌等族人，他们作战彪悍，勇猛异常，是当时金朝军队精锐中的精锐，被命名为"忠孝军"。开始的时候这支部队仅有1000人，待遇优厚，月薪是普通军队的三倍，用的是官方提供的好马。后来任命名将完颜陈和尚为"忠孝军"统领，自此完颜陈和尚率领这支军队南征北战，成为令蒙古军非常忌惮的一支部队。

经哀宗整编之后，金军的主力部队主要有中央直辖的"忠孝军""都尉军"，再加上地方的屯驻军、乡军、义兵等共 30 多万人，这些军队利用蒙古人进攻的衰弱期，开始进行反攻，取得了几次胜利。

在军事上积极进取的同时，金哀宗改变了对宋朝的策略。1224 年 6 月派移剌蒲阿到光州，贴榜告诉宋界军民，以后不再南伐，主动与宋朝停战，还多次向宋朝表示求和之意。1225 年，对西夏议和，双方互为兄弟之国。金哀宗对大臣讲，西夏本来是我们的臣属国，现在称兄道弟我也不觉得是耻辱，只要能够与西夏和宋朝议和，安定就好。

就在金哀宗采取一系列整顿措施，取得初步成效的时候，1229 年蒙古推举出新的大汗窝阔台，窝阔台继承成吉思汗的遗志，在即位第二年就开始率蒙古军主力南下攻打金朝。蒙古人这次是以绝对的优势要彻底灭亡金朝。

1230 年，窝阔台大军还没部署就位的时候，金军就发动了一次进攻的高潮。移剌蒲阿、武仙所部主动出击包围潞州（今山西长治市），9 月，窝阔台派塔思来营救，却被金军打败。金军成功拿下潞州，蒙古守将任存战死。但是好景不长，潞州重新被塔思及额勒只吉歹夺回。武仙从潞州逃到了卫州。蒙古真定万户史天泽等人率军围攻卫州，金朝派完颜合达、移剌蒲阿率领 10 万大军援救卫州。金朝大军到达卫州后，完颜合达先派完颜陈和尚的"忠孝军"及亲卫军等 3000 人出击，蒙古军败退。10 月，蒙古大将赤老温帅师再次围攻庆阳，金朝派移剌蒲阿、纥石烈牙吾塔、完颜讹可解庆阳之围。经过大昌原之战，潞州之战，蒙古军认识了金军名将完颜陈和尚及他的忠孝军，忠孝军成为令蒙古军惧怕的一支劲旅。

就在 1230 年的秋天，窝阔台与拖雷率军队穿过沙漠，进入山西渡河与陕西前线的蒙古军会合，并在 1231 年 4 月，占领具有战略意义的凤翔，打开了偏安河南的金朝的西大门。在陕西的金军见无险可守，连忙放弃京兆（今陕西西安），退入河南。

5 月，窝阔台在九十九泉避暑，召集蒙古诸王将领商议灭金，最后决定分军三路南下，窝阔台亲自率领中军，由凤翔回军河东，攻河中府（今山西永济），然后转向洛阳。斡陈那颜率领东路军，从济南进攻河南。拖雷率领西路军，遵照成吉思汗遗嘱，从凤翔入宝鸡，入小潼关，假道宋地沿汉水而下，由唐、邓二州入金境，然后围取汴京。中、西路军计划在 1232 年春天合围汴京，消灭金朝。其中拖雷所领导的军队是这次进攻的主力。

蒙古对于已经趋于稳定的河北、山东等地，任命熟悉汉制的契丹人耶律楚材主管。对河北原已归附的汉民，以户为单位征收赋调，定诸路税法，诏诸路州县长吏专理民事，万户府专管军事，课税所专掌钱谷，不相统摄。始立中书省，以耶律楚材为中书令，承制置京府及州县。蒙古开始在中原控制区设立官署进行直接统治了。

1232 年 10 月，窝阔台军猛攻河中府，金军以死抵抗，完颜合达和移剌蒲阿派元帅王敢率兵万人救援，但是至 12 月初，河中府最终还是被攻陷了。

负责主攻的拖雷一路进展顺利，先攻破宝鸡，9 月攻破大散关，侵入宋境。蒙古军攻入宋朝的饶峰关，由金州向东走，占领房州，再由房州率军往东走，兵锋直指金宋边境的邓州（今河南邓州）。

这时金朝内部产生了战略分歧，完颜合达等人主张在汴京附近集结重兵，与蒙古军队决战。合达这样考虑是因为他很清楚，这时金军的机动能力已经大大落后于蒙古军，不能再跟蒙古人进行野战了，依靠坚城固守才是上策。而金哀宗似乎并不懂得这个道理，他痛心地说："我国南渡二十年，百姓勒紧裤腰带养军，今天真到用你们的时候，你们却嫌艰难而不愿意打仗，只顾着保护自己。我想好了，存与亡自有天命，只要不辜负我的百姓就好！"

11 月，金哀宗强令完颜合达、移剌蒲阿的都尉军进入邓州防御蒙古军，12 月初，杨沃衍、完颜陈和尚、武仙带兵来会合，屯驻顺阳（今河南旧浙川东北）。杨沃衍带来了 8000 人，武仙从胡陵带来了 1 万多人，并派人邀请长江对岸的宋朝襄阳的宋军，共同抵抗蒙古，却遭到了宋朝的拒绝。金军会集在邓州的总数在 20 万以上，由完颜合达、移剌蒲阿统帅。这场守卫战事关金朝的生死存亡，如邓州被攻破，金朝最后的首都汴京则无险可守，会直接暴露在蒙古人的铁蹄之下。

拖雷军将渡汉江，金提控步军、临淄郡王张惠认为后方空虚，等到蒙古军渡完河再打，金军凶多吉少。所以，他建议在蒙古军正在渡河的时候突然袭击，把不擅长水战的蒙古军逼进河里歼灭。但是移剌蒲阿没有接受这个建议，他还是要按原来的部署进行。蒙古军大概有4万人渡江到了邓州西南的禹山。

禹山之战，金军在数量上占绝对优势，而且金军屯驻在顺阳已经有20天了，既占据地利，又是以逸待劳。完颜合达在邓州两山隘间伏兵20多万，步军列阵在山前，骑军屯在山后，布置好阵势，计划夹击蒙古军。但是金军消息不严，此事传到拖雷耳中，他留下大军辎重，只派少数轻骑前进，而且不从正面突击，从两翼迂回到山后，在金军阵地后面发动攻势。太阳还没出来的时候蒙古轻骑到了，完颜合达看到形势不利，先按兵不动，蒙古轻骑突击攻阵，金兵不得不战，都尉高英督军力战，短兵相接，蒙古骑兵少退。蒙古军又突击都尉樊泽军，双方展开厮杀，完颜合达斩了一个千夫长，金军殊死战斗，蒙古军又被打退。

蒙古军从禹山退走30里之外。这次打退的不过是蒙古军的一小部分，许久没有打过胜仗的金人，把这场"大胜利"当大捷上报。得到捷迅的百官纷纷祝贺将士，摆酒席庆祝这场胜利。左丞李蹊喜极而泣，说："要不是这场胜利，又要生灵涂炭啊。"可是为胜利而激动的人们并不知道他们悲惨的命运将随之而至。

拖雷小退后不再与金军正面交锋，改变战术，一方面留一部分部队来吸引和牵制金军的行动；另一方面，派大批军队分道向汴京行进。禹山之战后，有10个蒙古人来投降，破衣烂衫地哭诉说日子艰苦，不想打仗了。金朝的两位将军相信他们的话，给他们好吃好喝的，还以好马相赠，把他们安排在阵后，结果这 10 个人骑马跑了，这时候金朝人才意识到他们是蒙古探子。

完颜合达、移剌蒲阿等人坐等蒙古军再次进攻，以求决战。但是不久蒙古军向汴京挺进的消息传到前线，完颜合达等人于是仓皇地从邓州赶往汴京，这下中了蒙古人的圈套。

1232 年 1 月 2 日，完颜合达、移剌蒲阿率领骑军 2 万、步军 13 万，从邓州出发，完颜陈和尚的队伍也在这支军队中。金军北上，蒙古军紧紧跟随，中途不断受到蒙古军的伏击和骚扰，疲惫不堪。这支金军在 12 月到钧州的时候，赶上下雪天气，后有蒙古军追击，不得扎营休息，冻伤者也大有人在。完颜合达这时接到汴京的指令，命令他和移剌蒲阿立即撤回汴京应战。完颜合达和移剌蒲阿得到消息后立即启行，但是这时候蒙古中路军的一部分已经赶到，与右军会合，用大树堵塞了道路，使金军不能前进。完颜陈和尚等人虽然拼死冲击，但是蒙古军采用敌进我退的办法死死地将金军缠住，使得完颜合达等人毫无办法，只能急得团团转。

蒙古军利用金军慌不择路的心态，将他们引入三峰山，以求全歼。金军到三峰山，又赶上大雪天气，军士身穿甲胄僵立在雪中，枪槊结冰，士兵冻僵面无人色，几乎不能行军。而这对于来自北方、擅长冰雪作战的蒙古军来说是生活中的常事，而且据说他们习惯在极度寒冷的天气作战，要是作战的时候没有雪，还要磨石祷天呢。

蒙古军队逐渐加紧了包围圈，将金军团团围住，燃薪煮肉，轮番休息。随后有意让开逃往钧州的一条路，放金军北走，在沿途设置伏军夹攻，金军大败。蒙古军追击杨沃衍、樊泽和高英所部，两军在柿林村南边大战，樊泽和高英战死，杨沃衍被俘。武仙率30骑逃入竹林，逃到南阳收集散兵。移剌蒲阿领军向北逃走，也被蒙古军捕获，金朝最后一支生力军就此覆灭。

完颜合达和完颜陈和尚率金军残部数百骑败入钧州（今河南禹州）。蒙古军紧接着围攻钧州城。蒙古军入城，完颜合达战死。完颜陈和尚藏到城中，后来认为大丈夫不能忍辱偷生，应当让世人知道自己殉节的事迹，于是自投蒙古军中，不屈而死。蒙古大将感叹道："好汉子，下辈子我一定跟他一起建功立业！"

三峰山之战是一次决定性的战役，在这场战役中，金朝主要抗蒙名将大部分牺牲，金军主力也全部溃败。所以后来蒙古进攻汴京的时候扬言："你们所依赖的不过是黄河和完颜合达，现在完颜合达被我杀了，黄河被我占有了，你们还等什么，赶快投降吧！"

在汴京的金哀宗听到三峰山的噩耗之后，几乎晕过去，他苦心经营的精锐丧失殆尽，现在几乎没有能够抵挡蒙古的军队了！不过有人提醒他在潼关那边还有一支队伍。哀宗稳定心神，才想起徒单兀典还领有关陕军10万人呢。

金哀宗马上派阿里合传旨召兀典入援汴京。徒单兀典领旨后，就与潼关总帅纳合合闰、秦蓝总帅都点检完颜重喜、安平都尉苗秀、荡寇都尉术甲某、振武都尉张翼及虎威、鹰扬、葭州刘赵二帅一同前往，领军11万、骑兵5000，将秦蓝的诸隘守备全数撤掉，从虢入陕。

徒单兀典发军前，掏空当地州县的库藏赏给军士金银，还要抢劫州民的财物当军资，同华安抚使完颜素兰极力相劝，才阻止了这一扰民行为。当时有个叫李先生的人向徒单兀典建议，蒙古兵都在河南，河北空虚，趁这机会可以先取卫州，出其不意；蒙古军知道我们在北边之后，必然会派出一部分往北走，等到京师的蒙古军少了，再去援助京师更容易取胜。兀典听了大怒，认为这是泄露军机，把他给杀了。

这次行军也如同灾难一般，山路积雪，白天冻释，泥泞的路走起来十分艰难。沿途随行的葭州刘、赵二帅及振武都尉张翼都在中途先后叛去。走到铁岭，沿途跟踪的蒙古军突然截断金军的归路。金军知道必死，想决一死战，然而已经数日没有进食了，行军200多里，疲惫到极点，无法坚持，所以大部分散亡了。

完颜重喜首先投降，被蒙古军斩于马前。都尉郑偶杀死苗英，带着他的人头投降了。于是士卒大溃。徒单兀典、纳合合闰率领数十骑逃入山中，被蒙古军追及杀死。完颜素兰于2月间逃回陕州，与徒单百家一起守陕州。徒单百家招纳逃还的军士有万人，又征收丢弃的甲仗，要是得到甲仗二副，一副给本人，一副由官方出钱收购，于是士气稍振。7月，金哀宗下旨召徒单百家救援汴京，徒单百家到汴京后，向金哀宗报告徒单兀典等在铁岭惨败的状况，金哀宗没收完颜重喜、纳合合闰、徒单兀典的家产，以兀典为罪魁祸首，榜示通衢。但这些已经都晚了。

汴京攻守：一场没有悬念的战斗

1232 年，蒙军将金朝的最后两支主力军队全歼之后，就开始攻打汴京了。金朝内部人人都像热锅上的蚂蚁，急得团团乱转。令史杨居仁请求乘蒙古军远道而来之际，主动出击，却遭到刚愎自用的平章政事完颜白撒的反对。完颜白撒派遣麻斤出、邵公茂等率领部众万人，企图掘开黄河阻挡蒙古军。不料工程还没有完工，蒙古骑军已经赶到，麻斤出等全部被杀，修河丁壮活着回来的不到300 人。

3 月，窝阔台驻军郑州，命令忽都忽等领军开始攻打汴京，同时向城内哀宗递交了谕降书，向金哀宗索取翰林学士赵秉文、衍圣公孔无措等 27 家，以及降人家属，移刺蒲阿妻子，和绣女、弓匠、鹰人等数十人。金哀宗封荆王守纯子讹可为曹王，派到蒙古军营为人质，同时以谏议大夫裴满阿虎带、太府监国世荣为讲和使，向蒙古请和。

后来窝阔台和拖雷率蒙古大军北还，留下速不台率 3 万部队继续围攻汴京。蒙古军队在城外将护城河的壕沟悉数填平，而城内的金军还幻想能够议和成功，所以都眼睁睁地瞅着蒙军填壕，不采取任何行动。金哀宗到城头视察，西南军士中有人对金哀宗说："蒙古军负土填壕，功已过半。完颜白撒传令不许放一支箭，怕破坏和议，他怎么能有这种想法！"金哀宗下令立即放箭进攻，蒙古军被打退了。

随后蒙古军发动了更大规模的进攻，金哀宗命令大臣分守四城。枢密使赤盏合喜守卫西北角，完颜白撒守卫西南隅，但他们都根本不懂得打仗，仅凭城墙坚固才将蒙古军击退。夜晚的时候金人招募敢死队近千人，从地道出城渡壕，烧毁蒙古军的攻城砲座。原来约定在城上悬挂红灯作为暗号，灯起渡壕，结果被蒙古军发现了，行动遂告失败。同时，金人在绝望之余，又放风筝给城外投降蒙古的金朝人，希望他们能够反戈一击，帮助城里的人打退进攻，但也毫无作用。

汴京毕竟是金朝的国都，城池坚固，不是蒙古军轻易能拿下的。而且还有金朝人的"震天雷"和"飞火枪"，算是当时最先进的武器了，给蒙古人造成巨大的杀伤。蒙古军为了防御震天雷，用牛皮覆盖身体，直到城下，开掘地洞准备攻城。金军又以铁绳悬震天雷，顺着城墙而下，到掘洞处点火，人和牛皮都被炸得粉碎。

这场力量悬殊的攻守战共进行了 16 个昼夜，金朝迫使蒙古军于 1232 年 4 月停止了攻城。金哀宗派遣户部侍郎杨居仁连忙带着金帛到蒙古军营求和。蒙古人见一时难以攻下，就顺水推舟说："两国都议和了，还打什么啊！"

蒙古速不台撤围之后，在河南府（今河南洛阳一带）驻扎，静待局势的变化。而汴京城内的君臣却在互相庆祝守城胜利，金哀宗大赦天下，改元天兴，又赏赐参与守城的将士，等等。底下的大臣们也纷纷邀功自赏，要为自己讨得一些政治资本。可是没过多久，汴京城中开始流行瘟疫，50 天内死了几十万人，因贫穷没钱下葬的人不计其数。城内严重缺粮，出现了人吃人的惨况。

汴京解围后，放人们出城找吃的，可城外也是一片荒凉，人们就挖野菜、吃树皮活命。汴京援绝粮尽，不用蒙古军来攻，自己已经难以维持下去了。

1232 年 6 月，金朝堵塞汴京所有城门，又加紧修复工事，防止蒙军再次来攻。正当这时候，左丞李蹊送曹王及其子完颜同自蒙古军营回到汴京。7 月，蒙古派唐庆等人来汴京劝降，要求金哀宗除去帝号称臣，金哀宗不听。唐庆又邀请他到蒙古军营中议降，金哀宗托病卧床不去。唐庆见哀宗这样，就将哀宗一顿痛骂，哀宗就装作没听见，命人好好招待蒙古使节。不过这却引起金朝守城军士的愤怒，飞虎军军士申福、蔡元在夜间到使馆杀了唐庆及从行人员 30 多人，哀宗赦免了参与的士兵，但是却激怒了蒙古人。

窝阔台命令在河南的速不台部再围汴京，但速不台主力仍在河南各地剿灭金军残部，没有及时进围汴京。此时哀宗已经知道得罪了蒙古人，于是派人请求邓州的金军残部完颜思烈部及逃过一劫而在南阳留山的武仙派兵救援汴京。河南一带都是速不台的蒙古军在活动，自然援军很快就被打散了。

哀宗见援军被击溃，只得自己在汴京城中招纳士兵，扩充粮草。而此时已经满目疮痍的汴京城哪有粮食和兵源供哀宗征调，只是闹得民怨沸腾，更加剧了汴京城的内部危机，使汴京成为一座死城。

10月，金哀宗被逼得走投无路，这时完颜白撒向他献计说："今年的庄稼已经废了，粮食又快要吃完，援军又不能指望，皇上可以出城逃避。"金哀宗非常无奈，当晚彻夜未眠，考虑了一晚，最后决定出城逃走。第二天，金哀宗把军士聚集在大庆殿，告诉京城的粮食吃完了，皇上要亲自出城。刚说完，诸帅将佐同声反对，三军愿意为国家效死。金哀宗听了心情十分悲凉，决定任命官奴为马军帅，高显为步军帅，刘益为副元帅，鼓励众人坚守城池。

金哀宗准备出走的事，第二天就在民间传开了，朝野议论纷纷，说皇帝要和皇太后去归德，军士家属就得困守城中等着饿死了。金哀宗看到人心浮动，感到事不宜迟，召集完颜赛不、合周、讹出、乌古孙卜吉、完颜正夫密议，决定12月25日启行。哀宗命令右丞相、枢密使兼左副元帅完颜赛不，平章政事、权枢密使兼右副元帅完颜白撒，右副元帅兼枢密副使、权参知政事完颜讹出，兵部尚书、权左丞李蹊，元帅左监军、行总帅府事徒单百家，东面元帅高显，南面元帅完颜猪儿，西面元帅刘益，北面元帅娄室等人，各领军五千，受总帅徒单百家统辖，跟随哀宗出城。飞骑都尉兼合里合总领术虎只鲁欢、总领夹谷得伯、纥军田众家奴等百人及诸臣下，扈从金哀宗出走。

金哀宗让皇太后、皇后及诸妃留在汴京，同时命令参知政事兼枢密副使完颜奴申，枢密副使兼知开封府、权参知政事完颜习涅阿不，里城四面都总领、户部尚书完颜珠颗，外城东面元帅把撒合，南面元帅术甲咬住，西面元帅崔立，北面元帅孛术鲁买奴留守汴京，完颜合周则留下来管理宫内的事情。一切都安排好之后，自己在1232年12月率军出汴京城，自此这位金朝末代皇帝再也没能回到这座金朝的国都。

1233年正月，离哀宗出城不到一个月，汴京城中的西面元帅崔立与韩铎、药安国举兵发动政变，杀死参知政事完颜申奴、枢密副使完颜习涅阿不，推举卫王的儿子完颜从恪监国，崔立则自立为太师、尚书令，在他的党羽掌控汴京的各个地方之后，派人到蒙古军速不台处请求投降，并且烧毁汴京各地的防御工事，以示诚意。后来崔立自己则身穿大礼服，隆重地向速不台请求收他当儿子，想像以前刘豫、张邦昌那样，让蒙古主子任命他为傀儡皇帝。4月的时候，他还将金朝宗室男女500多人押到速不台的驻地青城，以表对蒙古的忠心。

历史往往具有讽刺的意味，107年前，金朝人围攻宋朝汴京时，金军的统帅部也是在距汴京不远的青城，城中的宋钦宗亲自到青城向金人请降，与此时崔立到蒙古军阵营中请降简直如出一辙，只是当年的受降者变成了投降者。元代文人郝经曾对此事颇有感慨："当时筑城为郊祀，却与皇家作东市。天兴初年靖康末，国破家亡酷相似。君取他人既如此，今朝亦是寻常事。"

就在崔立全心全意侍奉蒙古主子的时候，蒙古军攻入汴京城，烧杀抢掠的第一个目标就是崔立的家，崔立的妻妾、财产都被蒙古人抢掠一空。此时在城外的崔立只能是把苦水往肚子里咽，他回城之后也被城中百姓当作奸人杀了。蒙古人尽得金朝都城，现在只剩下在外面进行游击战的金哀宗和他的残部了。

1232年12月出城后的金哀宗沿途不断与蒙古人作战，一路跌跌撞撞东行到黄陵冈一带，身边已经损兵折将，逃跑的士兵也不在少数。举目苍茫，这时的哀宗感到与无根的叶子没有什么区别，不知逃到哪里为好。身边的忠孝军首领蒲察官奴则向哀宗建议应进兵卫州，以夺取战略要地为上策，哀宗采纳了他的建议。1233年1月之后，哀宗率领残兵要渡过黄河向卫州方向进发，这时遇到蒙古骑兵的追杀，在众人的力战之下，才将哀宗护送过了黄河，但是大将完颜猪儿、完颜讹出等人战死，哀宗在北岸哭着遥拜死去的众将。

过河之后，蒲察官奴率领忠孝军千人，掩护金哀宗进驻安全地带，平章政事完颜白撒、元帅和速嘉兀底不接着就到了。哀宗便命令完颜白撒引兵进攻卫州，但是没有攻城器械的金军很快就败退了。这时史天泽率领的蒙古军从河南渡河，已经到达了卫州西南，金军见状急忙撤退。两军又在白公庙交战，金军再次被打败，白撒留下军队夜里自己逃跑了。他来见哀宗，劝他连夜逃走南渡黄河，去当时还在金军手中的归德。后来又有很多将帅逃跑，留下来的人也无心恋战，大多投降蒙古了。完颜白撒自己留下来收拢败兵2万多人，也赶到归德与哀宗会合，但哀宗怒斥他的怕死行为，将他关到监狱里饿死了。

金哀宗逃到归德后，赦免囚犯，军民普进一官，赐王辅以下16人进士出身，以此拉拢能团结的所有力量。不久，河北溃军相继来到归德，归德出现了军多粮少的严重问题，所以只留元帅官奴忠孝军450人，都尉马用军280人在城里守着，其他军士都到外面找吃的。

而此时，又发生了蒲察官奴的政变，将金哀宗及朝官都软禁起来，同时派人杀掉哀宗信任的参知政事女鲁欢，将哀宗身边的近侍官把奴申逼到哀宗面前，让哀宗亲手杀掉把奴申。哀宗苦苦哀求，才将把奴申的命给保住。不过这次政变使残存的金朝抗蒙力量受到更大削弱，朝官被杀的有300多人，士兵一下死了3000多人。金哀宗被迫授予官奴军政大权。

就在官奴发动政变的时候，蒙古诸军也逐渐会集到归德附近，蒙古撒吉思卜华在归德城北，临城背水扎营。当晚，忠孝军士兵怀疑蒲察官奴要投降蒙军，找官奴理论，蒲察官奴为了打消忠孝军士兵的疑虑，命令军中准备火枪战具，要夜袭蒙古军。蒲察官奴率忠孝军450人，从南门登船，乘夜杀守堤的巡逻兵，然后到城北王家寺。金哀宗到城北门，准备好了船只，如果这次劫营失败，就乘船逃往徐州。四更时，蒲察官奴乘小船到蒙古军的栅栏外，持火枪突袭蒙古军，忠孝军个个勇猛，使得蒙古军无法抵挡，败退而去，溺水死的有3500多人。蒙古军将领撒吉思卜华、藁城元帅董俊也在混乱中战死。

蒙古军撤退后，蒲察官奴领兵去亳州，留下习显总管军务。这时乌古论镐运米四百斛到归德，并请金哀宗前往蔡州（今河南省汝南县）。哀宗于是召蒲察官奴回归德，告诉他关于迁蔡州的事情，结果遭到了蒲察官奴的反对。蒲察官奴曾经随从点检内族斜烈过蔡州，知道蔡州的防御设施不及睢阳，所以极力反对，而且他威胁众人道："敢说迁蔡州的人斩！"哀宗见官奴是他迁往蔡州的绊脚石，于是以议事为名将他骗到行宫杀了。

正当金哀宗准备从归德迁蔡州的时候，蒙古军已攻陷汴京。乌古论蒲鲜先前往蔡州探视，发现蔡州的粮食不够吃。但是金哀宗已经在迁往蔡州的路上了。金哀宗迁往蔡州之路并不顺利，天公不作美，不幸遇上连日大雨，平地积水数尺，扈从者在泥水中步行，腿肿得像萝卜一样大。再加上只能用青枣充饥，到亳州的时候从者只剩了二三百人，马只有 500 匹。金哀宗到了蔡州之后，后悔没听蒲察官奴的话，特诏尚书省每月给蒲察官奴的母亲和妻子粮食补助。

哀宗到后来可能会更后悔没有听从蒲察官奴的话，因为蔡州就是哀宗的葬身之地了。

唇已亡，齿不知：南宋大军的最后一击

1233 年 6 月，金哀宗到达蔡州之后，立即任命完颜忽斜虎为尚书右丞、总领省院事，乌古论镐为御史大夫，张天纲权参知政事，孛术鲁娄室佥书枢密院事。当时蒙古军离蔡州还远，商贾渐集，利用这个机会金朝得到 1000 多匹马。又派遣使者分别到各地选精壮士兵集结于蔡州，组成了 1 万多人的军队，又连夜赶造兵

器，加固城防，准备抵御蒙古人的进攻。

忽斜虎作为主官，对蔡州的守军进行整顿，以加强军队的战斗力。忠孝军提控李德率领 10 多人乘马闯入政府机构大喊大叫，责备每月发的军粮不好。忽斜虎大怒，打了他六十大板，以警告其他士兵，此后再也没有士兵敢闹事了。

就在局势稍微安宁的时候，金哀宗以为蒙古军队不会打来了，想修宫室，选宫女，过上正常的皇帝生活，但这些都被忽斜虎制止了。而哀宗的近侍从官这时都非常饥饿疲乏，要求乌古论镐给他们提供食物，但乌古论镐自己都没有吃的，上哪给他们找吃的。近侍官们就因此怀恨在心，天天向金哀宗说乌古论镐的坏话，使金哀宗从此疏远乌古论镐。

蒙古军因人马困乏，军队暂缓行动，但其对宋的外交活动却频繁地展开了。早在 1231 年蒙古人就想"借道灭金"，当年派速不罕等人到宋朝要粮食 20 万斛，并用武力威胁。随后，见宋朝没有就范，便直接派兵攻打宋朝的西部领土，企图打通前往金朝的通道。迫于蒙古军的压力，宋朝被迫同意这年向蒙古军借道，而且提供粮食，致使拖雷能够顺利地由宋境进入邓州，并在三峰山战役中大获全胜。

1233 年 8 月的时候，蒙古都元帅塔察儿派使者王檝到宋朝接洽联军夹攻金朝，并请求宋朝支援蒙古军粮食，并许诺事成之后会将河南割让给宋朝。宋朝的大多数人将两年前的屈辱忘得一干二净，认为这是复仇的好机会，并遣使节到蒙古军营中说："贵国上顺天心，下顺人心"，表示愿意与蒙古联兵灭金。此时对于宋朝来说，可能最可怕的就是对历史的健忘。

金哀宗听说蒙古遣使到宋朝请求联兵的事情，让他非常害怕。连忙派遣使臣到宋朝那里"借粮"，其实是让使者传话给宋理宗，大意是金朝最近并未对宋朝有敌视的行动，但你们宋朝却趁我们处于危难之时，不断蚕食我的领土，这样做目光未免太短浅了。蒙古灭亡西夏，再灭掉我国，接下来就是你们，这就是"唇亡齿寒"的道理啊。结果宋人干脆置之不理，在9月的时候，按约定派孟珙由襄阳出兵围攻蔡州城，并支援蒙古军30多万石粮食。

9月，蒙军围攻蔡州。金朝鲁山元帅率领1000多人援助蔡州，在赶往蔡州的途中边战边行，到蔡州的时候只剩了500多人。息州忠孝军元帅荣八儿、王山儿等也都领军赶到蔡州增援。金哀宗也分军防守蔡州四面。忠孝军蔡八儿领百余人潜出城外，渡过汝水，向蒙古军袭击，但毫无效果，蒙古军在城外筑起长垒，团团围困蔡州城。依照蒙古人的习惯，他们是绝对不会白白牺牲自己将士的生命去强攻城池的，屡试不爽的办法就是围困，让饥饿与疾病将城市摧垮。

在围困汴京时上演的一幕又在蔡州上演了。蔡州城内粮食基本耗尽，哀宗被迫将城中所有的小米集中起来，禁止酿酒以节省粮食，同时放城内饥民老弱出城，又发给饥民船只，让他们到护城壕附近采菱芡水草充饥。

城外的人却很惬意，11月，宋朝孟珙带领宋军到达蔡州城下，同时 30 万石粮食也交给了蒙古军。宋军到达之后，与蒙古军进行分工，宋军攻打南面，蒙古军则负责东、西、北三方。

蔡州所有的男子都参加了守城，身体素质好的妇女也穿起男子衣服参加运石头。金军凭借城防工事顽强抵抗，蒙军损失巨大。

蔡州城西十里有练江，城南三里有柴潭，柴潭是蔡州城垣的屏障，金在南面的防守是凭借柴潭进行的。可是，潭水比汝水高出五六丈，宋军发现了其中的窍门，于是决定凿堤，将潭水都放入汝水，之后派人将空潭全部填平，蒙宋军队由此顺利攻城。蒙古军也将练江掘开，萧乃台、史天泽从城北偷渡入城，与金军展开血战。

12 月，蒙古军攻破蔡州外城，金外城守将宿州总帅高腊哥战死。19 日，蒙古军攻破西城。忽斜虎先在城内筑栅浚濠，蒙古军不能前进。24 日，金哀宗率领士兵乘夜出东城逃跑，到城栅处与蒙古军相遇，被迫退回。

1234 年 1 月，城中军民已饿得惨不忍睹，这座孤城被攻破只是时间上的问题了。金哀宗感叹道："我做金紫光禄大夫十年，太子十年，皇帝十年，自认为无大过，死也无憾了。所恨唯有祖宗传下来的江山已经百年了，倒要葬送在我的手里，与自古的荒淫乱国之君同样亡国，我心有不甘啊！"9 日，蒙古军在西城凿通 5 个门，整军入城，忽斜虎督军巷战，一直激战到傍晚才将蒙古军击退。

当夜，哀宗看到蔡州不守，当着百官的面传位给东面元帅完颜承麟，承麟又拜又哭不敢接受。金哀宗说："我传位给您，也是迫不得已的。我的身体肥胖，不便于骑马逃跑，城陷之后难以逃跑。

你平日里以矫健闻名，而且有大将之才，万一能逃得出去，能使国祚不绝。"

第二天早晨，完颜承麟草草地履行仪式受诏即帝位，而城南已树起宋朝旗帜，典礼结束，众人立即出门迎敌。宋军攻下南城，乌古论镐被俘，乌林答胡土战死。蒙古塔察儿军攻破西城，忽斜虎领精兵 1000 巷战。从卯时坚持战斗到巳时。

而就在外面喊杀声震天的时候，金哀宗独自一人在幽兰轩中上吊自杀，完颜斜烈最先发现哀宗已死，他找来另五位大臣一起自尽于哀宗的尸体旁，完颜绛山则奉命将幽兰轩引燃……

刚刚即位的新君完颜承麟带人退保子城，随后被乱军所杀。

在城的另一边组织抵抗的完颜忽斜虎见大势已去，便对诸将说："我们的皇上已经驾崩，我们还打什么，我们不能死于乱兵之手，我要跳汝水自尽，跟从我的都是条汉子，诸位好好想想吧！"将士们激动地说："相公能死，我等有何不能！"于是参政孛术鲁娄室、乌林答胡土、总帅元志、元帅王山儿、纥石烈柏寿、乌古论桓端及军士 500 多人一起投河自尽。

至此，金帝国在蒙宋的夹攻之下灭亡。但与金朝南北对峙近百年的宋朝也于 1279 年灭亡于元朝，吃到了自己种下的苦果。

尾 声
山林中续写传奇

女真帝国亡国以后，居住中原汉化极深的女真人逐渐融入汉族之中，完颜家族改姓百家姓中之王姓。至明朝取代元朝，女真人及他们的帝国在中原地区已鲜有提起，似乎这一族群已经从历史舞台上悄然而逝。其实在东北，女真人的后裔却正在崛起，又一个金帝国出现在白山黑水之间。

大金帝国消失于人们的视野之中了，后人只能从荒草中破损的石雕来遐想帝国的鼎盛气象，或者只能从墓葬中欣赏金帝国当年的人文风貌。可能我们还会从纵横的田垄之中依稀辨认出帝国防御工事的基石，在乱山冈的废墟中复原当年城市的面貌。而当我们为这些发现所惊喜的时候，可能忘记这个大起大落的女真民族仍然在默默地生活着，延续他们的血脉与传承，继续书写着唯独属于他们的传奇。

大金帝国的创业者们将一批女真人从东北的林海之中带到中原，分布于全国各地。金国灭亡后，有的因为躲避战乱而隐姓埋名，低调生活，以防不必要的麻烦，这些人大多改成汉姓。例如商、刘、石、康、高、杜、郎等都是女真人所采用的姓氏。还有的是祖上迁居中原后就与汉族杂居，他们的生活习俗已经与汉族没有什么区别，大多仅仅保留了对祖先的认同感，蒙古统治者逐渐将这些人划为汉人的一种，久而久之，这些女真人成为地道的汉族而繁衍至今。

曾在东北西部长期戍边的一部分女真人归附蒙古较早，后来曾参加元朝的统一战争，也因此而分散于全国各地。有的与蒙古人融合，有的因为随军南下而定居南方，也逐渐融入汉族之中了。

总之，随着大金帝国的南拓而迁入中原的女真人，他们的后裔都再也没有回到东北，回到女真人兴起的地方。女真人的后裔散布中国大地，几乎到处都有他们的身影，可是，他们大多都已经忘记，他们的祖先是女真人。

皇室完颜一族也随着金帝国的灭亡而四散漂泊，据当代学者景爱先生的研究，完颜家族至少有三支流传至今。

一支是北京的完颜氏，今天大多改姓王或者汪。这支是金哀宗的远房兄弟完颜守祥的后人，在金朝南京被攻破之后，守祥带领族人逃到东北老家。几百年之后，守祥的后人成为强势大族，跟随清朝皇帝入住北京，曾经显耀一时，至今仍有许多文化名人是守祥的后代。

另一支则更富有传奇色彩，早在海陵王诛杀宗弼之子芮王完颜亨之后，完颜亨家族的人就带着完颜亨的灵柩逃到宗弼旧部驻守的今天的甘肃泾川，从此世代看守祖宗的陵墓至今。有传闻说，在蒙古军攻破蔡州之后，完颜亨的孙子完颜承麟的遗体被部下抢运到甘肃泾川一带,这些人发现,此地有同族人已经守墓70多年了,于是将完颜承麟也安葬于此。

历尽沧桑,泾川完颜后人一直进行秘密的祭祖活动,直到2004年方才举行第一次公开的放马、放神鹰、放仙鹤和祭黄绳的祭祖仪式,表达对祖先的怀念。这支宗弼的后人至今仍然不听不看《说岳全传》、不唱不看《草坡面礼》《八大锤》,而且仍然坚持同姓不婚的原则。这支完颜家族每年仍然拜祭画有宗弼与金朝十代皇帝相的"先人影",以示不忘祖宗。现在泾川的完颜氏男女人口已达1万多人了,是全国最大的完颜氏聚居区。

第三支则在安徽肥东县聚居,人口大概在1500人左右,主要居住在当地的完大郢庄、完小郢庄等地,这里的完颜氏后来改姓完氏,是原来在河南定居的女真完颜氏的后裔,元末避乱到安徽定居,现在也是人才辈出。20世纪80年代,此地与河南鹿邑的完氏后裔都恢复了完颜姓氏,眼下,肥东县的完颜后裔正在重修完颜族谱。

此外,在福建的泉州、台湾的彰化,以及山西的安邑也都有完颜氏的后人存在。

这些女真人在中原以各自不同的方式繁衍至今,但有很大一部分仍留居在东北白山黑水等原住地的女真人在金朝灭亡之后,继续按照祖先的生活方式生存,他们仍然过着放鹰打猎、捕鱼种地的生活。元朝在东北设置万户府管理这些女真人,不过此时的女真人已经没有金帝国时代的优厚待遇,又恢复了祖先时代的宁静生活,再次与纷繁的中原世界隔离开来。

选择在东北地区过着祖先传统生活的女真人，命运与中原的同胞不同，但他们也在不知不觉中选择了一条传奇之路。

在明朝，这批女真人再次频繁地出现在中原王朝与朝鲜李朝的档案文献之中，建州、海西、野人女真三个名字几乎成为概称明代女真的词汇。

明朝初年的时候，建州女真在牡丹江、绥芬河与长白山一带活动，海西女真在松花江流域活动，野人女真则分布在黑龙江与库页岛。这三部分女真又可以分为诸多由酋长领导的部落。不过女真各部之间并不是友好相处的，反而彼此攻伐，建州女真与海西女真就是受不了野人女真的骚扰而南迁到明王朝辽东北边沿线的。海西女真包括哈达、乌拉、叶赫、辉发四大部，建州女真则分为建州卫、建州左卫、建州右卫、毛怜卫等部。建州与海西各部之间也互相攻掠，甚至是为争权夺利而骨肉相残。明朝人自然对这些辽东北边的"野蛮人"互相杀伐幸灾乐祸，而且不时地还要挑唆各部之间的矛盾，使得女真人更加分崩离析，不能凝聚成强大力量威胁明王朝。

服从的同时往往也失去自我，女真人已经不是第一次陷入群豪攻伐、为人所制的状况了。辽末女真的分裂与被压迫促生了女真金国的传奇，明朝末年这些金帝国的子孙们也自然没有丢弃祖先的传统，压迫必然催生崛起。一个叫努尔哈赤的女真首领起来领导了统一女真的战争，在战争过程中，创建八旗制度，将跟随他的各个松散的部落整合为黄、白、红、蓝、镶黄、镶白、镶红、镶蓝八支部队，每支依照每三百人为一牛录，五牛录为一甲喇，五甲喇为一固山的编制进行组织，使女真人真正地再次成为一支令人胆寒的劲旅。历史也昭示着这个延续近千年的民族的再次崛起，滚滚洪流从东北的群山林海中奔涌而出。

1616 年，努尔哈赤以统一女真领袖的身份称帝，国号"大金"，建都赫图阿拉城（今辽宁新宾县西老城），史称"后金"。金帝国在灭亡近 400 年后以一种奇异的方式重生。努尔哈赤的儿子皇太极即位后，在 1635 年改女真族名为"满洲"；1636 年，更"后金"国号为大清；1644 年，沿着当年女真人灭辽平宋的足迹，清兵进入山海关，并灭亡了明王朝。这一次，他们比他们的祖先走得更远，当年的女真人仅仅建立了与宋朝对峙的北朝，而清兵入关后，却在相当短的时间内统一了全国，开创了中国历史上最后一个王朝。在 17 世纪，人口仅过百万的满族，竟统治了人口超过 1 亿的汉族，并给中国文化涂上一层浓重的满族文化的色彩，他们靠什么力量创造了这一奇迹，至今仍是困扰历史学家的一个谜团。

清朝统治者修建了柳条边，对东北这片他们祖先的发祥地实行封禁政策，禁止关里的汉族进入东北，使这片黑土地显得更加神秘。清朝的统治者也将长白山视为圣山，隆重地祭祀这座他们的祖先从中走出的山脉，可是，长白山千年不变，大山的儿女却发生了巨大的变化，时至今日，谁还记得女真人与他们的帝国，更加难以追寻的是他们兴起与复兴的秘密。

数千年的历史，数百年的帝国，来自长白山的人们……

主要参考文献

［1］岑仲勉.黄河变迁史［M］.北京：人民出版社，1957.

［2］陶晋生.金海陵帝的伐宋与采石战役的考实［M］.台北：国立台湾大学出版中心，1965.

［3］三上次男.金史研究（一）［M］.金代女真社会の研究［M］.东京：中央公论美术出版，1972.

［4］叶潜昭.金律之研究［M］.台北：台北商务印书馆，1972.

［5］李则芬.元史新讲（第一册）［M］.台北：台北黎明文化事业公司，1978.

［6］张博泉.金代经济史略［M］.沈阳：辽宁人民出版社，1981.

［7］陶晋生.女真史论［M］.台北：台北食货出版社，1981.

［8］张博泉.金史简编［M］.沈阳：辽宁人民出版社，1984.

［9］韩儒林.元朝史（上册）［M］.北京：人民出版社，1986.

［10］张博泉.金史论稿（第一卷）［M］.长春：吉林文史出版社，1986.

［11］刘肃勇.金世宗传［M］.西安：三秦出版社，1987.

［12］金毓黻.宋辽金史［M］.台北：台北商务印书馆，1991.

［13］张博泉.金史论稿（第二卷）［M］.长春：吉林文史出版社，1992.

［14］程妮娜.金代政治制度史［M］.长春：吉林大学出版社，1999.

［15］齐心.图说北京史（上册）［M］.北京：北京燕山出版社，1999.

［16］刘浦江.辽金史论［M］.沈阳：辽宁大学出版社，1999.

［17］顾宏义.天裂——12 世纪金宋和战实录［M］.上海：上海书店出版社，2000.

［18］范军，周峰.金章宗传［M］.北京：中国广播电视大学出版社，2003.

［19］赵永春.金宋关系史［M］.北京：人民出版社，2005.

［20］宋德金.中国历史·金史［M］.北京：人民出版社，2006.

［21］陶晋生.金代的政治结构［J］.中研院史语所集刊，1969，41（1）.

［22］陶晋生.金代的政治冲突［J］.中研院史语所集刊，1969，43（1）.

［23］景爱.当代中国的完颜氏移民［J］.满族研究，1994（3）.

［24］周峰.金代近侍初探［J］.内蒙古社会科学，1998（2）.

［25］刘浦江.德运之争与辽金王朝的正统性问题［J］.中国社会科学，2004（2）.

［26］宋德金.大金覆亡辨［J］.史学集刊，2007（1）.